普通高等院校经济管理类“十三五”应用型规划教材

【经济管理类专业基础课系列】

计量经济学综合实验

基于EViews软件应用

王军虎 刘苗 编著

机械工业出版社
China Machine Press

图书在版编目（CIP）数据

计量经济学综合实验：基于 EViews 软件应用 / 王军虎，刘苗编著 . —北京：机械工业出版社，2016.9（2021.11 重印）
（普通高等院校经济管理类“十三五”应用型规划教材·经济管理类专业基础课系列）

ISBN 978-7-111-54775-4

I. 计⋯ II. ① 王⋯ ② 刘⋯ III. 计量经济学 – 应用软件 – 高等学校 – 教材
IV. F224.0-39

中国版本图书馆 CIP 数据核字（2016）第 212419 号

本书概要介绍了计量经济学综合实验涉及的基本知识，详细介绍了 EViews 软件的应用，并对实验过程和结果给予了详细解答。本书实验围绕“河南省居民消费”问题研究主题设计计量经济学实验内容，用河南统计年鉴原始数据表为样本数据，从数据加工、数据统计描述、模型设定、模型估计、模型检验、模型修正及评价等方面进行计量经济学方法的训练。全书由 7 个实验组成，每一个实验都可以看作河南省居民消费计量实验的一部分，它们都是从不同的角度，用不同的数据、不同的方法研究同一个问题的实验。读者完成实验后，在具体运用计量经济学的大部分研究内容和方法的同时，也将对经济实证计量研究框架有了深刻理解。

本书可以作为经济管理类专业计量经济学课程实验教材，以及初学者自学计量经济学的工具书，还可以作为从事经济管理实证研究工作者的参考资料。

出版发行：机械工业出版社（北京市西城区百万庄大街 22 号 邮政编码：100037）
责任编辑：宋 燕　　责任校对：殷 虹
印 刷：北京捷迅佳彩印刷有限公司　　版 次：2021 年 11 月第 1 版第 3 次印刷
开 本：185mm×260mm 1/16　　印 张：10.5
书 号：ISBN 978-7-111-54775-4　　定 价：25.00 元

凡购本书，如有缺页、倒页、脱页，由本社发行部调换
客服热线：(010) 88379210 88361066　　投稿热线：(010) 88379007
购书热线：(010) 68326294 88379649 68995259　　读者信箱：hzjg@hzbook.com

Preface 前言

计量经济学是我国高等教育经济管理类专业的核心课程之一。学习计量经济学不仅需要懂得模型的建立、估计、检验和应用的基本原理和方法，还需要很强的动手实践能力。开设计量经济学实验是计量经济学教学不可或缺的组成部分。然而，已有计量经济学实验教材一般围绕着计量经济学教材进行编写，旨在精心设计材料验证教材上的理论和方法，从而得出完美的结论；或者采用不同的案例进行实验，实验教材中的各个实验缺乏有机联系，实验内容没有系统性，与实际的经济研究过程差距较大。本书在作者多年从事教学科研的基础上，把计量经济学实验教学与实际经济问题研究相结合，使读者通过综合实验在掌握计量经济学的基本原理和方法的同时，能够初步掌握实际经济问题的计量研究过程。本书具有以下几个特点：

1. 以计量经济学应用为主，省略教学中复杂的公式和推理。围绕着如何通过正确使用国内计量经济研究普遍采用的 EViews 软件，完成计量经济模型的设定、估计、检验、修正和应用。本书对 EViews 软件的基本应用做了较为全面详细的介绍，并通过实验过程加以讲解，使读者做到学以致用。

2. 具有系统性和实用性。全书围绕着计量经济学基本方法的综合应用这一主线，以特定的经济问题——消费作为研究对象，选用河南省居民为样本的消费相关数据，对河南省城乡居民家庭消费的规律和特征进行全方位、多层次的研究。其中，样本数据源于统计年鉴的原始页面，数据在录入软件之前需要经过一定的加工处理过程，这使得实验的过程与实际经济研究相一致。因此，本书可以看作读者研究消费经济问题的一个范例，也可以看作深入研究一个特定经济问题的指导框架。

3. 图文并茂，简明扼要。软件应用的关键除了正确操作和输入外，准确阅读和理解输出结果非常关键。本书把 EViews 软件的输出结果以截图的方式展现，并把看图的关键部位为读者特别指明，使读者能够根据软件输出结果很快得出正确结论。

4. 方法上的新颖性。本书不少地方体现了作者对计量经济学的独到见解和软件应用。例如，强调 EViews 软件应与 Excel 有机结合；经济理论检验或经济意义检验应该与单侧 t 检验、参数区间估计相互印证，而非简单地以参数估计值作为评判标准。再如，模型的检验可以灵活运用 EViews 软件输出的 p 值和临界值及参数的置信区间；在协整检验中不能直接使用 EViews 软件输出的残差序列的单位根检验结论等。

5. 本书使用的灵活性。本书主要由 EViews 软件基本操作、计量经济学综合实验和实验知识概要及实验步骤解答3部分组成。EViews软件基本操作可作为初学者学习EViews软件基本操作的入门读物。计量经济学综合实验共包含7个对同一消费问题研究的不同研究侧重点的实验，涵盖了本科计量经济学教材的绝大部分内容，可作为读者综合运用所学知识研究实际经济问题的实验学习教材，使用时可根据读者的能力和学时多少，选择全部内容或其中的一部分内容（如城市模型或农村模型）。实验知识概要及实验步骤解答把各个实验中应掌握的基本知识从应用的角度做了概括和总结，把各个实验中的实验步骤做了详细的解答，读者可以把自己的实验结果与本书解答相对照，检验自己对问题的理解和应用程度。当然，也可以采用与本书相类似的消费样本数据，以解答为指导进行相应的计量经济研究。

本书是作者在多年使用的实验讲义的基础上修改撰写而成的。尽管如此，书中的疏忽和遗漏仍会存在，如果有错误和不妥之处，敬请读者批评指正。

王军虎

2016年5月

Suggestion 教学建议

教学目的

通过本门课程的学习，学生可以掌握用 EViews 软件进行计量经济分析的基本方法，其中包括创建 EViews 工作文件、录入数据、对数据进行描述和检验、建立模型、估计模型、检验模型和评价模型、用模型进行预测的方法；能够根据经济理论建立计量模型、选择变量、收集数据、整理数据、选择模型的具体形式，从多种角度对特定经济问题进行一般的计量研究。

前期需要掌握的知识

宏观经济学　微观经济学　政治经济学　高等数学　统计学　概率论与数理统计　计算机技术基础知识

教学内容	教学要求	课时安排	
		已开课内实验	未开课内实验
EViews 软件基本操作	1. 掌握 EViews 文件的建立、数据录入方法 2. 学会序列的描述统计、基本制图和基本检验方法 3. 学习模型的建立、估计和检验的基本方法	0	4
实验一	1. 运用 EViews 软件建立居民消费一元线性回归模型 2. 掌握用普通最小二乘法估计一元线性回归模型 3. 掌握经济理论检验、拟合优度检验和 t 检验的方法 4. 用模型估计结果验证绝对收入假说消费理论	2	4
实验二	1. 掌握截面数据模型异方差的图形检验和模型检验方法 2. 掌握用加权最小二乘法纠正一元线性回归模型异方差性的方法	3	3
实验三	1. 掌握消除变量数据受价格因素影响的方法 2. 学会选择模型的具体形式 3. 掌握时间序列数据模型自相关的图形检验方法和模型检验方法 4. 掌握用广义差分法纠正自相关性的方法	4	4
实验四	1. 学会数据的加工整理方法 2. 掌握用受限最小二乘估计建立多元线性回归模型 3. 学会诊断多重共线性的方法 4. 学会消除多重共线性的方法 5. 用估计模型验证生命周期假说消费理论	3	3
实验五	1. 学会有限分布滞后变量回归模型的设定方法 2. 掌握有限分布滞后变量回归模型的估计和检验方法 3. 掌握一阶自回归模型的估计和检验方法 4. 学会用工具变量法纠正随机解释变量问题 5. 用估计模型验证持久收入假说消费理论	3	3

（续）

教学内容	教学要求	课时安排	
		已开课内实验	未开课内实验
实验六	1. 掌握虚拟变量的设置规则和虚拟变量的赋值方法 2. 学会用加法类型和乘法形式在模型中引入虚拟解释变量 3. 掌握虚拟解释变量模型的估计和检验方法 4. 掌握虚拟解释变量模型的分析方法	3	3
实验七	1. 掌握单位根检验的方法 2. 掌握一元线性回归模型协整性的检验方法 3. 学会建立和估计误差修正模型	2	2
合计		20	26

说明：

1. 建议在讲授完计量经济学理论课程后专门安排计量经济学综合实验课程。已经安排课内实验的，可安排1周20学时的实验专用周。没有安排课内实验的，可安排26学时的实验专用周。
2. 不能开设实验专用周的学校，可以在单个实验中略去在理论课中没有讲授到的次要的方法应用，从而满足教学进程的需要。
3. 可根据学生的实际能力选做其中的一部分，如城市居民消费模型或者农村居民消费模型；也可以全做。
4. 样本数据可选用书中数据，也可以选用对应年份的其他省市数据或全国数据，或者选用最新的数据。

Contents 目录

前言

教学建议

第1章　EViews 软件基本操作　/1

1.1　EViews 软件的启动　/1

1.2　EViews 软件的主界面　/1

1.3　创建、打开和保存一个 EViews 工作文件　/2

1.4　变量的创建、定义、修改和数据的录入　/5

1.5　序列的描述性统计　/8

1.6　序列的假设检验　/11

1.7　序列的相关图和单位根检验　/13

1.8　模型建立和估计　/16

1.9　残差序列检验　/20

1.10　模型预测　/24

1.11　EViews 命令　/26

第2章　计量经济学综合实验　/29

2.1　实验一　截面数据一元线性回归模型（经典估计）　/29

实验目的和要求　/29

实验准备　/29

实验内容　/29

实验数据　/29

实验步骤　/30

实验总结　/30

2.2　实验二　截面数据一元线性回归模型（异方差性和自相关性）　/30

实验目的和要求　/30

实验准备　/31

实验内容　/31

实验数据　/31

实验步骤　/31

实验总结　/32

2.3　实验三　时间序列数据一元线性回归模型（自相关性和异方差性）　/32

实验目的和要求　/32

实验准备　/32

实验内容　/32

实验数据　/32

实验步骤　/33

实验总结　/34

2.4　实验四　时间序列多元线性回归模型　/34

实验目的和要求　/34

实验准备　/34

实验内容　/34

实验数据　/35

实验步骤　/35

实验总结　/36

2.5　实验五　滞后变量回归模型　/36

实验目的和要求　/36

实验准备　/36

实验内容　/36

实验数据　/37

实验步骤　/37

实验总结　/37

2.6 实验六 虚拟解释变量回归模型 /38
实验目的和要求 /38
实验准备 /38
实验内容 /38
实验数据 /38
实验步骤 /38
实验总结 /39
2.7 实验七 协整分析与误差修正模型 /39
实验目的和要求 /39
实验准备 /39
实验内容 /40
实验数据 /40
实验步骤 /40
实验总结 /40
第3章 数据表、实验知识准备概要及实验步骤解答 /41
3.1 数据表 /41
3.2 实验准备的相关知识概要 /54
3.2.1 实验一 截面数据一元线性回归模型（经典估计） /54
3.2.2 实验二 截面数据一元线性回归模型（异方差性和自相关性） /63
3.2.3 实验三 时间序列数据一元线性回归模型（自相关性和异方差性） /68
3.2.4 实验四 时间序列多元线性回归模型 /72
3.2.5 实验五 滞后变量回归模型 /76
3.2.6 实验六 虚拟解释变量回归模型 /83
3.2.7 实验七 协整分析与误差修正模型 /86
3.3 实验步骤解答 /90
3.3.1 实验一 截面数据一元线性回归模型（经典估计） /90
3.3.2 实验二 截面数据一元线性回归模型（异方差性和自相关性） /97
3.3.3 实验三 时间序列数据一元线性回归模型（自相关性和异方差性） /108
3.3.4 实验四 时间序列多元线性回归模型 /129
3.3.5 实验五 滞后变量回归模型 /137
3.3.6 实验六 虚拟解释变量回归模型 /144
3.3.7 实验七 协整分析与误差修正模型 /148
附录 德宾–沃森 *DW* 统计量5%显著性水平下 *dL* 和 *du* 的显著点 /155
参考文献 /157

Chapter 1

第 1 章

EViews 软件基本操作

EViews 是 Econometrics Views 的缩写，直译为计量经济学观察，通常称为计量经济学软件包。它的本意是对社会经济关系与经济活动的数量规律，采用计量经济学方法与技术进行“观察”。计量经济学研究的核心是模型设计、数据收集、模型估计、模型检验和模型应用（结构分析、经济预测和政策评价）。EViews 是完成上述任务必不可少的工具之一。正是由于 EViews 等计量经济学软件包的出现，计量经济学取得了长足的进步，发展成为一门较为实用严谨的经济学科。EViews 的前身是 1981 年第 1 版的 Micro TSP，截至 2016 年，EViews 的版本已经更新至 9.0。本书使用 EViews8.0 版软件，介绍如何应用 EViews 进行计量经济学分析。EViews 具有现代 Windows 软件可视化操作的优良性，可以使用鼠标对标准的 Windows 菜单和对话框进行交互式操作，操作结果出现在窗口中。此外，EViews 拥有强大的命令功能，用户可以在 EViews 的命令行中输入、编辑和执行命令来完成操作程序，还可以在后续的研究中编辑使用这些命令。

1.1 EViews 软件的启动

EViews 软件的启动主要采用以下方法：

（1）如果 EViews 软件已经在计算机中安装完成，用鼠标单击任务栏的“开始”按钮，在程序菜单中选择 EViews 启动程序。

例如，启动 EViews8.0 的操作为：开始→所有程序→EViews8。

如果在桌面上有 EViews 快捷图标，用鼠标双击 EViews 快捷图标也可以启动 EViews。

（2）进入 EViews 软件的安装所在的磁盘目录，用鼠标双击 EViewsX.exe 启动 EViews 程序。

例如，启动 EViews8.0 的操作为：计算机→D：→EViews8→EViews8。

1.2 EViews 软件的主界面

EViews 软件启动后，将打开一个 EViews 窗口，称为 EViews 软件的主界面。如图1-1

所示，EViews 软件的主界面主要由标题栏、菜单栏、命令区窗口、工作区窗口和状态栏几部分组成。

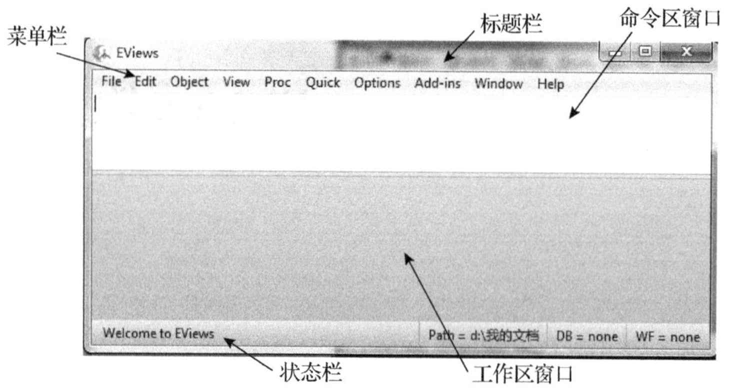

图 1-1 EViews 软件的主界面

（1）标题栏：位于 EViews 软件主界面的顶部。它的左侧有控制下拉菜单，单击 EViews 图标可在下拉菜单中进行：还原、移动、大小、最小化、最大化和关闭等操作。窗口的最小化、最大化和关闭也可以直接单击标题栏右侧按钮。

（2）菜单栏：位于标题栏下，由 File、Edit、Object、View、Proc、Quick、Options、Add-ins、Window 和 Help 共 10 个菜单构成。单击其中一个菜单，可以打开它的子菜单项。

（3）命令区窗口：位于菜单栏下，用户可在该窗口中闪烁的光标位置用键盘输入 EViews 的各种程序命令，然后按回车键执行。

（4）工作区窗口：位于命令区窗口之下、状态栏之上，用于显示各种操作后被打开的子窗口。

（5）状态栏：位于主界面的底部，用于显示当前的工作状态。从左到右包括信息框、路径（Path）框、当前数据库（DB）框、当前工作文件（WF）框。

1.3 创建、打开和保存一个 EViews 工作文件

启动 EViews 软件后，在 EViews 主界面的菜单栏用鼠标单击“File”，在它的下拉菜单中选择“New”→“Workfile”，进入创建 EViews 工作文件（Workfile Create）对话框；选择“Open”→“Workfile”，进入选择需要打开的已创建的 EViews 工作文件的磁盘路径和名称选择对话框。

1.3.1 创建 EViews 工作文件

创建 EViews 工作文件可以通过菜单进行，也可以用 EViews 命令建立。

1. 用菜单创建 EViews 工作文件

如果新创建的工作文件所依据的数据是时间序列数据，需要在“Workfile Create”对

话框中的“文件结构类型（Workfile structure type）”选项中采用“默认项（Dated-regular frequency）”，并设定数据（Data specification）的时间间隔（Frequency）、开始日期（Start date）和结束日期（End date）。完成数据的时间设定，单击“OK”按钮即可，如图 1-2 所示。数据的时间间隔默认为 1 年（Annual），如果时间间隔不是 1 年，其他选项有半年（Semi-year）、1 季度（Quarterly）、1 月（Monthly）、1 周（Weekly）、1~5 个工作日（Daily-5day work）、1~7 个工作日（Daily-7day work）和整数（Integer number）。如果定义季度时间，开始日期和结束日期的输入格式是：年度+Q+季度序号。例如，开始时间“1978Q1”或“1978q1”表示样本期间从 1978 年第一季度开始，结束时间“2015Q4”或“2015q4”表示样本期间至 2015 年第四季度结束。如果定义月度时间，开始日期和结束日期的输入格式是：年度+m+月度序号。例如，开始时间“1978M1”或“1978m1”表示样本期间从 1978 年 1 月开始，结束时间“2015M12”或“2015m12”表示样本期间至 2015 年 12 月结束。

如果新创建的工作文件所依据的数据是截面数据，需要在“Workfile Create”对话框中的“文件结构类型（Workfile structure type）”选项中选择“Unstructured/Undated”，并在“数据区间（Data range）”选项的“观察数（Observations）”中输入样本所包含的个体数目，完成数据设定，单击“OK”按钮即可，如图 1-3 所示。

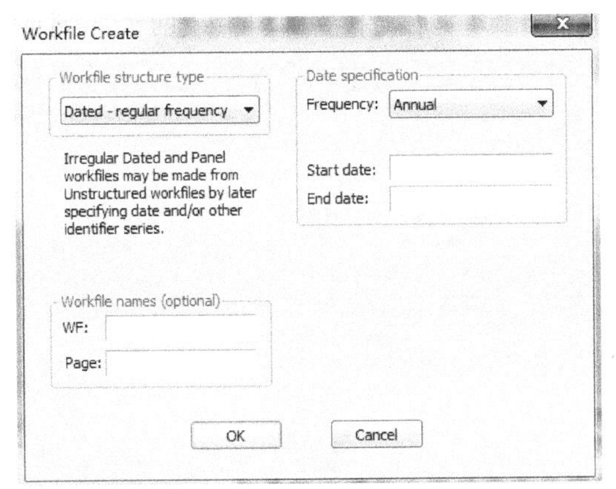

图 1-2　时间序列数据文件创建对话框

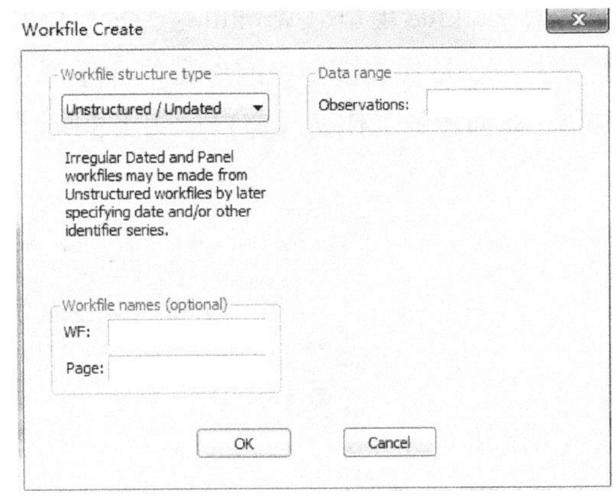

图 1-3　截面数据文件创建对话框

如果新创建的工作文件所依据的数据是面板数据，需要在“Workfile Create”对话框中的“文件结构类型”（Workfile structure type）选项中选择“Balanced Panel”，并设定数据（Panel specification）的时间间隔（Frequency）、开始日期（Start date）、结束日期（End date）和截面数（Number of cross sections），完成数据设定，单击“OK”按钮即可，如图 1-4 所示。

在新创建工作文件时，可以给所创建的文件设定名字（WF）和页码（Page）。

2. 用 EViews 命令创建工作文件

用 EViews 的“Create”或“Workfile”命令创建工作文件简单快捷。不同结构类型的 EViews 工作文件的创建命令格式是不同的。具体的命令格式和举例详见 1.11 节中的表 1-

2。在命令区窗口输入具体的创建命令后回车即可创建完成。例如，创建一个未命名的由18个观察值（个体）组成样本的截面数据工作文件的 EViews 命令为：create u 18。创建一个命名为 city、跨度为 1978~2015 年的时间序列工作文件的 EViews 命令为：create city a 1978 2015。

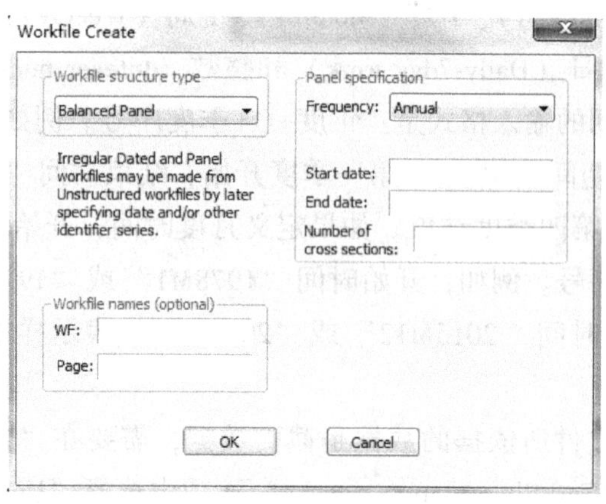

图 1-4　面板数据文件创建对话框

一个新工作文件创建完后，即可在工作区窗口出现一个已命名的 Workfile 窗口，或未命名的 Workfile 窗口（Workfile：UNTITLED）。在 Workfile 窗口中将自动生成两个序列或变量：一个是代表模型中的参数估计序列 *c*，另一个是代表模型中的剩余项或误差项序列 *resid*。新创建的工作文件窗口如图 1-5 所示。

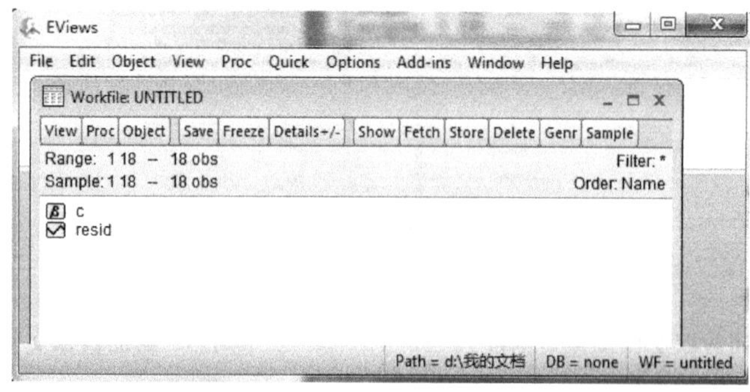

图 1-5　新创建的工作文件窗口

1.3.2　打开已有的工作文件

如图 1-6 所示，如果要打开一个已有的 EViews 工作文件，在选择了文件的磁盘目录和文件名称后，单击“打开（O）”按钮即可。

1.3.3　保存新建或修改的工作文件

保存一个新建或修改过的工作文件，可以在工作文件窗口选择“File”→“Save”或

“Save As”，或者直接单击工作窗口的“Save”按钮。在弹出的文件保存对话框中指定文件存储的路径和文件名，单击“确定”按钮即可。一般地，当关闭 EViews 界面时，软件都将询问是否保存文件。为了养成良好的保存文件习惯，防止工作前功尽弃，都应该保存文件后再退出 EViews 软件。

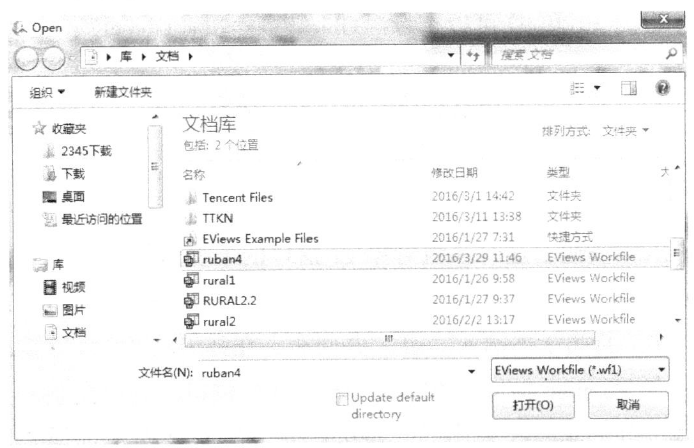

图 1-6　打开一个 EViews 工作文件的对话框

EViews 工作文件中的序列保存方式有三种：单精度（Single precision，7digit accuracy）存储、双精度（Double precision，16digit accuracy）存储和压缩（Use compression）存储三种。EViews 默认的是双精度存储。

1.4　变量的创建、定义、修改和数据的录入

1.4.1　变量的创建

在 EViews 软件中，序列（series）、由序列组合而成的组（group）及 pool 等称为对象（object）。变量是序列、组和 pool 的名称。新的 EViews 工作文件创建后，将在 EViews 主界面的工作区打开一个工作文件窗口（即 Workfile 窗口）。工作文件窗口由标题栏（文件名）、菜单栏、样本信息栏、变量或变量组显示区和状态栏几部分构成。每一个工作文件窗口的变量显示区都会自动生成两个变量：一个是代表模型中的参数估计序列 c，另一个是代表模型中的剩余项或误差项序列 *resid*。c 用于存放对当前新模型求解的参数估计值（R_1，R_2，R_3，…，R_k，以及 R_{k+1}，R_{k+2}，…，R_n，k 为当前求解模型的参数个数，n 为样本容量），resid 用于存放对当前模型求解的残差序列（e_1，e_2，e_3，…，e_n，n 为样本容量）。如果再次求解新设定模型或再次用新样本求解模型，在序列 c 和序列 *resid* 中将用新的求解结果覆盖原有数据。双击 c 或 *resid* 变量前的图标即可查看变量存放的当前数据序列。

其他变量的创建方法很多。常用的有用命令创建和用菜单创建两种。用命令创建变量就是在 EViews 主界面的命令区窗口输入创建命令。例如，创建变量 y、$x1$ 和 $x2$ 可以在命

令区窗口输入“data y x1 x2”（注意在 data、y、x1、x2 之间要加空格），即可在工作文件窗口变量显示区增加了 y、$x1$ 和 $x2$ 三个变量，同时弹出一个以 y、$x1$ 和 $x2$ 为一未命名（untitled）的组对象的数据窗口。

用菜单创建变量，是在主界面的 Object 菜单或工作文件窗口的 Object 菜单中创建变量。例如，创建变量 y、$x1$ 和 $x2$ 可以选择“Object”→“New Object”，在“New Object”对话框中的“对象类型（Type of object）”中选择“Group”，命名为“g1”并单击“OK”按钮，在工作文件窗口变量或变量组显示区增加了一个组对象 g1，同时弹出一个“Group：G1”数据窗口，在此数据窗口中把表右侧的滚动条移至顶部，在编辑栏下第 2 行第 1 列输入“y”并回车，在弹出的“Series create”对话框中选择“序列的性质（如 Number series）”并单击“OK”按钮，这时在组对象 g1 窗口的 y 变量下显示待输入的空数据（用 NA 表示），同时在工作文件窗口变量或变量组显示区增加了一个新变量 y，完成变量 y 的创建；在编辑栏下第 2 行第 2 列输入“x1”并回车，在弹出的“Series create”对话框中选择“序列的性质（如 Number series）”并单击“OK”按钮，完成变量 $x1$ 的创建；在第 2 行第 3 列输入“x2”并回车，在弹出的“Series create”对话框中选择“序列的性质（如 Number series）”并单击“OK”按钮，完成变量 $x2$ 的创建，如图 1-7 和图 1-8 所示。创建已命名的组变量的优点在于，已命名组在工作文件主窗口中显示，直接打开它可以批量录入和编辑样本数据，还可以进行各种组对象的描述统计。

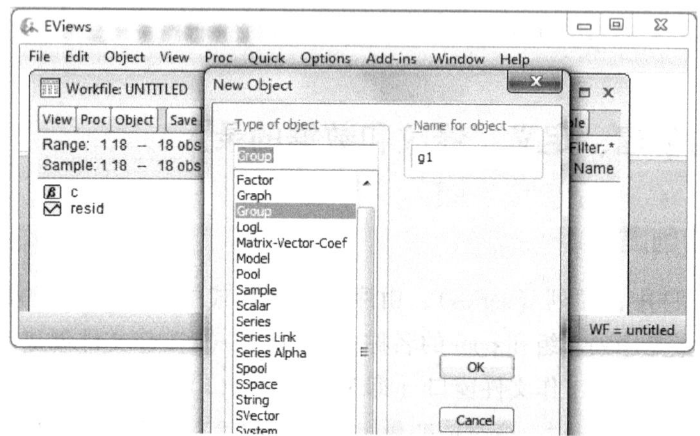

图 1-7 用 EViews 菜单创建组变量

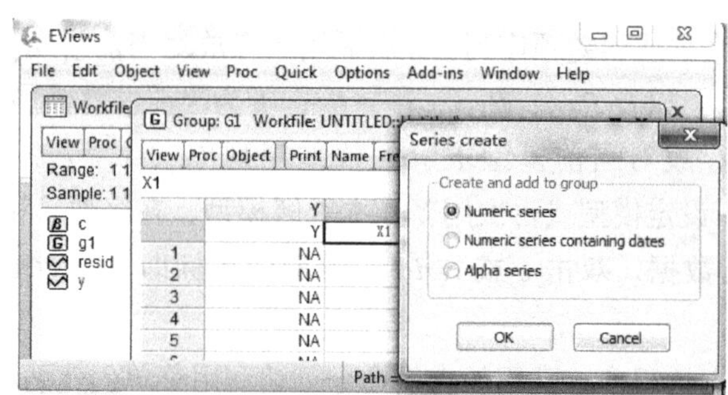

图 1-8 用 EViews 菜单定义组变量

创建变量 y、$x1$ 和 $x2$，还可以选择“Object”→“New Object”，在“New Object”对话框中的对象类型选择“series”并为之命名（如 y），单击“OK”按钮，即可在工作文件窗口变量或变量组显示区增加了一个新变量 y。用同样方法可以创建变量 $x1$ 和 $x2$。

1.4.2 变量的定义和修改

变量属性包括变量的名称、含义、计量单位、数据区间等。

变量的名称在变量创建时定义，可以在序列窗口单击“name”按钮进行修改。

数据区间在创建工作文件时定义（例如，样本包括 34 个个体的截面数据，在工作文件窗口标明 Range：1 34--34 obs；1978~2011 年间的时间序列数据，在工作文件窗口标明 Range：1978 2011）。修改数据区间可以在序列窗口中双击菜单行下的“Range：…”进行修改。

数据的含义和计量单位定义的作用：一是便于记忆；二是用于图形和表格的标注。通常不定义（好处是在作图表时变量只由简单的变量名标示）。如果要定义，首先用鼠标双击待定义的序列图标（如☑ y），在弹出序列窗口中单击“name”按钮，在对话框第二个空中简洁填入变量的含义和计量单位（如果标注过于详细，在作图表时变量将由复杂的变量含义替代简单的变量名标示，特别是用汉字标示的变量含义 EViews 无法识别，图表的表现力将下降）。

在进行数据分析时，有时需要通过已知序列生成一个新序列，有两种方法可以实现。一种方法是在打开的已有序列窗口（如 resid 序列窗口）中单击“GENR”按钮，在弹出的窗口中输入新序列名和计算公式（如 e2=resid^2，表示生成新序列 $e2$，它是当前 resid 序列的平方序列），单击“确定”按钮即可。另一种方法是使用命令格式：genr name=formula 或 series name=formula。例如，genr x3=log(x1)-log(x2) 或 series x3=log(x1)-log(x2) 表示生成一个新变量 $x3$，它由原序列 $x1$ 的自然对数值减去 $x2$ 的自然对数值计算得到。在生成新序列的计算公式中，可用的运算符号包括：加+、减-、乘 *、除/、乘方^、自然对数 log()、指数 exp()、算术平方根 sqr()、差分 d()、自然对数差分 dlog()和倒数@ inv()。括号内填写变量名。

1.4.3 数据录入

在变量创建完成之后，即可向变量的空序列中录入样本数据。变量样本数据的录入方法主要有用键盘录入法、复制粘贴法和数据库调入法。

（1）键盘录入法。在工作文件窗口变量或变量组显示区选择要录入数据的变量或变量组前的图标，双击它即可弹出序列对象数据窗口，此时数据区为只读状态。在窗口菜单中单击“Edit+/-”按钮，光标将停留在第 1 个数据处，用键盘输入实际数据后回车，输入第 2 个数据，直至输完为止。注意，默认的数据为数值型，显示最大宽度为 9 个字符，小数后 5 位等。如果数据是非数字型或显示有特殊要求，可以在窗口菜单中单击“Properties”按钮，对输入和显示数据进行相应设置。

（2）复制粘贴法。该方法与键盘录入法的区别是不需要从键盘上逐个输入数据，只需要从 Excel 工作表等中按列复制数据，再粘贴到序列对象数据窗口即可。如果创建或打开的是一个变量组，还可以一次把变量组的各序列数据通过复制粘贴过来，但要注意变量的排列顺序不能错。

（3）数据库调入法。EViews 可以从 ASCII，Lotus 和 Excel 工作表调入数据。以从 Excel 调入数据为例，调入数据时在工作文件窗口或主界面菜单选择“Proc”→“Import”→“Read”，然后找到并打开目标数据源文件，进入 Excel spreadsheet import 设置窗口。设置时要注意：Order of data 选项要与 Excel 表中的排列方式一致，Upper-left data cell 选项空格中填写 Excel 表的左上角第一个有效数据的单元格地址如 B2，在 excel5+sheet name 下指定读入数据工作表的名称，一般空着不填。在较大空白区域输入读入变量的名称或个数，如果仍用原文件序列，则按顺序输入原文件变量名（变量名中间用空格）或 2（表示原文件的前两个变量名）。如果要读入的数据在起止范围等方面不同时需要在最下面的 Import sample import 项下进行设置。

数据录入后，为防止数据被修改，可在数据窗口的菜单中单击“Edit+/-”按钮，数据区变为恢复只读状态。如果要编辑修改数据，单击“Edit+/-”按钮进行相应的编辑修改后，再单击“Edit+/-”按钮恢复到原来的只读状态。

1.5 序列的描述性统计

1.5.1 对单个序列的描述统计

在打开的一个工作文件窗口，选择单击一个单序列图标，弹出一个序列对象窗口，选择下拉菜单“View”→“One-Way Tabulation...”，进入“Tabulate series”对话框进行设置（通常按默认），单击“OK”按钮即可得到单因素列联表（即简单频数分布表），如图 1-9 所示。选择“View”→“Descriptive Statistics & Test”→“Histogram and Stats”，即可得到序列的柱形图和描述性统计分析结果，如图 1-10 所示。选择“View”→“Descriptive Statistics & Test”→“Stats Table”，即可单独得到序列的描述性指标、*JB* 统计量及其对应的 p 值。

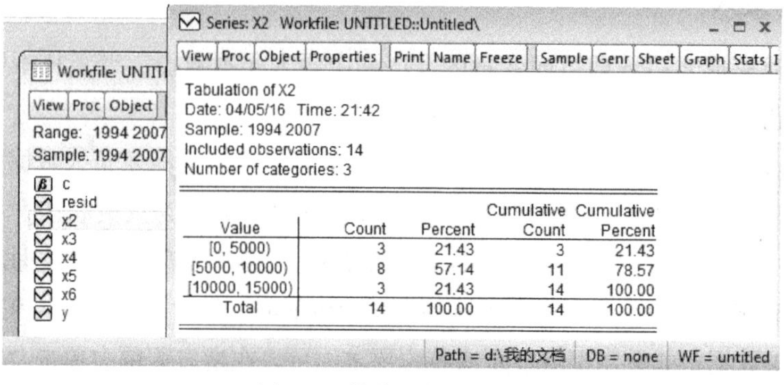

Tabulation of X2
Date: 04/05/16 Time: 21:42
Sample: 1994 2007
Included observations: 14
Number of categories: 3

Value	Count	Percent	Cumulative Count	Cumulative Percent
[0, 5000)	3	21.43	3	21.43
[5000, 10000)	8	57.14	11	78.57
[10000, 15000)	3	21.43	14	100.00
Total	14	100.00	14	100.00

图 1-9 简单频数分布表

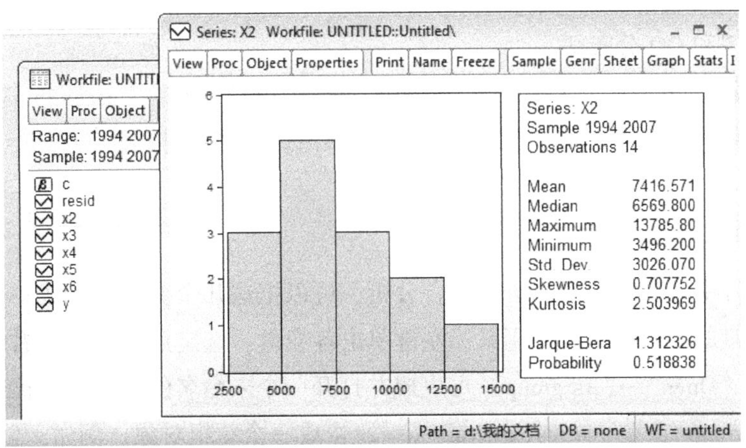

图 1-10　序列描述性统计图

图 1-10 中，柱形图反映了序列的分布形状。序列样本数据的描述性统计量值包括：均值（Mean，用 $\bar{x}$ 表示）、中位数（Median）、最大值（Maximum）、最小值（Minimum）、标准差（Std. Dev.，用 S 表示）、偏度（Skewness，用 Sk 表示）和峰度（Kurtosis，用 K 表示）。其中，均值、标准差、偏度和峰度的计算公式如下：

$$\bar{x} = \frac{\sum_{i=1}^{n} x_i}{n} = \frac{1}{n}(x_1 + x_2 + \cdots + x_n) \tag{1-1}$$

$$S = \sqrt{\frac{1}{n-1}\sum_{i=1}^{n}(x_i - \bar{x})^2} \tag{1-2}$$

$$Sk = \frac{1}{n}\sum_{i=1}^{n}\left(\frac{x_i - \bar{x}}{S}\right)^3 \tag{1-3}$$

$$K = \frac{1}{n}\sum_{i=1}^{n}\left(\frac{x_i - \bar{x}}{S}\right)^4 \tag{1-4}$$

以上式中的 n 代表样本容量。

Jarque-Bera 为服从 $\chi^2(2)$ 分布的 JB 统计量，用于对样本服从正态分布的原假设进行统计显著性检验。Probability 为根据 JB 统计量计算的 p 值。拒绝原假设（即 p 值 $<\alpha$）表明，在一定的显著性水平 α 下序列不服从正态分布。JB 统计量的计算公式如下

$$JB = \frac{n-m}{6}\left[Sk^2 + \frac{1}{4}(K-3)^2\right] \tag{1-5}$$

式中，Sk、K 和 m 分别表示序列的偏度、峰度和产生序列时用到的估计系数的个数；n 表示样本容量。

打开一个序列窗口，选择“View”→“Graphs…”，在弹出的“Graph options”对话框中的“Specific”选项中选中“Line & symbol”，单击“OK”按钮，即可得到序列的线图。如果在“Specific”选项中选中“bar”“area”“spike”“dot plot”“boxplot”“distribution” “quantile-quantile”，单击“OK”按钮，可分别得到条形图、区域图、钉尖图、散圈图、箱线图、分布图和 QQ 分布图。

在序列对象数据窗口，选择菜单“Sort”，在对话框中选择“ascending”可对序列数值进行升序排列；选择“descending”可对序列数值进行降序排列。

1.5.2 组对象的描述统计

对工作文件中已有几个变量进行联合分析，可以把这几个变量设置成一个组。设置方法可以按住键盘的 Ctrl 键不放，用鼠标左键单击各变量，选定后单击鼠标右键，在出现的对话框中选择“Open”→“As group”可生成并打开一个未命名的组对象；也可以在主界面命令区输入：group 组名　series1 series2 ……，生成一个新组对象。例如，创建变量 y、$x1$ 和 $x2$ 的组对象 g1 的命令为：group g1 y x1 x2。

在打开的一个工作文件窗口，选择单击一个组对象图标，弹出一个组对象窗口，选择下拉菜单“View”→“Descriptive Statistics”→“Common Samples”，即输出组对象中各序列数据公共样本的统计描述。公共样本要求每个序列在当前样本范围内有同样多的观察值（即把有缺失值的样本对象观测值删除掉）；选择下拉菜单“View”→“Descriptive Statistics”→“Individual Samples”，即输出组对象中各序列数据的统计描述，各序列包含的观察值数量可以不同。在组对象窗口，选择下拉菜单“View”→“Covariance Analysis”，在对话框中只在“Correlation”前打钩，其他选项不变，单击“OK”按钮，即输出组对象中各序列数据公共样本的相关矩阵；选择下拉菜单“View”→“Covariance Analysis”，在对话框中只在“Covariance”前打钩，其他选项不变，单击“OK”按钮，即输出组对象中各序列数据公共样本的方差-协方差矩阵。EViews 在估计模型时，如果遇到缺失样本值时，会把有缺失值的样本对象的其他观察值都删除掉，然后用剩余的完整数据组估计模型。因此，对组对象进行描述统计、相关分析和方差-协方差分析时，一般用公共样本进行分析。

在组对象窗口，分别单击下拉菜单“View”下的“Graph”，在弹出的“Graph options”对话框的“Specific”项中分别选中“line& symbol”“bar”“area”“spike”，其他按照默认设置，单击“OK”按钮，即可得到每一个变量的线图、条形图、区域图和钉尖图；选中“scatter”“xy line”，即可给出第一个变量分别对其他变量的散点图、线图（注意把被解释变量排为第一个变量）。

在组对象的数据窗口，选择菜单“Sort”，在对话框中的“Primary”中选择需要排序的变量（如 $x2$）并在其后选择排序的方式（ascending 为升序排列，descending 为降序排列），即可对组对象的所有变量按照某一变量（如 $x2$）的样本个体排列方式进行对应排列。需要说明的是，EViews 一般只对非结构数据（unstructured），如截面数据进行排序，如果样本数据为时间序列数据，排序后将把时间序列数据视为非结构数据，结果是排序后的数据将不能辨别其时间属性。另外，对工作文件中的变量排序后，新模型参数估计值序列 c 不会参加相应的排序。

1.6 序列的假设检验

1.6.1 单序列的假设检验

EViews 提供了检验一个总体参数的假设检验方法：在工作区窗口的变量显示区选择要研究的序列，双击打开这个序列。在序列窗口选择“View”→“Distributive Statistics & Test”→“Simple Hypothesis Tests”，在“Series Distribution Tests”对话框中键入假设的参数 θ（均值 mean、方差 variance 或中位数 median）的值，即可检验原假设：H_0：$\theta=\theta_0$。对均值的假设检验如果没有给定总体标准差（s. d）时（在 Enter s. d. if known 项中不填数字）采用的是 t 检验，在给定总体标准差时（在 Enter s. d. if known 项中填入总体标准差数字）采用的是 z 检验和 t 检验两种相对照；对方差检验采用的是 χ^2 检验；对中位数的假设检验采用三种以排序为基础的检验：符号检验（sign test）、Wilcoxon 符号秩检验、Van der waerden 正态核检验。单序列参数的假设检验设置如图 1-11 所示。

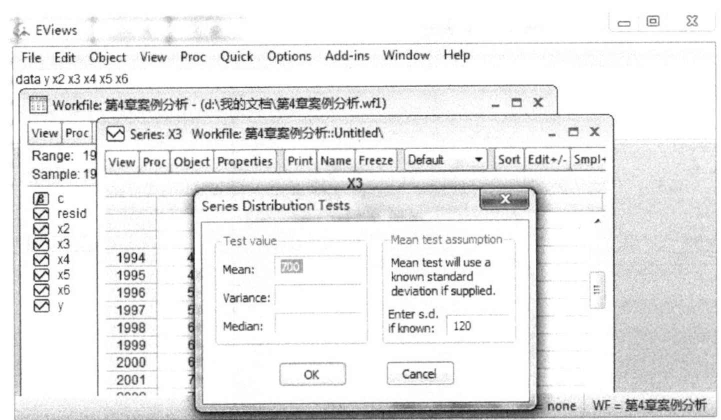

图 1-11　单序列参数的假设检验设置

检验结果给出了检验的统计量值和相应的概率（p 值），如果输出概率小于要求的显著性水平 α，则拒绝原假设。图 1-12 是对总体均值的显著性检验结果，$z=-1.362\ 810$，$t=-1.269\ 431$，检验的备择假设 mean≠700 的概率（probability）即 p 值分别是 0.172 9 和 0.226 5，均大于 0.05。所以，在 0.05 的显著性水平下不能拒绝 mean=700 的原假设（设总体标准差 $s.d=120$）。

EViews 提供了基于分位数分析判断序列分布类型的 Quantile-Quantile 分布图，如图 1-13 所示。它是比较两种分布接近程度的直观工具。操作为打开一个序列窗口，选择“View”→“Graphs”，在弹出的“Graph Options”对话框中的“Specific”选项中选中“Quantile-Quantile”，单击“Q-Q graph:”后的“Options”按钮，在弹出的“Quantile-Quantile plot customize”对话框中的“specification”项下，选择要比较的理论分布（distribution）的类型（默认为正态分布 normal），并填入要对比的理论分布函数的相应参数（如正态分布

normal 的均值μ和标准差σ的数值。通常空着不填)，单击“OK”按钮。EViews 提供了可以用于比较的理论分布有 normal（正态）分布、chi-square（χ^2）分布、students' t（t）分布、uniform（均匀）分布、exponentile（指数）分布、logistic（逻辑）分布、extreme-max（极大值）分布、extreme-min（极小值）分布等标准分布可供选择。如果两个分布相同，那么 QQ 分布图将在一条直线上；如果 QQ 分布图不在一条直线上，说明两个分布是不同的。

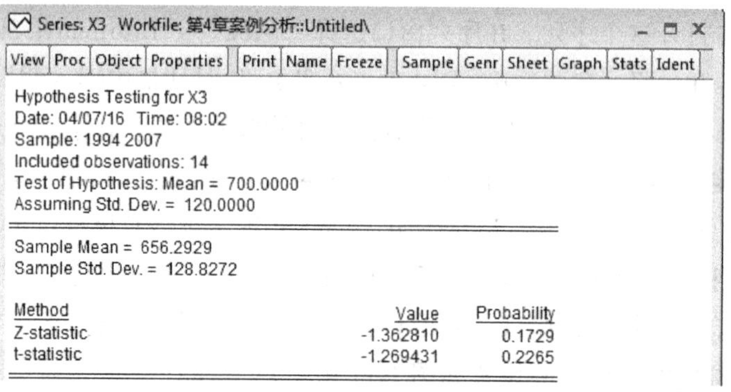

图 1-12 单序列参数的假设检验结果

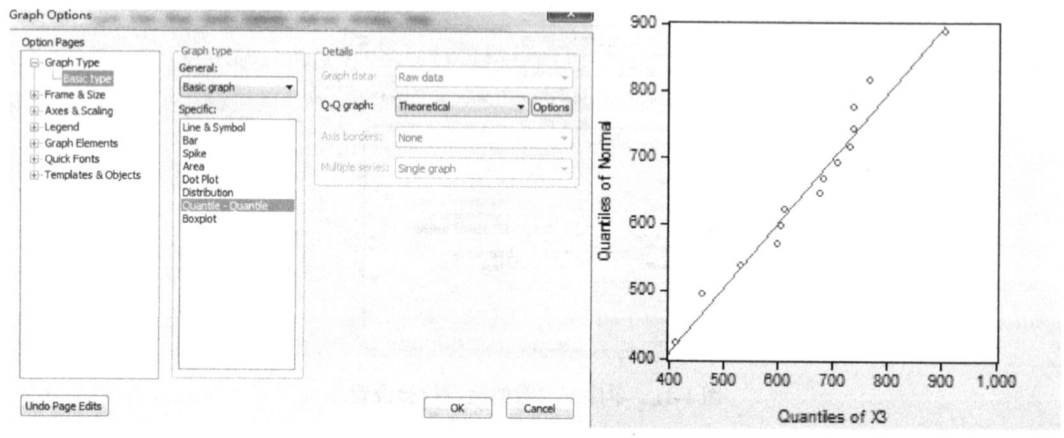

图 1-13 QQ 分布图的设置与输出

研究一个序列是否服从正态分布还可以用 JB 统计量检验、经验分布检验（empirical distribution test）等。

1.6.2 多序列的假设检验（方差分析）

EViews 提供了用方差分析法检验原假设为组内所有序列有相同的均值、方差或中位数的检验。方法是打开一个研究序列，选择“View”→“Distributive Statistics &Test”→“Equality Test By Classification”，在“Test By Classification”对话框中键入用于分类的序列名，选择要检验的参数（均值、中位数或方差），单击“OK”按钮即可得到方差分析结果。

图 1-14 给出了以变量 $x2$ 对序列 $x3$ 进行分组，检验 3 组的均值是否相等的方差分析结果。从 F 检验的 p 值输出结果可以看出，$F=6.070\ 503$，p 值 $=0.016\ 7<0.05$。当显著性水平为 0.05 时检验拒绝了 3 组均值相等的原假设。

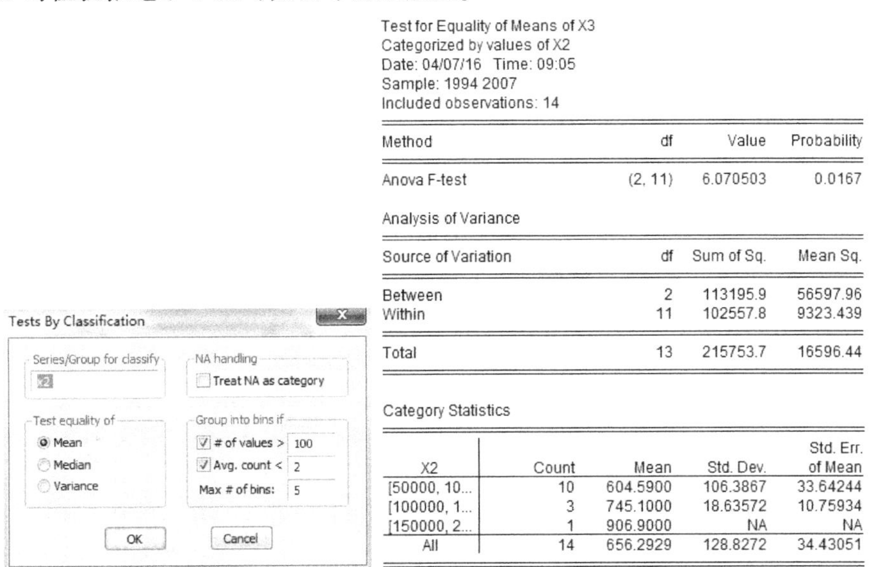

Test for Equality of Means of X3
Categorized by values of X2
Date: 04/07/16 Time: 09:05
Sample: 1994 2007
Included observations: 14

Method	df	Value	Probability
Anova F-test	(2, 11)	6.070503	0.0167

Analysis of Variance

Source of Variation	df	Sum of Sq.	Mean Sq.
Between	2	113195.9	56597.96
Within	11	102557.8	9323.439
Total	13	215753.7	16596.44

Category Statistics

X2	Count	Mean	Std. Dev.	Std. Err. of Mean
[50000, 10...	10	604.5900	106.3867	33.64244
[100000, 1...	3	745.1000	18.63572	10.75934
[150000, 2...	1	906.9000	NA	NA
All	14	656.2929	128.8272	34.43051

图 1-14 序列组内均值相等的方差分析

1.7 序列的相关图和单位根检验

1.7.1 序列的自相关图

在工作文件窗口选择并打开一个序列，在序列窗口中选择单击“View”→“Correlogram”，在“Correlogram Specification”窗口中直接单击“OK”按钮，即可得到原序列的自相关图；在“Correlogram Specifications”窗口中选择 1st diferrence 并单击“OK”按钮，即可得到序列一阶差分的自相关图；在“Correlogram Specifications”窗口中选择“2st diferrence”单击“OK”按钮，即可得到序列二阶差分的自相关图。自相关图根据样本容量等计算默认的滞后阶数，如果要改变滞后阶数可以在“Correlogram Specification”窗口中的“Lags to include”项修改，如图 1-15 所示。

在自相关图中，AC、PAC 显示的是序列当期值与其滞后一期值、滞后二期值、滞后三期值……的自相关系数值、偏自相关系数值。为了直观地反映相关系数的大小，在图形的左半部分绘制了自相关系数和偏自相关系数的条形图，其中的虚竖线表示显著性水平为 0.05 时的置信带（随机区间），即 $\pm 1.96/\sqrt{n}$。当第 s 期偏自相关系数的横条杆长度超过了虚竖线部分，表明偏自相关系数 $|\rho_{t,s}|>1.96/\sqrt{n}$，即存在 s 阶自相关性。图 1-15 表明模型的残差序列在显著性水平为 0.05 下存在一阶自相关。Q-stat 和 Prob 显示的是序列当期值与其滞后一期值、滞后二期值、滞后三期值……的 Q 统计量值及其对应的 p 值（拒绝原假

设所犯的第一类错误的概率）。Q 统计量是对原假设为序列相互独立进行检验用的统计量，它服从$\chi^2(m-p-q)$ 的分布，计算公式为

$$Q=n(n+2)\sum_{k=1}^{m}\frac{r_k^2}{n-k} \tag{1-6}$$

其中，p 为自回归模型的阶数；q 为移动平均模型的阶数；n 为计算自相关系数 r_k 的序列观察值数；k 为滞后期；m 为最大滞后期。

图 1-15 表明 $GDPP$ 序列在显著性水平为 0.05 下不是相互独立的。

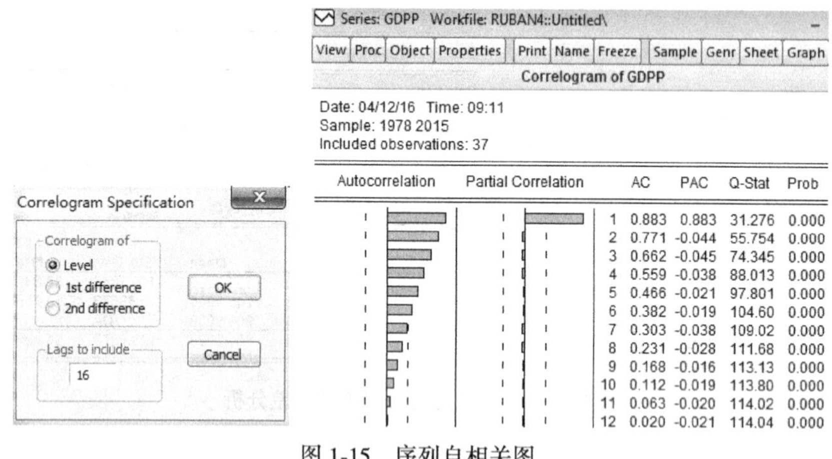

	AC	PAC	Q-Stat	Prob
1	0.883	0.883	31.276	0.000
2	0.771	-0.044	55.754	0.000
3	0.662	-0.045	74.345	0.000
4	0.559	-0.038	88.013	0.000
5	0.466	-0.021	97.801	0.000
6	0.382	-0.019	104.60	0.000
7	0.303	-0.038	109.02	0.000
8	0.231	-0.028	111.68	0.000
9	0.168	-0.016	113.13	0.000
10	0.112	-0.019	113.80	0.000
11	0.063	-0.020	114.02	0.000
12	0.020	-0.021	114.04	0.000

图 1-15　序列自相关图

1.7.2　序列的交叉相关图

作两个变量 y 与 x 的交叉相关图的方法是：在 EViews 软件的主界面中的命令框键入 “cross　y　x” 并回车，或者在由 y 与 x 组成的序列组对象窗口单击 “View”→“Cross Correlation（2）”，在弹出的对话框中输入最大滞后期（通常为默认值），确定后可以得到变量 y 与变量 x 滞后（Lag）各期 x_{t-1}，x_{t-2}，x_{t-3}，x_{t-4}，…，x_{t-k}和超前(Lead)各期 x_{t+1}，x_{t+2}，x_{t+3}，x_{t+4}，…，x_{t+k}的交叉相关图，如图 1-16 所示。

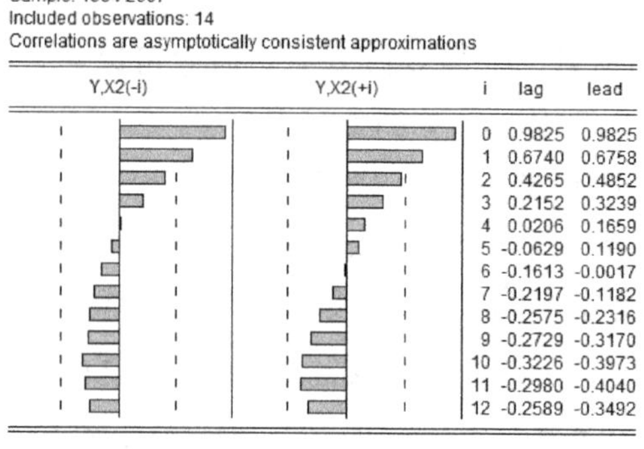

i	lag	lead
0	0.9825	0.9825
1	0.6740	0.6758
2	0.4265	0.4852
3	0.2152	0.3239
4	0.0206	0.1659
5	-0.0629	0.1190
6	-0.1613	-0.0017
7	-0.2197	-0.1182
8	-0.2575	-0.2316
9	-0.2729	-0.3170
10	-0.3226	-0.3973
11	-0.2980	-0.4040
12	-0.2589	-0.3492

图 1-16　序列 y 与 $x2$ 的交叉相关图

滞后 k 期的交叉相关系数的计算公式为

$$r_{xy}(k)=\frac{\sum_{t=1}^{n-k}(y_t-\bar{y})(x_{t+k}-\bar{x})}{\sqrt{\sum_{t=1}^{n}(y_t-\bar{y})}\sqrt{\sum_{t=1}^{n}(x_t-\bar{x})}},\ (k=1,\ 2,\ 3,\ \cdots) \tag{1-7}$$

交叉相关系数图中每栏两侧虚竖线对应着±2 倍标准差的随机区间，计算为$\pm1.96/\sqrt{n}$。如果横条杆落入虚竖线内表示无交叉相关，如果超出虚竖线之外表示存在交叉相关。从图 1-16 中 y 与 x 各期滞后值的相关系数可知，y 与当期（$i=0$）、滞后一期（$i=-1$）和前一期（$i=1$）的 x 相关。交叉相关图是确定分布滞后模型中解释变量的滞后阶数，分析经济周期时区分先行变量、一致变量和滞后变量的工具之一。

1.7.3　序列的单位根检验

在工作文件窗口选择并打开一个序列，在序列窗口中选择单击“View”→“Unit Root Test”，弹出单位根检验对话框，如图 1-17 所示。在“Unit Root Test”对话框中，设定检验方法（Test type）、检验序列（Test for unit root in）、检验模型形式（Include in test equation）、滞后阶数（lag length）。设定完成后单击“OK”按钮便得到检验输出结果。其中，检验方法一般采用默认的 *ADF* 检验法，检验序列按照先原序列水平（level）、后一阶差分（1st difference）、再二阶差分（2nd difference）的顺序依次选择；检验模型形式按照仅含截距（Intercept）、含趋势和截距（Trend and intercept）、不含趋势和截距（None）的顺序依次选择，也可以依照被检验序列的线图类型直接选择；滞后期可以选定不同的信息准则，由软件自动选择（Automatic selection），也可以由用户自己设定（User specification）。

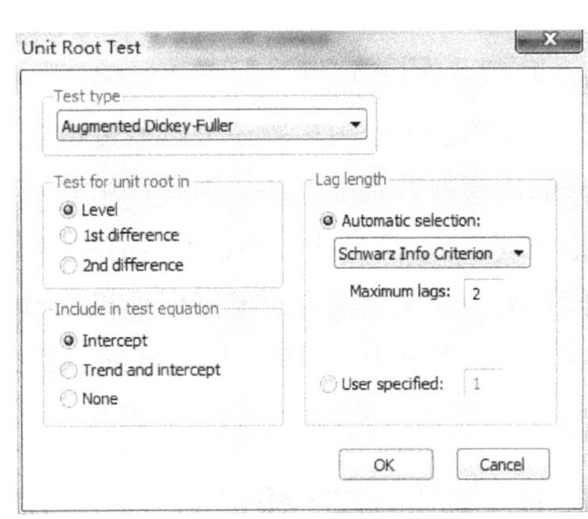

图 1-17　单位根检验对话框

单位根检验往往不能一次完成，需要用不同的形式进行设定，直到以某种检验序列、检验模型形式检验为平稳为止。图 1-18 检验变量为 $\Delta x4$，即变量 $x4$ 的一阶差分，采用 *ADF* 检验，检验模型类型是不含趋势项和截距项，滞后阶数是按照 SCI 准则确定的最大滞后阶数 2。检验结果表明，p 值 $=0.0614<0.10$，序列 $x4$（它的水平值是不平稳的）经过一阶差分后，以不含趋势和截距项的检验式在 0.10 的显著性水平下成为一个

Null Hypothesis: D(X4) has a unit root
Exogenous: None
Lag Length: 0 (Automatic - based on SIC, maxlag=2)

		t-Statistic	Prob.*
Augmented Dickey-Fuller test statistic		-1.866263	0.0614
Test critical values:	1% level	-2.771926	
	5% level	-1.974028	
	10% level	-1.602922	

*MacKinnon (1996) one-sided p-values.
Warning: Probabilities and critical values calculated for 20 observations and may not be accurate for a sample size of 12

Augmented Dickey-Fuller Test Equation
Dependent Variable: D(X4,2)
Method: Least Squares
Date: 04/07/16　Time: 14:14
Sample (adjusted): 1996 2007
Included observations: 12 after adjustments

Variable	Coefficient	Std. Error	t-Statistic	Prob.
D(X4(-1))	-0.479226	0.256784	-1.866263	0.0889

R-squared	0.240293	Mean dependent var	-0.500000
Adjusted R-squared	0.240293	S.D. dependent var	32.83288
S.E. of regression	28.61752	Akaike info criterion	9.625570
Sum squared resid	9008.585	Schwarz criterion	9.665979
Log likelihood	-56.75342	Hannan-Quinn criter.	9.610610
Durbin-Watson stat	1.956761		

图 1-18　序列单位根检验结果

平稳序列，即序列是一阶单整序列：$x4_t \sim I(1)$。但是，如果显著性水平取 0.05，它就不再是平稳序列了。

注意：用 *EG* 两步法对协整方程的残差进行单位根检验，不能用 EViews 输出的临界值和 *p* 值进行判断决策。必须用协整检验临界值的计算公式（协整变量个数 $N \geq 2$）计算出的临界值进行判断决策，即在选定的显著性水平下，如果 *t* 值小于临界值则拒绝原假设，认为协整关系成立；如果 *t* 值大于等于临界值则接受原假设，认为协整关系不成立。在一元线性回归的协整检验中，有两个协整变量（$N=2$），残差序列协整检验用临界值的计算公式见表 1-1。

表 1-1 协整检验临界值计算表（有 2 个协整变量）

检验类型	显著性水平	协整检验临界值
截距项，无趋势项	0.01	$C=-3.9001-10.534T^{-1}-30.03T^{-2}$
	0.05	$C=-3.3377-5.967T^{-1}-8.98T^{-2}$
	0.10	$C=-3.0462-4.069T^{-1}-5.73T^{-2}$

注：*T* 为估计协整模型所用有效样本容量。

序列的单位根检验还可以通过观察序列自相关图的形状来大致判断序列是否平稳。一个时间序列若是平稳的，则其自相关函数为单调递减的或表现为衰减的正弦形式（通常叫拖尾现象）。若自相关函数不具有拖尾现象，尤其是随滞后值的增加而呈增加趋势，则时间序列为非平稳的。观察序列自相关图，如果序列的自相关系数很快地（滞后阶数大于 2 或 3 时）趋于 0，即落入随机区间，那么序列是平稳的，否则是非平稳的。

1.8 模型建立和估计

1.8.1 模型建立

建立计量经济模型，首先根据经济理论或经验建立总体回归模型，然后把它变成 EViews 命令输入计算机求解。建立线性回归模型并用普通最小二乘（OLS）法求解，首先要打开相应的工作文件，输入样本数据，在 EViews 主界面的命令窗口键入下列格式中的一种，按回车键即可得到模型的普通最小二乘估计结果。

格式 1：LS Y C X1 X2 X3 ……

格式 2：LS Y=C(1)+C(2) * X1+C(3) * X2+C(4) * X3+…+C(K) * XN

式中，*Y* 表示被解释变量；*C* 和 *C*(1) 表示截距项；*XN* 表示第 *N* 个解释变量；*C*(*K*) 表示第 *K*($K \geq 2$) 个回归系数。

注意：命令中的字母不区分大小写；格式 1 中，在 LS、变量名、系数之间要加空格；格式 2 中，LS 与 Y 之间要加空格。

如果要对模型的估计方法、样本区间、名称等进行设定，可以在 EViews 主界面选择菜单“Quick”→“Estimate Equation”；或者选择菜单“Object”→“New Objects”，在新对象对话框中选择“equation”，命名（可不填），单击“OK”按钮。上述两种方法操作都将出现图 1-19 的回归模型设定对话框。如果在图 1-19 中，默认 EViews 各种设定选项（Options），并在对话框的中间方程设定空白处键入方程，单击“确定”按钮即可得到在 EViews 主界面命令框键入 LS 命令相同的输出结果。键入方程的格式有两个。

格式 1：Y C X1 X2 X3 ……

格式 2：Y=C(1)+C(2) * X1+C(3) * X2+C(4) * X3+…+C(K) * XN

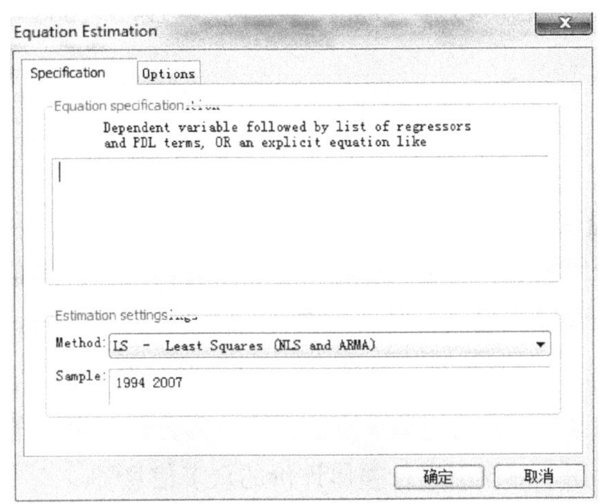

图 1-19　回归模型设定对话框

1.8.2　模型估计

估计回归模型，除了需要键入回归方程外，还需要在“Equation Estimation”对话框中设定模型的估计方法、估计模型所用数据的样本区间以及权数等其他设定选项。

1. 设定模型的估计方法

EViews 提供了最小二乘法［LS—least squares（NLS and ARMA）］、两阶段最小二乘法（TSLS）、广义距法（GMM）、ARCH 法、二项选择法（BINARY）等 8 种方法。EViews 默认的是最小二乘法。

在最小二乘法中，如果不在“Options”对话框中做选项设定，则按普通最小二乘法估计。如果在“Options”对话框中“weigheds”选项中的“type”下选择权数类型，并键入权数序列（weight series）名，单击“确定”按钮，则按加权最小二乘法估计。权数的类型（type of weight），一般选择标准差的倒数（invterse std. dev）。这种设定加权最小二乘估计的方法也可以用 EViews 命令来完成。例如，用 $1/x$ 作为权数对回归模型 $y=a+bx+u$ 进行加权最小二乘估计，可以在 EViews 主界面的命令行中键入命令：ls(w=1/x)y c x。

在最小二乘法中，如果要采用广义差分法消除自相关，可以在“Equation Estimation”对话框中键入的回归方程后加上相应的自回归系数（注意：不能在加权最小二乘法中键入，也不能在格式 2 中键入）。例如，在回归模型 $y=a+bx+u$ 中存在自相关模式 $u_t=\rho_1 u_{t-1}+\rho_2 u_{t-2}+\nu_t$，可以在“Equation Estimation”对话框中键入方程：y c x ar(1) ar(2)，单击

“确定”按钮，即可求用广义差分法消除模型一阶、二阶自相关的最小二乘估计。其中，ar(1)和 ar(2)分别表示自相关系数 ρ_1 和 ρ_2。这种键入命令的方法同样适合直接在 EViews 主界面的命令行窗口中使用，即键入命令 ls y c x ar(1) ar(2)。

2. 设定样本区间

EViews 在估计回归方程时默认的样本区间为数据的全部区间。如果要选择其中的一部分数据估计回归模型可以在“Equation Estimation”对话框中更改“sample”进行设定。例如，在时间序列数据中，把“1994 2007”改为“1994 2006”；在截面数据中，把“1 26”改为“1 24”。

1.8.3 模型输出

EViews 的回归输出结果主要由三部分组成，如图 1-20 所示。第一部分是位于第一条双横线上部的信息，介绍被解释变量、估计方法、求解时间、样本信息等；第二部分位于第一条双横线与第三条双横线之间，显示的是回归系数（coefficient）的估计值 $\hat{\beta}_i$ 及其标准差（std. error）$se(\hat{\beta}_i)$、t 统计量值（t-statistic）和 t 检验的 p 值（prob.），可用于书写模型的估计式及对各回归系数即参数进行 t 检验；第三部分位于第三条双横线与第四条双横线之间，内容显示的是用于对模型进行整体评价的众多信息。

图 1-20 表明，模型的被解释变量为 y，采用最小二乘法估计，操作的具体时间为 2016 年 4 月 7 日 14 时 25 分。由于采用广义差分法消除存在的自相关，样本期间调整为 1995～2007 年，调整后的样本共包括 13 组观察值，即有效样本容量 $n=13$。输出结果经过了 7 次迭代达到收敛。模型的估计方程为：$\hat{y}=-1\ 206.951+0.055\ 514x_2+[ar(1)=0.746\ 453]$。其中，$ar(1)=0.746\ 453$ 表示随机扰动项的一阶自回归系数的估计值是 0.746 453，即表明估计的被消除的自回归模式为 $u_t=0.746\ 453u_{t-1}+\nu_t$。由于对变量 $x2$ 和 $ar(1)$ 前的各回归系数进行 t 检验的 p 值分别是 0.000 0 和 0.002 4，都小于 0.05，表明 $x2$ 和 $ar(1)$ 前的系数在 0.05 的显著性水平下，均被拒绝是零的原假设（即是统计显著的）。通过对模型整体评价信息观察，可决系数 R^2 是 0.985 642，经过修正后达 0.982 770，说明模型的拟合效果很好；F 统计量值 343.228 5 很大，F 检验的 p 值为 0.000 000，在 0.05 的显著性水平下，拒绝模型解释变量联合对被解释变量无显著影响的原假设；DW 值为 1.349 545，在显著性水平 0.05、$n=13$、$k'=1$ 下查 DW 临界值表得 $dL=0.010$、$du=1.340$，有 $du<DW<4-du$，广义差分模型不存在一阶自相关。

Dependent Variable: Y
Method: Least Squares
Date: 04/07/16 Time: 14:25
Sample (adjusted): 1995 2007
Included observations: 13 after adjustments
Convergence achieved after 7 iterations

Variable	Coefficient	Std. Error	t-Statistic	Prob.
C	-1206.951	705.5509	-1.710650	0.1179
X2	0.055514	0.005288	10.49774	0.0000
AR(1)	0.746453	0.185074	4.033258	0.0024

R-squared	0.985642	Mean dependent var	3720.420
Adjusted R-squared	0.982770	S.D. dependent var	1860.650
S.E. of regression	244.2352	Akaike info criterion	14.03331
Sum squared resid	596508.1	Schwarz criterion	14.16369
Log likelihood	-88.21654	Hannan-Quinn criter.	14.00652
F-statistic	343.2285	Durbin-Watson stat	1.349545
Prob(F-statistic)	0.000000		
Inverted AR Roots	.75		

图 1-20 回归模型的估计输出

EViews 的回归输出结果第三部分的含义分别是：R-squared 为可决系数 R^2，adjusted

R-squared为调整的可决系数 $ad\text{-}R^2$，S. E. of regression 为估计的回归标准差 $\hat{\sigma}$，Sum squared resid 为残差平方和$\sum e_t^2$，Log likelihood 为似然函数的对数值，Durbin-Waston stat 为 *DW* 统计量值，Mean dependent var 为被解释变量的均值，S. D. dependent var 为被解释变量的标准差，Akaike info criterion 为赤地信息准则值，Scharz criterion 为施瓦茨信息准则值，Hannan-Quinn criterion 为汉南-奎因信息准则值，F-statistic 为 *F* 统计量值，Prob（F-statistic）为 *F* 检验的 *p* 值。其中，赤地信息准则值 *AIC*、施瓦茨信息准则值 *SC* 和汉南-奎因信息准则值 *HQC* 的计算公式如下

$$AIC = -\frac{2l}{n} + \frac{2k}{n} \tag{1-8}$$

$$SC = -\frac{2l}{n} + \frac{k}{n}\ln(n) \tag{1-9}$$

$$HQC = -\frac{2l}{n} + \frac{2k}{n}\ln(\ln(n)) \tag{1-10}$$

式中, *n* 为样本容量; *l* 为似然函数的对数值; *k* 为被估计参数的个数。

式（1-8）、式（1-9）和式（1-10）中的“+”号左边部分表示模型的拟合程度，“+”号右边部分是对模型复杂程度的惩罚项，用于防止过度拟合。一般地，*AIC*、*SC* 和 *HQC* 越小，表明模型拟合效果越好。相对于 $ad\text{-}R^2$，*AIC*、*SC* 和 *HQC* 更加严厉地惩罚在模型中额外添加不重要的解释变量。

在进行计量经济模型的经济意义检验时，需要确定回归系数或偏回归系数的符号是否与经济理论揭示的规律相符。严格意义上需要进行显著性单侧 *t* 检验，即 H_0：$\beta_i \leqslant 0$，H_1：$\beta_i > 0$（检验正相关，即 β_i 为正值）或 H_0：$\beta_i \geqslant 0$，H_1：$\beta_i < 0$（检验负相关，即 β_i 为负值）的检验。这个检验不能直接用 EViews 输出的 *p* 值进行判断，通常先查出 *t* 统计量的单侧临界值 $t_\alpha(n-k)$，并与 EViews 输出的 *t* 统计量值做比较。如果 $t > t_\alpha(n-k)$，表明存在正相关，β 为正值；如果 $t < -t_\alpha(n-k)$，表明存在负相关，β 为负值。其中，*k* 是检验模型中回归系数的个数。在 EViews 中，可以直接输出各个回归系数或偏回归系数的 90%、95%和 99%三个置信水平（其他置信水平可以由用户自行设置）下的置信区间，选定一个置信水平，查看置信区间（必须注意：该置信区间是双侧置信区间，而回归系数是正值或负值的检验是单侧检验。因此，显著性水平 $\alpha = 0.05$ 时，应当查看 90%的置信区间；显著性水平 $\alpha = 0.10$ 时，应当查看 95%的置信区间）的置信上限（high CI）和置信下限值（low CI），如果它们均为正值说明显著正相关，如果均为负值说明显著负相关，如果一正一负说明不显著相关。操作方法是：在回归模型的输出窗口中，选择下拉菜单 “View”→“Coefficient Diagnostics”→“Confidence Interval”。如图 1-21 所示，变量 *X* 的回归系数的 90%置信区间为［0. 229 332，0. 284 587］，因而在 0. 05 的显著性下解释变量 *X* 与被解释变量显著正相关。变量 *Z* 的回归系数的 90%置信区间为［−44. 388 56，23. 984 19］，因而在 0. 05 的显著性下解释变量 *Z* 与被解释变量是不显著相关的。

存在多重共线性的重要判断依据之一是方差扩大因子（Variance Inflation Factors,

VIF）的大小。通常认为，如果方差扩大因子达到 10 就存在严重的多重共线性。$VIF_j = 1/(1-R_j^2)$，其中 R_j^2 表示把第 j 个解释变量作为被解释变量，其他解释变量作为解释变量进行回归（被称为辅助回归）估计的可决系数。对多元线性回归模型的估计结果，如果要诊断是否存在多重共线性，可以在 EViews 中直接输出各解释变量的中心化方差扩大因子（Centered VIF），作为是否有多重共线性的判定的依据之一。在回归模型输出窗口的操作路径为：“View”→“Coefficient Diagnostics”→“Variance Inflation Factors”。如图 1-22 所示，解释变量 $X1$，$X2$，$X3$ 和 $X4$ 的中心化方差扩大因子都很大，$X5$ 的中心化方差扩大因子也接近 10，说明它们之间的多重共线性非常严重。

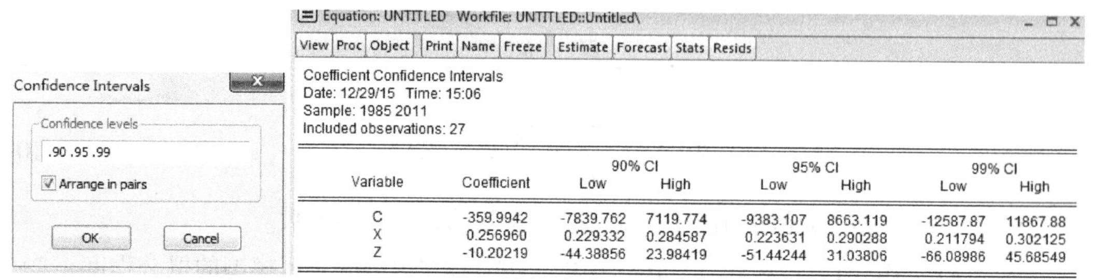

Equation: UNTITLED Workfile: UNTITLED::Untitled\

View | Proc | Object | Print | Name | Freeze | Estimate | Forecast | Stats | Resids

Coefficient Confidence Intervals
Date: 12/29/15 Time: 15:06
Sample: 1985 2011
Included observations: 27

		90% CI		95% CI		99% CI	
Variable	Coefficient	Low	High	Low	High	Low	High
C	-359.9942	-7839.762	7119.774	-9383.107	8663.119	-12587.87	11867.88
X	0.256960	0.229332	0.284587	0.223631	0.290288	0.211794	0.302125
Z	-10.20219	-44.38856	23.98419	-51.44244	31.03806	-66.08986	45.68549

图 1-21　回归系数置信区间 EViews 输出

Equation: UNTITLED Workfile: UNTITLED::Untitled\

View | Proc | Object | Print | Name | Freeze | Estimate | Forecast | Stats | Resids

Variance Inflation Factors
Date: 12/30/15 Time: 09:56
Sample: 1994 2011
Included observations: 18

Variable	Coefficient Variance	Uncentered VIF	Centered VIF
C	247.5480	6453.105	NA
X1	1.21E-06	3996.778	913.1481
X2	1.57E-05	5165.737	974.8946
X3	12.67324	157921.6	50790.15
X4	2.53E-05	181246.4	54406.13
X5	0.009130	2599.231	9.793865

图 1-22　中心化方差扩大因子的 EViews 输出

1.9　残差序列检验

1.9.1　残差序列正态性检验

对模型残差序列正态性检验，可以使用 JB 统计量检验模型残差序列是否服从正态分布。EViews 的操作是在模型输出窗口选择“View”→“Residual Diagnostics”→“Histogram-Normality Test”，即可输出如图 1-23 所示的结果。检验的决策原则仍然是 JB 统计量检验原则。图 1-23 中 p 值 $=0.738\ 998$，大于 0.05，表明在显著性水平 0.05 下不能拒绝残差序列服从正态分布的原假设。

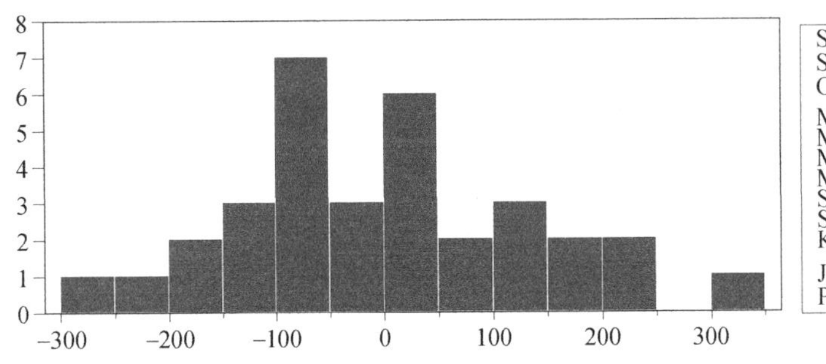

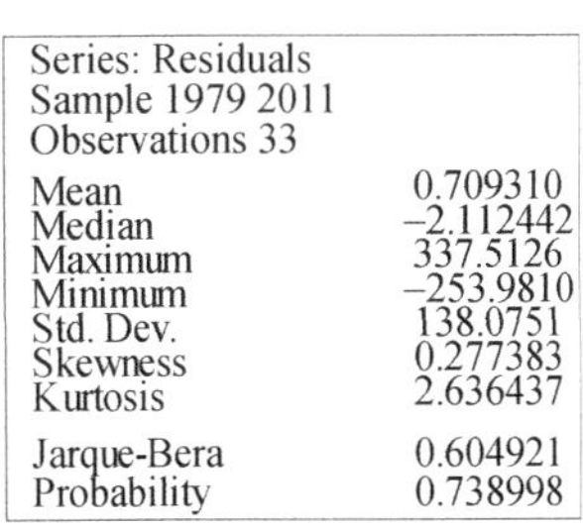

Series: Residuals
Sample 1979 2011
Observations 33

Mean	0.709310
Median	-2.112442
Maximum	337.5126
Minimum	-253.9810
Std. Dev.	138.0751
Skewness	0.277383
Kurtosis	2.636437
Jarque-Bera	0.604921
Probability	0.738998

图 1-23　残差序列正态性检验

1.9.2　残差序列自相关检验

残差序列自相关检验可以观察残差序列 Q 统计量图进行直观判断。EViews 的操作是在模型输出窗口选择 “View”→“Residual Diagnostics”→“Correlogram-Q-statistics”，在弹出的对话框中输入滞后阶数（通常用默认值）即可输出如图 1-24 所示的结果。图 1-24 中一阶偏自相关（partial correlation）系数条形图超出了随机区间，其他各阶都落入了随机区间内，表明残差序列存在一阶自相关。

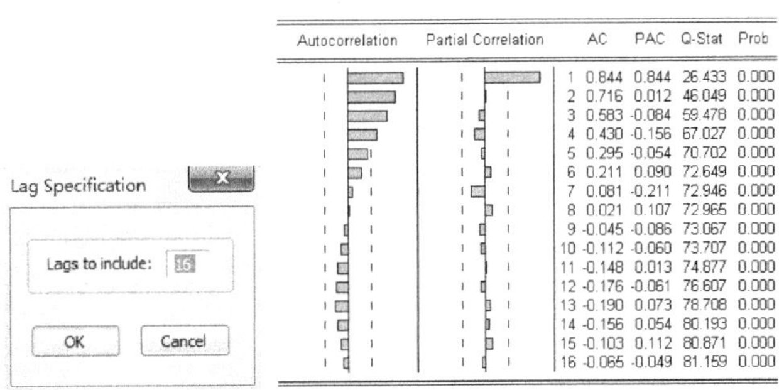

	AC	PAC	Q-Stat	Prob
1	0.844	0.844	26.433	0.000
2	0.716	0.012	46.049	0.000
3	0.583	-0.084	59.478	0.000
4	0.430	-0.156	67.027	0.000
5	0.295	-0.054	70.702	0.000
6	0.211	0.090	72.649	0.000
7	0.081	-0.211	72.946	0.000
8	0.021	0.107	72.965	0.000
9	-0.045	-0.086	73.067	0.000
10	-0.112	-0.060	73.707	0.000
11	-0.148	0.013	74.877	0.000
12	-0.176	-0.061	76.607	0.000
13	-0.190	0.073	78.708	0.000
14	-0.156	0.054	80.193	0.000
15	-0.103	0.112	80.871	0.000
16	-0.065	-0.049	81.159	0.000

图 1-24　残差序列 Q 相关图

EViews 提供了检验残差序列是否存在任意阶自相关性的 LM 检验程序。其原假设是模型不存在自相关性，如果检验的 p 值小于给定的显著性水平，则拒绝原假设。EViews 的操作是在模型输出窗口选择 “View”→“Residual Diagnostics”→“Series Correlation LM Test”，并在对话框中键入阶数（本例用 EViews 的默认值 2），即可得到如图 1-25 所示的输出结果。图 1-25 表明，nR^2(Obs * R-squared)检验的 p 值=0.000 005<0.05，在显著性水平 0.05 下拒绝了无自相关的原假设。检验方程中 RESID(−1)的 t 检验 p 值=0.000 1<0.05，在显著性水平 0.05 下拒绝了该变量前偏回归系数为零的原假设，表明存在一阶自相关，但 resid(−2)的 t 检验 p 值=0.821 7，在显著性水平 0.05 下不能拒绝该变量前偏回归系数为零的原假设，表明不存在二阶自相关。图 1-24 和图 1-25 检验的是同一模型的残差项，对照检验结果是一致的。

Lag Specification

Lags to include: 2

OK Cancel

Breusch-Godfrey Serial Correlation LM Test:

F-statistic	37.49351	Probability	0.000000
Obs*R-squared	24.28451	Probability	0.000005

Test Equation:
Dependent Variable: RESID
Method: Least Squares
Date: 12/04/12 Time: 17:46
Presample missing value lagged residuals set to zero.

Variable	Coefficient	Std. Error	t-Statistic	Prob.
C	0.823535	24.44516	0.033689	0.9733
DI	-0.000313	0.003600	-0.086986	0.9313
RESID(-1)	0.810081	0.182418	4.440796	0.0001
RESID(-2)	0.041479	0.182452	0.227343	0.8217

R-squared	0.714250	Mean dependent var	1.30E-13
Adjusted R-squared	0.685675	S.D. dependent var	185.0358
S.E. of regression	103.7397	Akaike info criterion	12.23178
Sum squared resid	322857.7	Schwarz criterion	12.41135
Log likelihood	-203.9402	F-statistic	24.99567
Durbin-Watson stat	1.866511	Prob(F-statistic)	0.000000

图 1-25　自相关 *LM* 检验结果

1.9.3　残差序列异方差检验

残差序列异方差检验可以观察残差平方序列的 Q 统计量图进行直观判断。绘制残差平方序列 Q 相关图，在 EViews 的模型输出窗口选择“View”→“Residual Diagnostics”→“Correlogram Squared Residuals”，在弹出的对话框中键入滞后阶数，即可输出如图 1-26 所示的结果。图 1-26 中一阶（$i=1$）偏自相关系数横条杆长度超出了随机区间，其他各阶基本落入了随机区间内，表明残差序列平方存在一阶自相关，残差序列具有异方差性。

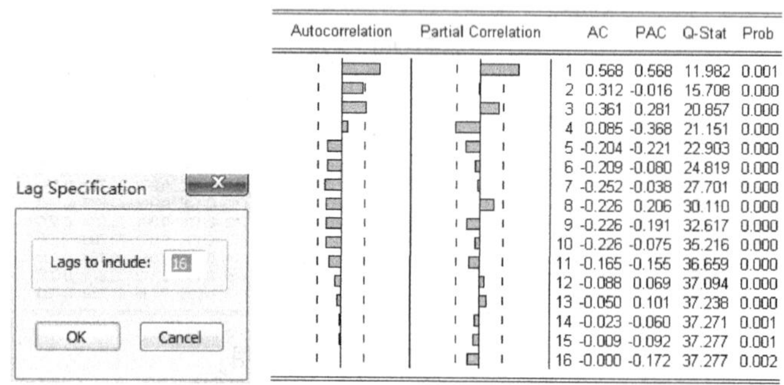

Autocorrelation	Partial Correlation		AC	PAC	Q-Stat	Prob
		1	0.568	0.568	11.982	0.001
		2	0.312	-0.016	15.708	0.000
		3	0.361	0.281	20.857	0.000
		4	0.085	-0.368	21.151	0.000
		5	-0.204	-0.221	22.903	0.000
		6	-0.209	-0.080	24.819	0.000
		7	-0.252	-0.038	27.701	0.000
		8	-0.226	0.206	30.110	0.000
		9	-0.226	-0.191	32.617	0.000
		10	-0.226	-0.075	35.216	0.000
		11	-0.165	-0.155	36.659	0.000
		12	-0.088	0.069	37.094	0.000
		13	-0.050	0.101	37.238	0.000
		14	-0.023	-0.060	37.271	0.001
		15	-0.009	-0.092	37.277	0.001
		16	-0.000	-0.172	37.277	0.002

图 1-26　残差平方序列 Q 相关图

EViews 提供的检验残差序列是否存在异方差的程序还有 ARCH 检验、White 检验和 Glejser 检验等。

ARCH 检验的 EViews 的操作是在模型输出窗口选择“View”→“Residual Diagnostics”→“Heteroskedasticity Tests”，并在弹出的对话框中“检验类型（Test type）”选择“ARCH”，并键入滞后阶数（通常用默认值），即可得到如图 1-27 所示的检验结果。图 1-27 表明，nR^2(Obs * R-squared)统计量的 p 值 $=0.052\,3>0.05$，在显著性水平 0.05 下不能拒绝无条件异方差的原假设。

必须注意，用残差平方序列的 Q 相关图和 ARCH 模型检验异方差的方法，只适用于时间序列数据估计的模型，用截面数据估计的模型是不适用的。截面数据估计的模型可以用 White 检验等方法判断是否存在异方差。

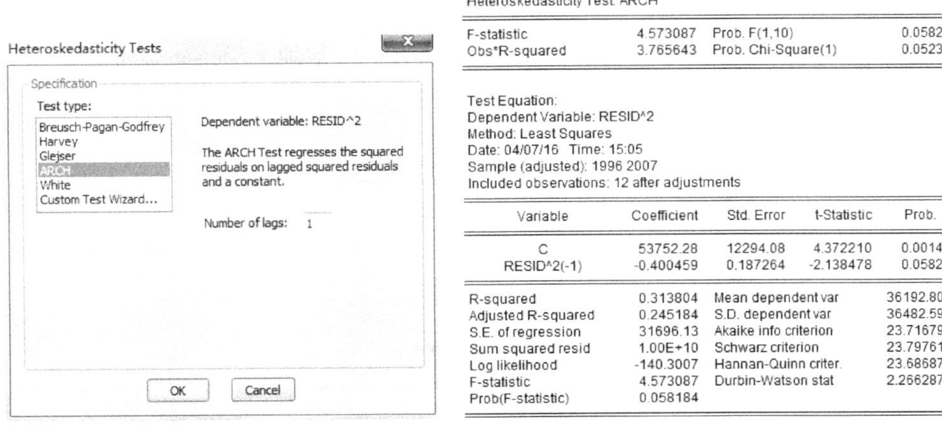

Heteroskedasticity Test: ARCH

F-statistic	4.573087	Prob. F(1,10)	0.0582
Obs*R-squared	3.765643	Prob. Chi-Square(1)	0.0523

Test Equation:
Dependent Variable: RESID^2
Method: Least Squares
Date: 04/07/16 Time: 15:05
Sample (adjusted): 1996 2007
Included observations: 12 after adjustments

Variable	Coefficient	Std. Error	t-Statistic	Prob.
C	53752.28	12294.08	4.372210	0.0014
RESID^2(-1)	-0.400459	0.187264	-2.138478	0.0582

R-squared	0.313804	Mean dependent var	36192.80
Adjusted R-squared	0.245184	S.D. dependent var	36482.59
S.E. of regression	31696.13	Akaike info criterion	23.71679
Sum squared resid	1.00E+10	Schwarz criterion	23.79761
Log likelihood	-140.3007	Hannan-Quinn criter.	23.68687
F-statistic	4.573087	Durbin-Watson stat	2.266287
Prob(F-statistic)	0.058184		

图 1-27　ARCH *LM* 检验

White 检验的 EViews 操作是，在模型输出窗口选择“View”→“Residual Diagnostics”→“Heteroskedasticity Tests”，并在弹出的对话框中“检验类型（test type）”选择“White”，如果检验模型中有交叉项，在“Include White cross terms”项前打对钩（默认），如果检验模型中没有交叉项，把“Include White cross terms”项前的对钩去掉，单击“OK”按钮，即可得到如图 1-28 所示的检验结果。图 1-28 表明，nR^2(Obs * R-squared)统计量的 p 值=0. 173 9>0. 05，在 0. 05 的显著性水平下不能拒绝无异方差的原假设。

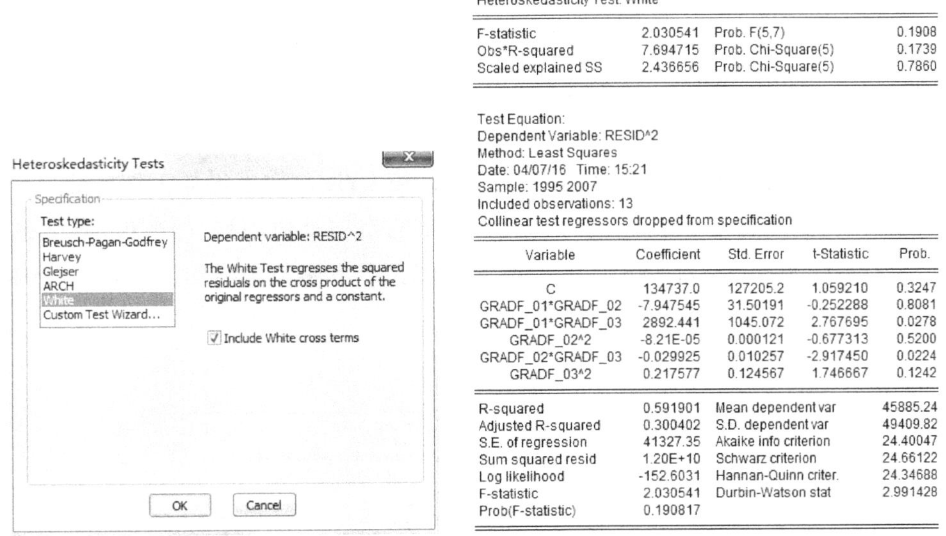

Heteroskedasticity Test: White

F-statistic	2.030541	Prob. F(5,7)	0.1908
Obs*R-squared	7.694715	Prob. Chi-Square(5)	0.1739
Scaled explained SS	2.436656	Prob. Chi-Square(5)	0.7860

Test Equation:
Dependent Variable: RESID^2
Method: Least Squares
Date: 04/07/16 Time: 15:21
Sample: 1995 2007
Included observations: 13
Collinear test regressors dropped from specification

Variable	Coefficient	Std. Error	t-Statistic	Prob.
C	134737.0	127205.2	1.059210	0.3247
GRADF_01*GRADF_02	-7.947545	31.50191	-0.252288	0.8081
GRADF_01*GRADF_03	2892.441	1045.072	2.767695	0.0278
GRADF_02^2	-8.21E-05	0.000121	-0.677313	0.5200
GRADF_02*GRADF_03	-0.029925	0.010257	-2.917450	0.0224
GRADF_03^2	0.217577	0.124567	1.746667	0.1242

R-squared	0.591901	Mean dependent var	45885.24
Adjusted R-squared	0.300402	S.D. dependent var	49409.82
S.E. of regression	41327.35	Akaike info criterion	24.40047
Sum squared resid	1.20E+10	Schwarz criterion	24.66122
Log likelihood	-152.6031	Hannan-Quinn criter.	24.34688
F-statistic	2.030541	Durbin-Watson stat	2.991428
Prob(F-statistic)	0.190817		

图 1-28　White 异方差检验

Glejser 检验的 EViews 操作是，在模型输出窗口选择“View”→“Residual Diagnostics”→“Heteroskedasticity Tests”，在对话框中的“Test type”栏选择“Glejser”，在“Regressors”栏填写检验模型中的解释变量（截距 c 是 EViews 默认的检验方程的一部分，可以填写，也可以不填写），单击“OK”按钮。图 1-29 显示，用于 Glejser 检验的模型是 $|e| = a +$

bSDI+u，*F* 统计量值=0.051 15，*F* 检验的 *p* 值=0.822 4>0.05，所以不能拒绝不存在异方差的原假设，即认为不存在由变量 *SDI* 引起的异方差。一般地，Glejser 检验需要选用多种检验模型进行检验，才能做出是否存在异方差的结论。

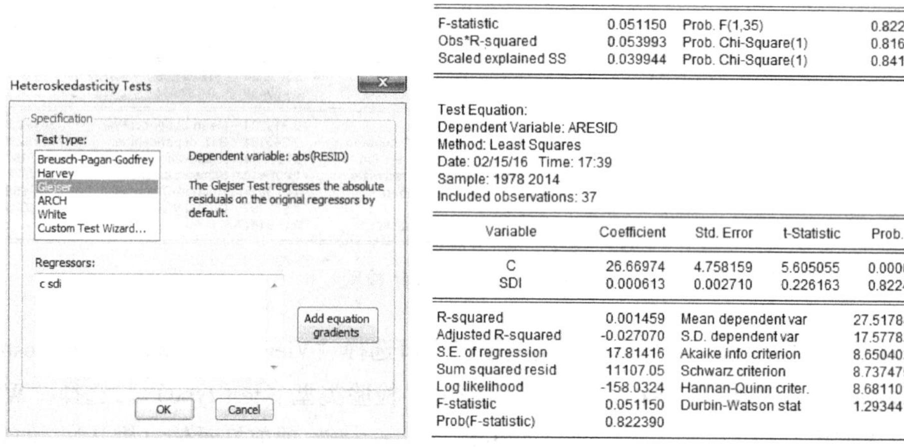

Heteroskedasticity Test: Glejser

F-statistic	0.051150	Prob. F(1,35)	0.8224
Obs*R-squared	0.053993	Prob. Chi-Square(1)	0.8163
Scaled explained SS	0.039944	Prob. Chi-Square(1)	0.8416

Test Equation:
Dependent Variable: ARESID
Method: Least Squares
Date: 02/15/16 Time: 17:39
Sample: 1978 2014
Included observations: 37

Variable	Coefficient	Std. Error	t-Statistic	Prob.
C	26.66974	4.758159	5.605055	0.0000
SDI	0.000613	0.002710	0.226163	0.8224

R-squared	0.001459	Mean dependent var	27.51788
Adjusted R-squared	-0.027070	S.D. dependent var	17.57783
S.E. of regression	17.81416	Akaike info criterion	8.650403
Sum squared resid	11107.05	Schwarz criterion	8.737479
Log likelihood	-158.0324	Hannan-Quinn criter.	8.681101
F-statistic	0.051150	Durbin-Watson stat	1.293441
Prob(F-statistic)	0.822390		

图 1-29 Glejser 检验结果

1.10 模型预测

对已经建立的回归模型，在 Equation 窗口选择菜单“Procs”→“Forecast”，或者直接单击“Forecast”按钮，EViews 都会弹出一个对话框，在对话框的“Forecast name”后键入预测的被解释变量的点估计值序列名（默认为原被解释变量序列名加 f），单击“确定”按钮，即可得到如图 1-30 所示的预测图。此外，在 EViews 的主界面工作区窗口中，生成了与拟合模型的解释变量相对应的被解释变量的点估计值序列（例如，默认的 yf）。图 1-30 中的实线表示被解释变量点估计值的线图，上下两条虚线给出了近似 95%的置信区间带。

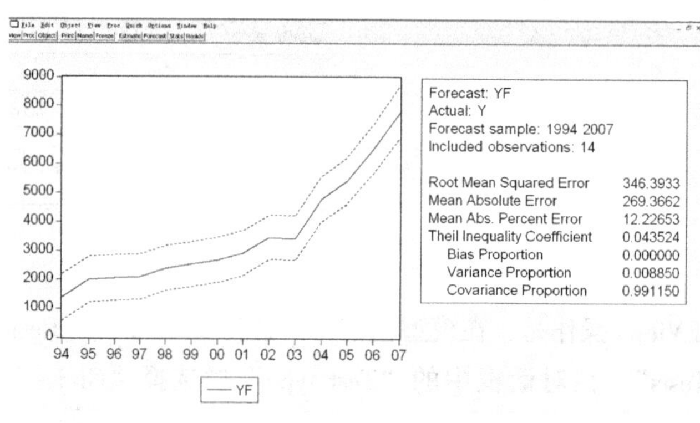

图 1-30 回归模型预测图

在预测图的附表中提供了对模型预测效果的评价指标。各指标的含义是：Root Mean Squared Error 为均方根误差（RMSE）、Mean Absolute Error（MAE）表示平均绝对误差、Mean Abs. Percent Error（MAPE）表示平均绝对百分误差、Theil Inequality Coefficient（Theil IC）表示希尔不等系数、Bias Proportion（BP）表示偏差率、Variance Proportion（VP）表示方差率、Covariance Proportion（CP）表示协变率。它们的计算公式如下

$$RMSE = \sqrt{\frac{1}{n}\Sigma(\hat{y} - y)^2} \tag{1-11}$$

$$MAE = \frac{1}{n}\Sigma\left|\hat{y} - y\right| \tag{1-12}$$

$$MAPE = \frac{1}{n}\Sigma\left|\frac{\hat{y} - y}{y} \times 100\right| \tag{1-13}$$

$$Theil\ IC = \frac{\sqrt{\frac{1}{n}\Sigma(\hat{y} - y)^2}}{\sqrt{\frac{1}{n}\Sigma y^2} + \sqrt{\frac{1}{n}\Sigma \hat{y}^2}} \tag{1-14}$$

$$BP = \frac{(\bar{\hat{y}} - \bar{y})^2}{\Sigma(\hat{y} - y)^2/n} \tag{1-15}$$

$$VP = \frac{(\sigma_{\hat{y}} - \sigma_y)^2}{\Sigma(\hat{y} - y)^2/n} \tag{1-16}$$

$$CP = 1 - BP - VP \tag{1-17}$$

一般认为，如果平均绝对百分误差 *MAPE* 的值低于 10，则认为预测精度较高；希尔不等系数 *Theil IC* 的值在 0~1 之间，数值越小预测的精度越高；当预测比较理想时，均方误差大多集中在协变率 *CP* 上，偏差率 *BP* 和方差率 *VP* 都很小。

直观地反映被解释变量的实际值与拟合值的误差，可以作残差图，如图 1-31 所示。残差图可以在“Equation”窗口直接单击“Resids”按钮得到。

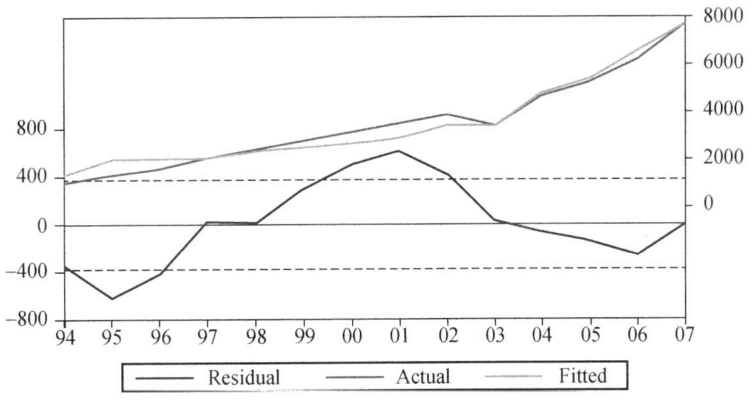

图 1-31　回归方程的残差图

如果要得到在拟合模型时，与未使用的解释变量数据相对应的被解释变量的点预测值，首先要修改数据的区间范围，然后在新的区间范围内用 forecast 预测。修改数据区间范围的方法是，在 Workfile 窗口中的菜单栏下，双击“Range：…”行，在弹出的窗口中修改。例如，原拟合模型数据的范围是 1978~2012 年，现要预测 2013 年和 2014 年被解释变量的点估计值的操作如下：第一步，需要在 Workfile 窗口中的菜单栏下，双击“Range：1978 2012”行，在弹出的窗口中把“end”后的 2012 改为 2014，单击“OK”按钮。第二步，打开解释变量序列窗口，在 2013 年和 2014 年后输入相应的数据，并将窗口最小化。在模型输出窗口单击“Forecast”按钮，打开对话框，在“Forecast name”后键入预测值序列名（默认为被解释变量后加 f），确定。第三步，在 Workfile 窗口双击预测值序列图标，在打开的预测值序列窗口中即可查看 2013 年和 2014 年被解释变量的点预测值。

1.11 EViews 命令

EViews 软件操作，可以在 EViews 窗口使用各种菜单进行交互式选择进行，也可以在 EViews 主界面的命令窗口编写 EViews 命令来完成。利用 EViews 的菜单进行交互式操作简单方便。但是，因为在不同版本的 EViews 窗口设计不同，即使在同一版本中，EViews 不同窗口中的菜单设计也是不一样的，这对初学者来说，能够记住各个窗口的菜单栏目并非易事。使用 EViews 命令来实现 EViews 操作在不同版本中都可以使用，而且它简单快捷，可重复操作性强（只需找到以前键入的命令行，把光标移到命令行末尾回车即可）。对以前操作的修改也比较容易（只需要上下移动光标，找到以前键入的命令行，修改其中的部分内容，把光标移到命令行末尾回车即可）。使用 EViews 命令操作，必须掌握 EViews 命令的语法，严格按照语法编程。表 1-2 提供了 EViews 操作中最常见的简单命令的语法及其应用举例，可供参考使用。

表 1-2 常用的 EViews 命令表

命 令	举 例	含 义
CREATE name U n 或 WORKFILE name U n	CREATE wf U 8 或 WORKFILE wf U 8	创建截面数据工作文件 wf,样本容量为 8
CREATE name AorQorM start end 或 WORKFILE name AorQorM start end	CREATE wf A 1991 2010 或 WORKFILE wf A 1991 2010	创建年度时间序列文件 wf,样本期间 1991~2010 年
	CREATE wf Q 1991:1 2010:4 或 WORKFILE wf Q 1991:1 2010:4	创建季度时间序列文件 wf,样本期间 1991 年第一季度~2010 年第四季度
	CREATE wf M 1991:1 2010:12 或 WOKFILE wf M 1991:1 2010:12	创建月度时间序列文件 wf,样本期间 1991 年 1 月~2010 年 12 月
SERIES variable1 variable2…	SERIES y x1 x2	创建变量 y、$x1$ 和 $x2$

（续）

命　令	举　例	含　义
DATA　variable1　variable2…	DATA　y　x1　x2	创建变量 y、$x1$ 和 $x2$，并准备输入数据
GENR　new variable=f(old variable) 或 serial　new variable=f(old variable)	GENR　XD=D1 * X	按照公式 $D1*X$ 生成新变量 XD
	GENR　E=ABS(RESID)	生成 $\mid e_t \mid$ 序列 E
	GENR　X2=LOG(X2)	生成 $\ln x$ 2 序列 $X2$
	GENR　W1=1/X^0.5	生成 $1/\sqrt{x}$ 序列 $W1$
GROUP name variable1 variable2…	group　g1　y　x2　x3	生成由 y $x2$ $x3$ 组成的组 $g1$
SCAT　variable1　variable2…	SCAT　y　x2　x3	绘制变量 y 为横轴，$x2$、$x3$ 为纵轴的散点图
PLOT　variable1(variable2 …) LINE　variable1(variable2 …)	PLOT　Y 或 LINE　Y	绘制序列 y 的趋势图(线图)
	PLOT　y　x1　x2　x3 或 LINE　Y　X1　X2　X3	(在一个平面坐标上)绘制以变量 y 为横轴，$x1$、$x2$、$x3$ 为纵轴的线图(趋势图)
COR variable1 variable2 ariable3 …	COR　Y　X2　X3 X4	输出变量 y、$x2$、$x3$、$x4$ 的相关系数矩阵
SORT vaiable	SORT　X	按照变量 x 的升顺序对其他变量进行排序(注:仅用于截面数据)
IDENT variable	IDENT　RESID	绘制残差序列 resid 相关图
CROSS variable1 ariable2	CROSS　Y　X	输出两变量 y 和 x 的交叉相关图
LSvariable1 C variable1 ariable2 …	LS　Y　C　X1　X2	用 OLS 法估计总体回归模型 $E(Y_t)=A+B1*X1_t+B2*X2_t$
	LS(W=W1)　Y　C　X	用加权(权数为 w1)最小二乘法估计总体回归模型 $E(Y_t)=A+B1*X_t$
	LS　Y　C　X(0　to　-3)	用 OLS 法估计总体回归模型 $E(Y_t)=A+B1*X_t+B2*X_{t-1}+B3*X_{t-2}+B4*X_{t-3}$
	LS　Y　C　PDL(X,3,2,2)	用阿尔蒙($m=2$，$s=3$，远端约束)法估计总体分布滞后回归模型：$E(Y_t)=A+B1*X_t+B2*X_{t-1}+B3*X_{t-2}+B4*X_{t-3}$
	LS　Y C X AR(1) AR(2)	用 OLS 法估计总体回归模型 $E(Y_t)=A+B1*X$，并用广义差分法消除一阶和二阶自相关
	LS　Y C @TREND(1978) X(-1)	用 OLS 法估计总体回归模型 $E(Y_t)=A+B1*t+B2*X_{t-1}$，1978 年 $t=1$，1979 年 $t=2$，…
LSvaiable=c(1)+c(2) * variable1+c(3) * variable2+…	LS Y=C(1)+C(2) * X1+C(2) * X2	用 OLS 法估计总体回归模型 $E(Y)=A+B1*X1+B2*X2$

（续）

<table>
<tr><th>命　令</th><th colspan="2">举　例</th><th>含　义</th></tr>
<tr><td>NLS　y=f(x)</td><td colspan="2">NLS
Y=C(1) * (X-C(2))/(X+C(3)</td><td>用迭代法求总体非线性回归模型y=a * (x-b)/(x-c)+u 的最小二乘解(待估参数的初始值可通过修改参数估计序列 C 的对应值来实现)。</td></tr>
<tr><td rowspan="5">SMPL　start　end</td><td rowspan="5">Goldfied-Quuandt 异方差检验步骤举例</td><td>SORT　X</td><td>(goldfield-quuandt 异方差检验步骤)将样本数据关于 X 升序排列</td></tr>
<tr><td>SMPL　1　10</td><td>确定前 10 组数据为子样 1</td></tr>
<tr><td>LS　Y　C　X</td><td>用子样 1 估计总体回归模型 $E(Y_t)=A+B1*X_t$</td></tr>
<tr><td>SMPL　15　25</td><td>确定第 15~25 组数据为子样 2</td></tr>
<tr><td>LS　Y　C　X</td><td>用子样 2 估计总体回归模型 $E(Y_t)=A+B1*X_t$</td></tr>
<tr><td>TSLS variable1 C variable1 ariable2 …</td><td colspan="2">TSLS CS C GDP P @ C IV P</td><td>用投资 IV 作 GDP 的工具变量，用两阶段最小二乘法估计总体回归模型 E(CS)=A+B1 * GDP+B2 * P</td></tr>
</table>

注：1. 命令行中的字母不区分大写和小写，大写字母和小写字母的作用是相同的。

2. 注意：除了函数表达式之外，EViews 的命令名与变量之间、变量与变量之间用空格分开。例如，在录入命令行 LS Y C X 时，应该键入 LS 空格 Y 空格 C 空格 X。

EViews9.0 版本新增了命令捕获功能。用户在 EViews 的对象窗口和交互式操作过程中的大部分操作都将被保存为等价的 EViews 命令文件显示并输出，以方便用户选择和编辑使用。这也是初学者学习 EViews 命令语法的基本途径之一。

Chapter 2

第 2 章

计量经济学综合实验

2.1 实验一 截面数据一元线性回归模型（经典估计）

实验目的和要求

1. 熟练运用计算机和 EViews 软件进行计量经济分析，掌握一元线性回归模型的设定、普通最小二乘法求解及其检验方法。

2. 学习凯恩斯绝对收入假说消费理论的验证方法。

3. 在老师的指导下独立完成实验，并得到正确结果。

实验准备

1. 抽样、统计量和 t 检验的原理和方法。

2. 总体一元线性回归函数与样本一元线性回归函数、普通最小二乘估计原理及其基本假定。

3. 消费经济理论：凯恩斯绝对收入假说。

4. 一元线性回归模型的检验与应用。

实验内容

1. 对变量样本序列进行统计描述。

2. 设定总体一元线性回归模型的具体形式，预计回归系数的符号。

3. 用普通最小二乘法求解模型。

4. 对模型的估计结果进行经济理论检验和统计检验。

5. 对模型进行经济结构分析。

6. 用模型进行经济预测分析。

实验数据

1. 表 3-5，2014 年河南省省辖市（县）城市居民家庭人均消费支出与可支配收入数据。

2. 表 3-5，2014 年河南省省辖市（县）农村居民家庭人均消费支出与纯收入数据。

实验步骤

1. 用 EViews 建立截面数据工作文件“河南省居民消费与收入”，创建 18 个省辖市城市居民家庭人均消费支出变量 *CE*、18 个省辖市城市居民家庭人均可支配收入变量 *DI*、18 个省辖市农村居民家庭人均消费支出变量 *LE* 和 18 个省辖市农村居民家庭人均纯收入变量 *NI*，输入样本数据。

2. 对变量 *CE*、*DI*、*LE* 和 *NI* 进行统计描述。

3. 建立由被解释变量 *CE* 和解释变量 *DI* 组成的组对象（group），在一个直角坐标上显示两变量序列的线图，观察是否近似为直线；做两变量的散点图，观察是否线性相关。

建立由被解释变量 *LE* 和解释变量 *NI* 组成的组对象（group），在一个直角坐标上显示两变量序列的线图，观察是否近似为直线；做两变量的散点图，观察是否线性相关。

4. 结合凯恩斯绝对收入假说的消费理论和图形分析，设定以 *CE* 为被解释变量、*DI* 为解释变量的一元线性城市居民消费总体回归模型的具体形式，预计回归系数的符号；设定以 *LE* 为被解释变量、*NI* 为解释变量的一元线性农村居民消费总体回归模型的具体形式，预计回归系数的符号。

5. 用 OLS 法估计以 *CE* 为被解释变量、*DI* 为解释变量的城市居民消费回归模型，并以规范格式写出回归模型的估计结果；用 OLS 法估计以 *LE* 为被解释变量、*NI* 为解释变量的农村居民消费回归模型，并以规范格式写出回归模型的估计结果。

6. 对城市居民消费回归模型和农村居民消费回归模型，用 EViews 求每一个回归系数的 90%置信区间和 95%的置信区间。

7. 在 0.05 的显著性水平下，对 *CE* 为被解释变量、*DI* 为解释变量的回归模型估计结果进行经济理论检验、拟合优度检验和 t 检验；对 *LE* 为被解释变量、*NI* 为解释变量的回归模型估计结果进行经济理论检验、拟合优度检验和 t 检验。

8. 对城市居民消费回归模型和农村居民消费回归模型进行经济结构分析。

9. 预测某省辖市城市居民家庭人均可支配收入在 24 500 元时的消费支出的均值；在 95%的置信度下，预测某省辖市城市居民家庭人均可支配收入在 24 500 元时的消费支出的均值区间。

实验总结

通过本次实验，对如何设立一元线性计量模型，如何求解模型，如何对模型的普通最小二乘估计进行经济理论检验和统计检验，如何进行预测，以及改进模型拟合效果的设想等方面进行实验总结；分析用凯恩斯绝对收入假说解释现阶段河南省居民消费规律的适应性；写出实验报告。

2.2 实验二　截面数据一元线性回归模型(异方差性和自相关性)

实验目的和要求

1. 掌握一元线性回归估计方程的异方差性检验方法。

2. 掌握一元线性回归估计方程的异方差性纠正方法。

3. 在老师的指导下独立完成实验，并得到正确结果。

实验准备

1. 异方差性及其产生原因。

2. 回归模型存在异方差性的危害。

3. 回归模型存在异方差性的检验方法和补救措施。

实验内容

1. 估计河南省城市居民家庭人均消费支出依可支配收入的一元线性回归模型和农村居民家庭人均消费支出依纯收入的一元线性回归模型。

2. 用图形法判断是否存在异方差性。

3. 用 Goldfeld-quanadt 法检验是否存在异方差。

4. 用 White 法检验是否存在异方差。

5. 用 Glejser 法等检验是否存在异方差。

6. 用加权最小二乘法消除异方差性。

实验数据

1. 表 3-5，2014 年河南省省辖市（县）城市居民家庭人均消费支出与可支配收入数据。

2. 表 3-5，2014 年河南省省辖市（县）农村居民家庭人均消费支出与纯收入数据。

实验步骤

1. 建立城市居民收支截面数据 EViews 工作文件 urban1，创建包含 18 个省辖市和 10 个省管县城市居民家庭人均消费支出变量 *CE*、包含 18 个省辖市和 10 个省管县城市居民家庭人均可支配收入变量 *DI*，输入样本数据。

2. 绘制 *DI* 和 *CE* 的散点图，观察是否线性相关。估计河南省城市居民家庭人均消费支出 *CE* 依家庭人均可支配收入 *DI* 的一元回归模型。

3. 检验模型是否存在一阶自相关。

4. 生成 0LS 法所估计模型的残差变量序列 *e*。观察残差平方与 *DI* 的散点图，判断是否存在异方差性。

5. Goldfeld-quanadt 检验：用 sort 命令以 *DI* 排序序列，先求排序为 1~11 的个体子样的城市居民消费回归模型，再求排序为 18~28 的个体子样的城市居民消费回归模型，把两个城市居民消费子样模型的残差平方和相除求 *F*，查临界值 $F_{0.05}$（9，9），在 0.05 的显著性水平下做决策。

6. 用 EViews 软件的 White 法检验是否存在异方差。

7. 用 EViews 软件的 Glejser 法检验是否存在异方差。检验方程为 $|e|=a+bf(NI)$。其中，$f(NI)$ 为变量 *NI* 的函数形式，分别取 NI、NI^2、$NI^{0.5}$、$1/NI$、$1/NI^2$ 和 $1/NI^{0.5}$。

8. 如果 Glejser 检验表明存在异方差，分别取 $\omega=1/f(NI)$ 作为权数，用加权最小二乘法消除异方差性，并用 White 法检验加权回归结果是否消除了异方差性，并从中选择最佳模型。

9. 用规范形式写出模型的估计结果，并进行经济理论检验、拟合优度检验和 t 检验。如果原模型存在异方差，比较消除异方差前后模型估计结果的变化。

10. 建立农村居民收支截面数据 EViews 工作文件 rural1，创建变量包含 18 个省辖市和 10 个省管县农村居民家庭人均消费支出 *LE* 和包含 18 个省辖市和 10 个省管县农村居民家庭人均纯收入 *NI*，输入样本数据。在上述步骤 2~9 中把 *CE* 换成 *LE*，把 *DI* 换成 *NI*，完成全部实验。

实验总结

通过本次实验，对如何用图形和模型法对异方差进行检验、用加权最小二乘法消除异方性的方法等方面进行实验总结；写出实验报告。

2.3 实验三　时间序列数据一元线性回归模型(自相关性和异方差性)

实验目的和要求

1. 学会回归模型自相关性的检验方法。
2. 掌握消除回归模型自相关性的方法。
3. 在老师的指导下独立完成实验，并得到正确结果。

实验准备

1. 回归模型随机扰动项自相关性的产生原因。
2. 回归模型随机扰动项自相关性存在的危害性。
3. 回归模型随机扰动项自相关性的检验和补救措施。
4. 消费理论：凯恩斯绝对收入假说。

实验内容

1. 估计河南省城市居民人均消费支出依可支配收入的一元线性回归模型；估计农村居民人均消费支出依纯收入的一元线性回归模型。
2. 用图形法判断自相关性的存在及类型。
3. 用 *DW* 法检验是否存在一阶自相关性。
4. 用 *LM* 法(*BG* 法) 检验是否存在一阶自相关性和高阶自相关性。
5. 用 ARCH 法检验是否存在异方差。
6. 如果存在自相关，用广义差分法（科克伦-奥克特迭代）对自相关性进行补救。

实验数据

1. 表 3-4，1978~2014 年河南省城市居民家庭人均消费支出与人均可支配收入。

2. 表 3-4，1978~2014 年河南省农村居民家庭人均消费支出与人均纯收入。

3. 表 3-3，1978~2014 年河南省城市和农村居民消费价格指数。

1. 数据处理——消除价格变动因素的影响

用 1978 年现价城市居民人均可支配收入乘以 1979 年的可支配收入可比价格环比指数，得到 1979 年按照 1978 年价格计算的城市居民人均可支配收入。用 1979 年按照 1978 年价格计算的城市居民人均可支配收入乘以 1980 年的可支配收入可比价格环比指数，得到 1980 年按照 1978 年价格计算的城市居民人均可支配收入。1980 年以后以此类推，得到各年度按照 1978 年价格计算的城市居民人均可支配收入，编制按照 1978 年不变价格计算的城市居民人均可支配收入时间序列 *SDI*。把上述城市居民可支配收入换成农村居民人均纯收入，把上述城市居民可支配收入可比价格环比指数换成农村居民纯收入可比价格环比指数，依照同样的方法得到 1978 年不变价格计算的农村居民人均纯收入时间序列 *SNI*。必须注意：由于收入指数的计量单位是 100，所以每次乘以收入指数之后必须再除以 100，才能保持各年的可比价收入有相同的计量单位。

把 1978 年城市居民消费价格总指数（*CPI*）设为 100.0，1979 年城市居民消费价格环比总指数等于 1979 年的定基总指数。用 1979 年城市居民消费环比价格总指数乘以 1980 年城市居民消费环比价格总指数（再除以 100），得到按照 1978 年价格计算的 1980 年城市居民消费价格定基总指数。用按照 1978 年价格计算的 1980 年城市居民消费价格定基总指数乘以 1981 年城市居民消费环比价格总指数（再除以 100），得到按照 1978 年价格计算的 1981 年城市居民消费价格定基总指数。1982 年以后以此类推，编制按照 1978 年价格计算的城市居民消费价格定基总指数时间序列 CPI_U；用同样的方法编制按照 1978 年价格计算的农村居民消费价格定基总指数时间序列 CPI_R。用 1979 年及以后各年的现价城市居民人均消费支出分别除以各对应年度按照 1978 年价格计算的城市居民消费价格定基总指数（再乘以 100），得到 1979 年及以后各年按照 1978 年不变价格计算的城市居民人均消费支出，加上 1978 年的城市居民人均消费支出，编制按照 1978 年不变价格计算的城市居民人均消费支出时间序列 *SCE*；用同样的方法编制按照 1978 年不变价格计算的农村居民人均消费支出时间序列 *SLE*。

2. 建立城市居民收支时间序列数据 EViews 工作文件 urban2，创建变量 *SCE*、*SDI*，输入样本数据。

3. 建立由被解释变量 *SCE* 和解释变量 *SDI* 组成的组对象（group），做两变量的散点图，观察是否线性相关；在一个直角坐标上分别显示 *SCE* 与 *SDI*、ln(*SCE*)与 ln(*SDI*)序列的线图，观察是否近似为直线。

4. 结合凯恩斯绝对收入假说的消费理论和散点图分析，设定以 *SCE* 为被解释变量、*SDI* 为解释变量的城市居民消费一元线性总体非对数回归模型的具体形式，预计回归系数的符号。

结合凯恩斯绝对收入假说的消费理论和线图分析，设定以 ln(*SCE*) 为被解释变量、ln(*SDI*) 为解释变量的城市居民消费一元线性总体双对数回归模型的具体形式，预计回归系数的符号及数值范围。

5. 用 OLS 法估计以 *SCE* 为被解释变量、*SDI* 为解释变量的城市居民消费非对数回归模型和以 ln(*SCE*) 为被解释变量、ln(*SDI*)为解释变量的城市居民消费双对数回归模型，同时生成新变量替代新估计模型的残差序列 resid；用规范形式表达两个模型的估计结果。

6. 对 *SCE* 或 ln(*SCE*)为被解释变量、*SDI* 或 ln(*SDI*)为解释变量模型估计结果进行经济理论检验、拟合优度检验和 t 检验，比较非对数模型和对数模型的拟合效果。

7. 用 White 法和 ARCH 法对所估计的模型进行异方差性检验。

8. 用图示法进行一阶自相关性检验；用 *DW* 法检验一阶自相关性；用 *LM* 法（*BG* 法）检验自相关性。

9. 如果存在自相关，用广义差分法（科克伦-奥克特迭代）消除自相关；用 White 法和 ARCH 法检验消除自相关后模型是否存在异方差。用规范的形式写出最终模型的估计结果。

10. 建立农村居民收支时间序列数据 EViews 工作文件 rural2，创建变量 *SLE* 和 *SNI*，输入样本数据。在上述步骤 3~9 中把 *SCE* 换成 *SLE*，把 *SDI* 换成 *SNI*，完成实验内容。

11. 用模型最终估计结果，进行城市居民消费行为和农村居民消费行为的比较分析。

12. 仅用年鉴上提供的消费和收入数据（即不做价格调整），重复步骤 2~11，比较所得到的结果有什么不同。

实验总结

通过本次实验，对数据处理、非对数线性模型和双对数线性模型的设定选择，如何用图形法和模型法对自相关性进行检验，用广义差分法消除自相关的方法等方面进行实验总结；写出实验报告。

2.4 实验四 时间序列多元线性回归模型

实验目的和要求

1. 熟练运用计算机和 EViews 软件进行计量经济分析，掌握多元线性回归模型的设定、受限最小二乘法求解及其检验模型的方法。

2. 学会依据 EViews 回归结果诊断是否存在多重共线性，以及消除多重共线性的方法。

3. 在老师的指导下独立完成实验，并得到正确结果。

实验准备

1. 总体多元线性回归模型和样本多元线性回归模型的区别与联系。

2. 多元线性回归模型的古典假定和受限最小二乘法。

3. 多重共线性含义、后果、产生原因、诊断方法和解决方法。

4. 消费理论：莫迪利安尼生命周期假说。

实验内容

1. 对变量样本序列的相关关系进行统计描述。

2. 设定多元线性回归模型的具体形式。

3. 用普通最小二乘法求解模型，用受限最小二乘估计法判断是否在模型中增加新的解释变量。

4. 对模型的解进行经济理论检验和统计检验。

5. 对模型进行多重共线性诊断，并消除多重共线性。

6. 对模型进行异方差性检验和自相关性检验。

7. 对最终模型进行经济结构分析。

8. 用最终模型进行经济预测分析。

实验数据

1. 表 3-1，1978~2014 年名义人均生产总值。

2. 表 3-2，1978~2014 年可比价格人均生产总值环比发展速度。

3. 表 3-4，1978~2014 年河南省城市居民消费支出与可支配收入。

4. 表 3-6，1978~2014 年年末河南省城乡居民储蓄存款余额。

5. 表 3-3，1978~2014 年居民消费价格总指数。

实验步骤

1. 参照实验三中 1978 年不变价格计算的城市居民可支配收入序列 *SDI* 的编制方法加工数据，求按照 1978 年不变价格计算的人均生产总值序列；参照实验三中 1978 年不变价格计算的城市居民消费支出序列 *SCE* 的编制方法，用居民消费价格指数平减年末城乡居民储蓄存款余额加工数据，求按照 1978 年不变价格计算的年末城乡居民储蓄存款余额序列。

2. 建立城市居民收支时间序列 EViews 工作文件 urban3；创建按照 1978 年不变价格计算的城市居民消费支出变量 *SCE*，1978 年不变价格计算的城市居民可支配收入变量 *SDI*，1978 年不变价格计算的人均生产总值变量 *GDPP*，1978 年不变价格计算的城乡居民储蓄存款余额变量 *SD*；输入样本数据。

3. 建立由 *SCE*、*SDI*、*GDPP* 和 *SD* 组成的组对象（group），在一个直角坐标上显示多变量序列的线图，观察是否近似为直线；建立由 ln(*SCE*)、ln(*SDI*)、ln(*GDPP*) 和 ln(*SD*) 组成的组对象（group），在一个直角坐标上显示多变量序列的线图，观察是否近似为直线。

4. 以收入决定消费的一元线性回归模型为基础，用受限最小二乘法依次判断是否可以增加人均 *GDP* 和储蓄存款余额两个解释变量。

5. 用 EViews 求组变量的相关系数矩阵。分别以最终回归模型中的一个解释变量为被解释变量，其他解释变量为解释变量，估计辅助回归模型，并计算各个辅助回归的方差扩大因子。

6. 以生命周期假说为理论依据，建立城市居民消费的理论模型，预计模型中回归系数的符号。用 OLS 法求解所设定的多元回归模型。

7. 对模型输出结果进行经济理论检验、拟合优度检验、*F* 检验、*t* 检验和自相关性检验。

8. 假设 2015 年河南省实际人均 *GDP* 比上年增长 7.4%，城乡居民储蓄存款余额比上年增长 10 %，城市居民可支配收入比上年增长 8%，居民消费价格总指数比上年增长 3%。分别按照 1978 年价格和 2015 年价格预测 2015 年河南省城市居民年人均消费支出的平均值。

9. 结合相关系数矩阵分析、方差扩大因子分析、经济理论检验和 t 检验的结果，诊断估计的多元回归模型是否存在严重的多重共线性。

10. 如果存在严重的多重共线性，用剔除变量法或变换模型形式等方法，消除估计回归模型的多重共线性。

11. 检验消除了严重多重共线性的回归模型是否存在自相关。如果存在自相关，用广义差分法消除自相关。

12. 对通过各种检验和修正后的最终模型，用 EViews 求各个偏回归系数的 95%置信区间，并对模型进行经济意义检验和经济结构分析。

实验总结

通过本次实验，对如何设立多元线性计量模型，如何求解模型，如何对模型的普通最小二乘解进行经济理论检验，统计检验和自相关性检验，如何诊断和消除多重共线性，如何进行预测等方面进行实验总结；写出实验报告。

2.5 实验五 滞后变量回归模型

实验目的和要求

1. 学会滞后变量回归模型的设定。
2. 掌握滞后变量回归模型的估计和检验。
3. 在老师的指导下独立完成实验，并得到正确结果。

实验准备

1. 滞后现象及其产生的原因，滞后变量模型的形式和种类。
2. 分布滞后模型中偏回归系数的含义、模型估计的障碍和模型的滞后结构。
3. 用经验加权法、阿尔蒙法估计分布滞后模型。
4. 自适应预期理论与自适应模型、局部调整理论与局部调整模型。
5. 库伊克模型、自适应模型、局部调整模型的一阶自回归形式及其随机扰动项的性质。
6. 自回归模型估计的工具变量法和德宾 h 检验法。
7. 消费理论：弗里德曼持久性收入假说。

实验内容

1. 建立 EViews 时间序列数据工作文件，输入样本数据。
2. 判断变量的滞后阶数，建立有限分布滞后模型。
3. 用 OLS 法对模型进行估计和检验。
4. 根据弗里德曼持久收入假说建立居民消费一阶自回归模型。

5. 用 OLS 法估计居民消费一阶自回归模型。

6. 检验所估计的一阶自回归模型的自相关性。

7. 用工具变量法消除随机解释变量的影响；用广义差分法消除自相关的影响。

8. 对最终模型进行经济结构分析。

实验数据

1. 表 3-4，1978~2014 年河南省城市居民人均消费支出与可支配收入。

2. 表 3-4，1978~2014 年河南省农村居民人均消费支出与纯收入。

3. 表 3-3，1978~2014 年河南省城市和农村居民消费价格指数。

实验步骤

1. 建立城市居民收支时间序列数据 EViews 工作文件 urban4，创建按照 1978 年不变价格计算的城市居民人均消费支出变量 *SCE*，1978 年不变价格计算的城市居民人均可支配收入变量 *SDI*；输入样本数据。

2. 用交叉相关图法判断变量的滞后阶数，建立城市居民消费有限分布滞后模型。

3. 用 OLS 法估计有限分布滞后模型，对模型进行检验；考虑消除自相关问题，用阿尔蒙法估计有限分布滞后模型；针对估计结果，讨论用分布滞后模型解释城市居民消费行为的适用性。

4. 根据弗里德曼持久收入假说建立城市居民消费自回归模型，预计模型中各个偏回归系数的符号和取值范围。

5. 用 OLS 法估计城市居民消费一阶自回归模型。

6. 用 *SCE* 作为被解释变量，*SDI* 的滞后一期和滞后二期为解释变量建立线性回归模型；用 *SCE* 作为被解释变量，*SDI* 的滞后一期、滞后二期和滞后三期为解释变量建立线性回归模型。比较两个模型估计输出的 *AIC* 值和 *SC* 值的大小，用综合信息准则值最小的模型作为最优模型，求最优模型的预测值序列 *SCEF*。

7. 用滞后变量 $SCEF_{t-1}$ 作为工具变量替代城市居民消费一阶自回归模型中的滞后变量 SCE_{t-1}，消除随机解释变量的影响。

8. 用德宾 *h* 法或 *LM* 法检验消除随机解释变量影响后的自回归模型的自相关性。如果存在自相关，用广义差分法消除自相关的影响，重新估计城市居民消费自回归模型，并检验模型估计结果（理论检验、*F* 检验、*t* 检验、自相关性检验）。

9. 建立农村居民收支时间序列数据 EViews 工作文件 rural3，创建按照 1978 年不变价格计算的农村居民人均生活消费支出变量 *SLE* 和按照 1978 年不变价格计算的农村居民人均纯收入变量 *SNI*，输入样本数据。在上述步骤 2~8 中把 *SCE* 换成 *SLE*，把 *SDI* 换成 *SNI*，完成实验内容。

10. 讨论弗里德曼持久收入假说是否适合解释河南省居民的消费规律。

实验总结

通过本次实验，对分布滞后变量模型和自回归模型的设定、估计、检验和修正方法等方面进行实验总结；写出实验报告。

2.6 实验六 虚拟解释变量回归模型

实验目的和要求

1. 学习虚拟变量的设置方法、虚拟解释变量回归模型的估计和检验方法。
2. 学习用虚拟解释变量计量模型进行经济分析。
3. 在老师的指导下独立完成实验，并得到正确结果。

实验准备

1. 虚拟变量的概念和作用、虚拟变量的设置规则。
2. 用加法类型和乘法类型引入虚拟变量的作用。
3. 虚拟变量回归模型的估计和分析方法。

实验内容

1. 引入虚拟变量反映三种不同区域农民收入的差异。
2. 用加法类型引入虚拟变量，建立并估计回归模型。
3. 用乘法类型引入虚拟变量，建立并估计回归模型。
4. 分析不同区域农业生产率对农民收入影响的差异。

实验数据

表 3-5，2014 年河南省各县（市）农民人均纯收入表。

表 3-7，2014 年河南省各县（市）农牧业增加值表。

表 3-8，2014 年河南省各县（市）人口及从业人员表。

河南省经济区域分类标准：①中原核心区，包括郑州、开封、洛阳、平顶山、新乡、焦作、许昌、漯河和济源 9 市；②黄淮 4 市，包括周口、驻马店、商丘和信阳；③其他省辖市，包括安阳、濮阳、鹤壁、三门峡和南阳 5 市。

实验步骤

1. 整理加工数据：用农牧业增加值除以第一产业从业人数，计算各县（市）农牧业劳动生产率。

2. 为了分析中原核心区、黄淮 4 市和其他省辖市农民人均纯收入的差异，需要在模型中引入两个虚拟变量 D_1 和 D_2。以黄淮 4 市为基础指定各虚拟变量的取值及含义，给各个县或县级市的虚拟变量 D_1 和 D_2 赋值。

3. 建立截面数据工作文件“农民收入”，创建农民人均纯收入 NI、农牧业劳动生产率 FP 和虚拟变量 D_1、D_2，输入原始数据。

4. 以 NI 为被解释变量，D_1 和 D_2 为解释变量，建立线性回归模型；观察中原核心区、黄淮 4 市和其他省辖市的农民人均纯收入是否有相同的均值。

5. 建立由 NI 和 FP 组成的组对象（group），在一个直角坐标上显示两个变量序列的线图，观察是否近似为直线。

6. 设定以 NI 为被解释变量、FP 为解释变量的农村居民纯收入一元线性总体回归模型的具体形式，预计回归系数的符号。

7. 估计以 NI 为被解释变量、FP 为解释变量的农村居民纯收入一元线性回归模型。

8. 检验模型的异方差性。如果存在异方差，用加权最小二乘法（分别取权数为 $1/fp$、$1/\sqrt{fp}$、$1/fp^2$ 试算）估计模型，选择最佳模型。

9. 对河南全体县（市）农民人均纯收入的回归结果进行结构分析。

10. 用加法类型在模型中引入虚拟变量 D_1 和 D_2 后重新估计农村居民纯收入的回归模型。对估计模型进行 t 检验，并用条件均值法分析河南省三个不同区域农民纯收入受农业生产率影响的差异，并分析可能的原因。

11. 用乘法类型在模型中引入虚拟变量后重新估计农村居民纯收入的回归模型。对估计模型进行 t 检验，并用条件均值法分析河南省三个不同区域农民纯收入受农业生产率影响的差异，并分析可能的原因。

12. 用加法模型和乘法模型的组合模型引入虚拟变量，再次估计农村居民纯收入的回归模型。讨论所估计模型的适用性。

实验总结

通过本次实验，对如何设立虚拟变量，如何检验加入虚拟变量后估计模型的统计显著性、虚拟变量在回归分析中的作用、模型估计结果的不足之处等方面进行实验总结；写出实验报告。

2.7　实验七　协整分析与误差修正模型

实验目的和要求

1. 理解时间序列建模时序列平稳的重要性。
2. 学会单位根检验、协整模型和误差修正模型的建立和检验。
3. 在老师的指导下独立完成实验，并得到正确结果。

实验准备

1. 时间序列和时间序列的平稳性。
2. 单位根过程、DF 检验和 ADF 检验。
3. 协整和协整检验、误差修正模型。

实验内容

1. 建立 EViews 居民收支时间序列数据工作文件。
2. 对变量进行单位根检验。
3. 建立一元线性回归模型。
4. 用普通最小二乘法估计回归模型。
5. 对模型进行协整检验。
6. 建立误差修正模型。

实验数据

1. 表 3-4，1978~2014 年河南省城市居民人均消费支出与人均可支配收入。
2. 表 3-4，1978~2014 年河南省农村居民人均消费支出与人均纯收入。
3. 表 3-3，1978~2014 年河南省城市和农村居民消费价格指数。

实验步骤

1. 建立时间序列数据 EViews 工作文件 urban5，创建 1978 年不变价格计算的城市居民消费支出变量 *SCE*、1978 年可比价格计算的城市居民可支配收入变量 *SDI*；输入样本数据。

2. 建立由被解释变量 *SCE* 和解释变量 *SDI* 组成的组对象（group），在一个直角坐标上显示 *SCE* 与 *SDI* 的散点图，观察是否近似为直线。

3. 对变量 *SCE*、*SDI* 进行单位根检验，分析两个变量的单整类型。

4. 根据协整理论判断两个变量之间是否可能存在协整关系。

5. 结合凯恩斯绝对收入假说的消费理论和散点图分析，设定以 *SCE* 为被解释变量、*SDI* 为解释变量的城市居民消费一元线性总体回归模型的具体形式，预计回归系数的符号。

6. 用最小二乘法估计回归模型。如果存在自相关，用广义差分法消除自相关性。用 *EG* 两步法对估计模型进行协整检验。

7. 如果协整关系成立，对协整模型进行经济理论检验和统计检验，并进行经济结构分析。

8. 如果协整关系成立，建立误差修正模型，分析误差修正机制。

9. 建立时间序列数据 EViews 工作文件 rural5，创建 1978 年不变价格计算的农民人均消费支出变量 *SLE*，1978 年不变价格计算的农民人均纯收入变量 *SNI*，输入样本数据；把 *SCE*、*SDI* 换成 *SLE*、*SNI*，重复上述 2~8 的步骤，完成实验。

实验总结

通过本次实验，对如何进行变量的单位根检验，如何建立协整方程和进行协整性检验，如何建立误差修正模型并分析误差修正机制等方面进行实验总结；写出实验报告。

Chapter 3

第 3 章

数据表、实验知识准备概要及实验步骤解答

3.1 数据表

表 3-1 河南省生产总值及构成表

年 份	生产总值（亿元）				人均生产总值
	合 计	第一产业	第二产业	第三产业	（元）
1952	36.09	22.46	8.23	5.40	83
1957	52.55	24.27	18.08	10.20	110
1962	43.02	17.00	14.05	11.97	88
1965	62.96	29.58	19.10	14.28	122
1970	97.19	44.49	36.06	16.64	164
1975	127.77	55.71	50.34	21.72	191
1978	162.92	64.86	69.45	28.61	232
1979	190.09	77.30	80.52	32.27	267
1980	229.16	93.23	94.44	41.49	317
1981	249.69	106.04	95.79	47.86	340
1982	263.30	108.18	102.76	52.36	353
1983	327.95	143.49	116.36	68.10	433
1984	370.04	155.28	136.29	78.47	482
1985	451.74	173.43	170.07	108.24	580
1986	502.91	179.02	202.15	121.74	635
1987	609.60	220.22	230.25	159.13	756
1988	749.09	240.72	299.83	208.54	910
1989	850.71	289.95	317.13	243.63	1 012
1990	934.65	325.77	331.85	277.03	1 091
1991	1 045.73	334.61	388.09	323.03	1 201
1992	1 279.75	353.92	545.21	380.62	1 452
1993	1 660.18	410.45	764.20	485.53	1 865
1994	2 216.83	546.68	1 058.89	611.26	2 467
1995	2 988.37	762.99	1 394.98	830.40	3 297
1996	3 634.69	937.64	1 677.62	1 019.43	3 978

（续）

年份	生产总值（亿元）				人均生产总值（元）
	合计	第一产业	第二产业	第三产业	
1997	4 041.09	1 008.55	1 861.28	1 171.26	4 389
1998	4 308.24	1 071.39	1 937.83	1 299.02	4 643
1999	4 517.94	1 123.14	1 981.07	1 413.73	4 832
2000	5 052.99	1 161.58	2 294.15	1 597.26	5 450
2001	5 533.01	1 234.34	2 510.45	1 788.22	5 959
2002	6 035.48	1 288.36	2 768.75	1 978.37	6 487
2003	6 867.70	1 198.70	3 310.14	2 358.86	7 376
2004	8 553.79	1 649.29	4 182.10	2 722.40	9 201
2005	10 587.42	1 844.05	5 485.12	3 258.25	11 346
2006	12 362.79	1 869.83	6 655.01	3 837.95	13 172
2007	15 012.46	2 168.17	8 152.66	4 691.63	16 012
2008	18 018.53	2 604.39	10 068.47	5 345.67	19 181
2009	19 480.46	2 708.42	10 726.20	6 045.84	20 597
2010	23 092.36	3 192.41	12 822.81	7 077.14	24 446
2011	26 931.03	3 440.40	14 837.13	8 653.50	28 661
2012	29 599.31	3 692.49	15 898.30	10 008.52	31 499
2013	32 191.30	3 972.70	16 742.90	11 475.70	34 211
2014	34 938.24	4 160.01	17 816.56	12 961.67	37 072

注：1. 资料来源：《河南省统计年鉴 2015》。

2. 本表按当年价格计算。

表 3-2　河南省生产总值指数表　（上年=100）

年份	生产总值（亿元）				人均生产总值（元）
	总指数	第一产业	第二产业	第三产业	
1952	106.1	101.1	138.3	129.2	105.0
1957	109.2	105.9	119.0	116.0	107.1
1962	100.5	118.4	70.8	100.2	99.2
1965	124.5	129.4	128.7	104.5	122.1
1970	117.3	106.0	145.8	109.7	113.8
1975	106.3	102.9	111.9	106.1	104.4
1978	111.3	110.6	112.1	111.3	109.5
1979	108.7	101.7	112.6	119.7	106.9
1980	115.4	109.2	117.2	126.9	113.7
1981	107.8	111.7	101.3	113.7	106.3
1982	104.3	100.5	106.1	109.0	102.7
1983	123.8	130.2	113.5	131.3	121.9
1984	110.1	105.5	115.0	110.7	108.5
1985	113.5	100.8	117.0	131.9	111.9
1986	104.6	92.1	114.0	108.6	103.0
1987	115.0	116.9	108.6	123.5	112.9
1988	109.8	97.4	120.1	109.4	107.6
1989	107.0	109.2	103.5	110.3	104.8

（续）

年份	生产总值（亿元）				人均生产总值（元）
	总指数	第一产业	第二产业	第三产业	
1990	104.5	105.4	102.3	106.8	102.5
1991	106.9	97.4	113.3	110.4	105.2
1992	113.7	101.5	125.4	111.1	112.3
1993	115.8	110.4	122.1	111.6	114.6
1994	113.8	101.3	121.6	113.1	112.8
1995	114.8	111.9	117.2	113.1	113.8
1996	113.9	111.3	116.0	112.4	113.0
1997	110.4	107.6	110.9	111.8	109.6
1998	108.8	107.0	109.2	109.4	107.9
1999	108.1	107.2	107.8	109.3	107.3
2000	109.5	104.5	111.8	109.2	108.5
2001	109.0	105.5	109.9	110.3	108.9
2002	109.5	104.5	111.6	109.9	109.2
2003	110.7	97.5	117.0	110.1	110.6
2004	113.7	112.8	116.2	110.4	113.9
2005	114.2	107.5	117.6	112.8	113.8
2006	114.4	107.4	117.8	112.8	113.7
2007	114.6	103.7	118.1	114.1	114.7
2008	112.1	105.5	114.6	110.6	111.9
2009	110.9	104.1	112.4	111.1	110.2
2010	112.5	104.5	114.8	111.4	112.6
2011	111.9	103.6	113.2	113.4	112.5
2012	110.1	104.4	111.4	110.1	110.1
2013	109.0	104.2	109.6	109.9	108.9
2014	108.9	104.0	109.4	109.6	108.7

注：1. 资料来源：《河南省统计年鉴 2015》。

2. 本表按可比价格计算。

表 3-3 河南省各种物价总指数表 （上年＝100）

年份	居民消费价格指数			商品零售价格总指数	农业生产资料价格总指数	工业生产者出厂价格指数	工业生产者购进价格指数	固定资产投资价格指数
	总指数	城市	农村					
1962	96.4	86.1	100.8	100.5	99.2			
1965	97.0	96.3	97.3	96.8	95.7			
1970	99.0	99.8	98.5	98.8	99.9			
1975	100.1	100.2	100.1	100.2	100.0			
1978	100.1	100.0	100.1	100.1	97.9			
1979	100.4	100.3	100.4	100.4	100.0			
1980	104.6	106.0	103.8	104.9	100.1			
1981	101.4	102.4	100.8	101.6	101.3			
1982	101.4	101.8	101.2	101.5	102.1			
1983	101.6	102.9	100.9	101.7	105.7			

（续）

年　份	居民消费价格指数			商品零售价格总指数	农业生产资料价格总指数	工业生产者出厂价格指数	工业生产者购进价格指数	固定资产投资价格指数
	总指数	城市	农村					
1984	100.8	102.2	100.1	100.9	106.1			
1985	104.6	106.5	103.6	105.4	103.0			
1986	105.5	106.8	104.3	105.0	105.1			
1987	106.3	107.8	105.3	106.3	114.4			
1988	119.4	121.5	118.1	119.7	121.8			
1989	118.7	114.9	122.0	118.7	116.8	119.7	130.0	
1990	100.7	100.5	100.9	100.1	98.3	105.5	105.5	
1991	102.3	105.1	100.0	102.0	100.1	104.3	104.4	109.4
1992	105.4	107.7	102.9	105.0	101.2	106.2	110.0	119.8
1993	110.4	110.6	110.3	108.3	109.2	118.1	133.0	126.7
1994	125.2	127.4	123.5	120.6	124.4	124.1	122.0	106.0
1995	116.5	116.9	116.3	114.9	125.8	115.0	114.1	105.9
1996	110.5	109.5	110.9	107.9	107.9	104.1	106.0	103.9
1997	103.5	102.4	103.9	100.6	99.3	100.6	100.6	102.9
1998	97.5	97.9	97.1	96.6	94.2	95.3	94.8	98.7
1999	96.9	96.6	97.1	96.2	95.7	95.4	94.3	98.0
2000	99.2	99.1	99.2	98.5	99.6	104.0	105.1	102.9
2001	100.7	100.7	100.7	99.8	99.1	100.5	101.9	100.4
2002	100.1	99.8	100.6	99.2	100.8	98.6	97.6	98.7
2003	101.6	101.7	101.4	101.3	101.9	105.0	107.8	103.8
2004	105.4	105.4	105.4	105.7	111.4	110.2	115.7	110.1
2005	102.1	102.1	102.1	101.7	107.9	106.1	108.3	101.4
2006	101.3	101.2	101.5	100.9	101.2	104.3	105.3	101.6
2007	105.4	105.4	105.5	104.4	106.1	105.2	106.4	104.6
2008	107.0	106.5	107.9	107.5	120.9	112.1	111.9	109.0
2009	99.4	98.8	100.4	99.4	98.1	94.9	97.1	96.4
2010	103.5	103.4	103.8	103.7	103.1	107.8	110.2	103.5
2011	105.6	105.4	106.1	105.7	111.1	107.2	110.1	107.4
2012	102.5	102.6	102.4	102.3	105.4	99.4	99.2	101.0
2013	102.9	102.9	102.9	101.9	101.3	98.5	99.3	99.9
2014	101.9	102.0	101.6	101.0	97.9	98.1	98.4	100.0

资料来源：1979~1989 年数据摘自《新中国 50 年统计资料汇编》，其他年度数据来自《河南省统计年鉴 2015》。

表 3-4　河南省城乡居民家庭人均收支表

年　份	城镇居民家庭人均			农村居民家庭人均		
	可支配收入（元）	可支配收入指数（上年=100）	消费支出（元）	纯收入（元）	纯收入指数（上年=100）	生活消费支出（元）
1978	315.00		274.00	104.71		81.70
1979	361.04	114.3	302.98	133.56	127.6	
1980	365.00	108.1	335.02	160.78	120.5	135.51
1981	395.00	103.1	363.23	215.57	133.4	165.57

（续）

年　份	城镇居民家庭人均			农村居民家庭人均		
	可支配收入（元）	可支配收入指数（上年=100）	消费支出（元）	纯收入（元）	纯收入指数（上年=100）	生活消费支出（元）
1982	429.00	103.9	382.47	216.74	99.7	177.90
1983	452.50	101.6	405.00	272.00	124.5	196.35
1984	497.49	108.8	431.68	301.17	110.3	219.64
1985	600.59	114.2	556.72	328.78	107.0	260.19
1986	724.21	113.2	653.83	333.64	99.7	292.48
1987	814.20	104.9	711.27	377.72	110.1	309.90
1988	946.10	87.2	896.55	401.32	98.2	346.73
1989	1 111.46	102.2	963.97	457.06	102.5	390.05
1990	1 267.73	113.5	1 067.67	526.95	105.5	437.73
1991	1 384.81	103.9	1 199.95	539.29	102.3	454.68
1992	1 608.03	107.8	1 342.58	588.48	104.9	472.61
1993	1 962.75	110.4	1 609.26	695.85	109.0	564.93
1994	2 618.55	104.7	2 155.15	909.81	103.4	731.78
1995	3 299.46	107.8	2 673.95	1 231.97	109.5	929.39
1996	3 755.44	103.9	3 009.35	1 579.19	113.8	1 206.43
1997	4 093.62	106.4	3 378.02	1 733.89	107.4	1 270.52
1998	4 219.42	105.3	3 415.65	1 864.05	106.5	1 240.30
1999	4 532.36	111.2	3 497.53	1 948.36	106.4	1 163.98
2000	4 766.26	106.1	3 830.71	1 985.82	103.9	1 315.83
2001	5 267.42	108.8	4 110.17	2 097.86	104.9	1 375.60
2002	6 245.40	114.2	4 504.68	2 215.74	105.1	1 451.51
2003	6 926.12	109.0	4 941.60	2 235.68	99.6	1 508.67
2004	7 704.90	105.5	5 294.19	2 553.15	108.1	1 664.09
2005	8 667.97	110.2	6 038.02	2 870.58	107.5	1 891.57
2006	9 810.26	111.9	6 685.18	3 261.03	112.1	2 229.28
2007	11 477.05	111.0	7 826.72	3 851.60	112.2	2 676.41
2008	13 231.11	108.3	8 837.46	4 454.24	107.2	3 044.21
2009	14 371.56	109.9	9 566.99	4 806.95	107.5	3 388.47
2010	15 930.26	107.2	10 838.49	5 523.73	111.0	3 682.21
2011	18 194.80	108.4	12 336.47	6 604.03	112.7	4 319.95
2012	20 442.62	109.5	13 732.96	7 524.94	111.3	5 032.14
2013	22 398.03	106.6	14 821.98	8 475.34	109.5	5 627.73
2014	24 391.45	106.8	15 726.12	9 416.10	109.4	6 438.12

注：1. 资料来源：《河南省统计年鉴 2015》。

2. 指数以上年为 100，按照可比价格计算。

表 3-5 2014 年河南省各市城乡居民家庭人均收支和恩格尔系数表

市（县）	城镇居民家庭人均				农村居民家庭人均			
	可支配收入（元）	消费支出（元）		恩格尔系数（%）	纯收入（元）	消费支出（元）		恩格尔系数（%）
		总支出	#食品			总支出	#食品	
省辖市								
郑州市	29 095	20 122	5 948	29.6	15 470	11 125	2 653	23.8
开封市	21 467	17 156	5 005	29.2	9 316	6 442	1 948	30.2
洛阳市	26 974	18 380	4 925	26.8	9 669	7 423	2 013	27.1
平顶山市	24 393	17 736	5 548	31.3	9 489	5 335	1 855	34.8
安阳市	25 172	15 204	4 735	31.1	10 680	7 253	2 122	29.3
鹤壁市	23 113	14 441	4 076	28.2	11 709	8 166	2 867	35.1
新乡市	23 983	17 669	5 262	29.8	10 730	7 550	2 285	30.3
焦作市	23 977	16 300	4 846	29.7	12 518	9 415	2 587	27.5
濮阳市	23 767	13 545	4 061	30.0	8 828	5 745	1 734	30.2
许昌市	23 753	16 178	4 989	30.8	12 140	7 348	2 331	31.7
漯河市	23 281	17 254	5 656	32.8	10 893	5 933	1 834	30.9
三门峡市	22 739	19 790	5 025	25.4	9 979	7 569	2 199	29.0
南阳市	23 711	18 130	5 996	33.1	9 741	6 766	2 475	36.6
商丘市	22 274	13 739	4 309	31.4	8 025	5 262	1 970	37.4
信阳市	21 060	13 391	5 449	40.7	8 868	5 745	2 639	45.9
周口市	19 742	15 357	4 426	28.8	7 742	5 304	1 741	32.8
驻马店市	21 320	15 219	4 833	31.8	8 270	6 347	2 217	34.9
济源市	25 219	18 572	4 291	23.1	13 166	8 578	2 513	29.3
省直管县								
巩义市	24 722	17 334	4 254	24.5	15 427	7 986	1 900	23.8
兰考县	18 357	11 950	3 480	29.1	7 545	6 872	1 936	28.2
汝州市	20 956	14 267	4 140	29.0	11 126	5 703	1 937	34.0
滑县	19 452	13 052	3 820	29.3	7 598	6 067	2 095	34.5
长垣县	20 338	13 788	3 695	26.8	12 730	7 018	2 096	29.9
邓州市	21 836	19 513	5 942	30.5	10 181	6 608	2 039	30.9
永城市	23 686	16 508	4 397	26.6	9 471	6 424	2 841	44.2
固始县	20 433	14 833	5 396	36.4	9 023	6 127	2 734	44.6
鹿邑县	20 024	19 507	5 945	30.5	8 670	4 710	1 767	37.5
新蔡县	18 846	14 015	4 842	34.6	8 008	5 882	2 225	37.8

资料来源：《河南省统计年鉴 2015》。

表 3-6 河南省金融机构和保险业主要指标 （单位：亿元）

年 份	各项存款年底余额	各项贷款年底余额			城乡居民储蓄存款年底余额	保险公司保费收入	保险公司赔款及给付
		总余额	#短期	#中长期			
1978	45.71	99.99			9.81		
1979	52.00	108.14			12.97		
1980	57.77	125.01			19.44		
1981	68.45	146.42			26.90		
1982	74.08	153.73			32.83		

（续）

年 份	各项存款年底余额	各项贷款年底余额			城乡居民储蓄存款年底余额	保险公司保费收入	保险公司赔款及给付
		总余额	#短期	#中长期			
1983	88.10	174.83			45.59		
1984	136.84	229.88			64.35		
1985	146.42	284.91			84.23		
1986	184.66	350.21			115.03		
1987	231.71	392.32			167.88		
1988	270.67	447.99			209.33		
1989	329.01	511.90			276.34		
1990	593.96	773.04			376.12	6.57	3.18
1991	754.03	945.90			484.84	8.47	4.49
1992	936.04	1 127.26			595.39	13.65	5.46
1993	1 143.66	1 366.98			766.57	18.48	7.55
1994	1 602.95	1 704.82			1 085.80	21.03	11.89
1995	2 131.69	2 170.17			1 456.35	25.57	11.47
1996	2 707.65	2 665.41			1 855.28	26.87	15.23
1997	3 271.76	3 320.89			2 243.00	34.84	16.02
1998	3 772.51	3 878.53			2 657.23	44.92	17.78
1999	4 198.10	4 179.51			2 940.08	47.89	15.83
2000	4 753.41	4 356.94	3 114.58	1 057.50	3 182.08	55.77	17.30
2001	5 530.16	4 885.73	3 336.16	1 447.99	3 634.50	69.57	21.85
2002	6 451.59	5 553.58	3 673.39	1 702.63	4 202.57	126.22	22.68
2003	7 618.03	6 422.66	4 025.08	2 138.16	4 919.09	162.98	27.53
2004	8 631.79	7 092.31	4 200.53	2 487.19	5 607.30	202.05	33.84
2005	10 003.96	7 434.53	4 088.16	2 736.63	6 488.55	213.55	38.16
2006	11 492.55	8 567.33	4 731.54	3 259.90	7 367.37	252.31	50.98
2007	12 576.42	9 545.48	5 213.08	3 800.96	7 812.24	323.56	100.88
2008	15 255.42	10 368.05	5 180.84	4 302.41	9 515.82	518.92	128.77
2009	19 175.06	13 437.43	6 016.17	6 066.05	11 207.40	565.39	148.23
2010	23 148.83	15 871.32	6 995.81	7 806.31	12 883.70	793.28	153.91
2011	26 646.15	17 506.24	8 273.66	8 690.17	14 648.43	839.82	171.14
2012	31 970.43	20 301.72	9 977.52	9 608.35	17 528.08	841.13	199.55
2013	37 591.70	23 511.41	11 823.35	11 029.60	20 232.12	916.52	279.75
2014	41 374.91	27 228.27	12 801.98	13 625.90	22 417.16	1 036.08	324.03

资料来源：《河南省统计年鉴 2015》。

表 3-7 2014 年河南省各县（市）农业增加值、城乡居民收入和社会消费品零售总额表

县市	农牧业增加值（万元）			农民人均纯收入（元）	城镇居民人均可支配收入（元）	社会消费品零售总额（亿元）
	总值	#农业	#牧业			
郑州市						
中牟县	208 906	110 004	72 322	13 858	22 741	80.63
巩义市	116 095	46 503	53 578	15 427	24 722	219.82

（续）

县市	农牧业增加值（万元）			农民人均纯收入（元）	城镇居民人均可支配收入（元）	社会消费品零售总额（亿元）
	总值	#农业	#牧业			
荥阳市	276 915	145 803	118 787	14 748	24 863	187.39
新密市	189 190	99 262	62 108	14 734	24 856	204.23
新郑市	195 895	104 029	86 218	15 409	24 893	167.09
登封市	140 284	79 335	41 906	13 277	23 953	161.31
开封市						
杞县	795 484	491 301	253 364	9 566	17 020	76.67
通许县	475 580	341 575	114 188	9 987	18 064	60.33
尉氏县	520 404	304 623	181 638	9 748	19 246	87.93
开封县	516 935	316 863	175 625	9 188	18 226	60.71
兰考县	372 873	215 900	124 999	7 545	18 357	73.61
洛阳市						
孟津县	258 962	129 043	101 170	9 349	21 457	55.00
新安县	221 425	144 985	44 987	10 766	24 513	80.73
栾川县	152 248	90 694	14 361	8 166	23 112	51.66
嵩县	313 451	163 029	68 632	8 041	21 409	62.05
汝阳县	158 015	68 257	16 706	7 432	20 001	51.10
宜阳县	332 043	207 514	101 777	7 645	21 433	69.09
洛宁县	305 792	177 634	79 697	7 341	20 705	49.71
伊川县	295 349	148 474	126 790	9 868	22 360	139.41
偃师市	214 884	95 424	104 168	13 881	24 199	130.81
平顶山市						
宝丰县	199 670	100 573	91 249	11 399	19 665	41.87
叶县	424 093	208 007	194 090	8 529	18 320	50.66
鲁山县	275 696	207 673	51 784	6 365	16 943	44.56
郏县	215 768	124 808	83 475	8 599	17 375	42.34
舞钢市	111 843	482 24	55 069	10 455	21 167	36.12
汝州市	393 027	151 852	178 198	11 126	20 956	104.50
安阳市						
安阳县	317 727	182 151	80 499	12 133	22 164	62.13
汤阴县	244 648	177 853	54 933	10 325	20 365	30.03
滑县	669 577	503 795	124 718	7 598	19 452	73.59
内黄县	519 539	440 106	50 850	8 211	17 929	52.22
林州市	232 435	89 852	132 513	13 942	23269	94.26
鹤壁市						
浚县	324 331	173 079	134 313	11 956	18 445	40.36
淇县	204 788	51 559	141 908	12 129	20 644	35.62
新乡市						
新乡县	138 086	77 474	54 570	13 559	22 870	32.41
获嘉县	159 712	93 680	56 710	10 883	17 190	32.22
原阳县	282 359	163 356	99 074	8 981	17 401	38.22
延津县	258 211	177 329	61 881	11 333	18 561	34.03

（续）

县市	农牧业增加值（万元）			农民人均纯收入（元）	城镇居民人均可支配收入（元）	社会消费品零售总额（亿元）
	总值	#农业	#牧业			
封丘县	367 901	214 636	132 574	7 393	17 439	29.77
长垣县	323 893	206 997	94 059	12 730	20 338	60.37
卫辉市	230 993	108 283	108 047	10 927	18 790	52.90
辉县市	411 234	224 497	175 437	117 72	22 999	96.86
焦作市						
修武县	105 116	49 037	49 662	11 954	22 946	37.27
博爱县	190 740	123 062	57 459	11 966	23 013	50.50
武陟县	366 438	198 372	145 920	12 567	23 169	78.43
温县	244 252	179 527	60 407	12 517	22 762	61.12
沁阳市	202 639	123 542	66 862	13 374	23 893	76.94
孟州市	203 701	147 756	49 339	13 067	23 690	65.02
濮阳市						
清丰县	406 467	277 294	111 623	101 69	189 06	59.93
南乐县	313 772	168 401	120 895	9 380	18 800	45.73
范县	1689 31	68 326	85 244	6 805	16 395	51.20
台前县	957 77	88 590	2 679	6 408	16 013	28.52
濮阳县	410 729	254 434	135 350	9 205	20 977	123.52
许昌市						
许昌县	388 428	212 808	157 334	12 175	22 260	69.51
鄢陵县	537 580	307 283	159 578	12 235	22 080	59.23
襄城县	376 016	202 128	156 697	11 402	20 920	59.87
禹州市	324 418	170 100	139 265	12 600	23 950	164.44
长葛市	250 895	115 756	107 930	12 372	22 360	120.75
漯河市						
舞阳县	260 035	144 055	106 872	6 648	17 762	69.30
临颍县	338 884	200 788	127 270	114 55	19 985	78.90
三门峡市						
渑池县	198 413	111 840	78 253	11 079	24 325	43.69
陕县	194 073	148 109	38 380	8 938	21 487	37.24
卢氏县	195 577	163 157	20 151	6 587	20 313	32.69
义马市	9 706	5 334	3 694	12 632	22 351	31.44
灵宝市	478 276	420 635	43 888	11 526	22 929	125.14
南阳市						
南召县	169 862	99 029	35 544	7 528	20 626	74.70
方城县	363 524	267 575	66 051	8 864	21 220	94.31
西峡县	261 750	185 518	46 352	11 695	23 465	66.46
镇平县	287 585	210 857	57 727	9 991	21 133	125.12
内乡县	330 677	184 097	133 628	9 385	21 730	75.65
淅川县	330 512	201 236	101 460	8 191	22 681	82.75
社旗县	329 369	224 589	92 236	7 659	19 632	55.70
唐河县	665 604	428 053	218 917	10 060	21 593	124.85

（续）

县市	农牧业增加值（万元）			农民人均纯收入（元）	城镇居民人均可支配收入（元）	社会消费品零售总额（亿元）
	总值	#农业	#牧业			
新野县	412 952	258 702	138 538	11 692	22 436	99.14
桐柏县	196 171	119 941	42 270	7 252	20 942	69.82
邓州市	956 027	641 980	269 395	10 181	21 836	124.74
商丘市						
民权县	450 995	293 064	116 728	7 448	19 342	50.84
睢县	422 019	324 142	86 111	7 387	19 906	51.19
宁陵县	253 421	187 159	55 738	6 947	17 528	34.46
柘城县	440 950	306 111	108 420	7 681	18 664	55.80
虞城县	479 473	344 631	109 515	7 884	20 454	57.53
夏邑县	480 430	344 447	111 788	7 778	20 865	62.00
永城市	645 337	451 549	158 174	9 471	23 686	130.39
信阳市						
罗山县	433 346	298 900	76 054	8 767	20 468	56.14
光山县	453 439	319 454	86 968	8 832	20 316	67.01
新县	249 818	134 646	28 963	8 855	20 289	35.64
商城县	404 770	233 360	89 119	8 578	20 299	52.86
固始县	767 398	496 172	194 971	9 023	20 433	135.15
潢川县	566 711	355 649	150 233	9 688	20 557	76.22
淮滨县	351 628	222 114	87 785	7 495	196 40	52.01
息县	482 720	350 093	72 109	7 772	20 167	73.07
周口市						
扶沟县	384 964	283 883	83 924	7 875	18 457	52.62
西华县	533 608	367 940	122 932	7 244	18 975	82.36
商水县	599 017	441 358	122 166	7 251	18 983	62.42
沈丘县	428 397	284 362	129 561	7 222	19 093	77.63
郸城县	500 870	379 817	101 012	7 788	19 480	71.81
淮阳县	599 208	389 945	147 163	6 981	18 996	90.85
太康县	552 876	359 675	157 240	7 694	18 658	96.86
鹿邑县	507 018	307 032	157 049	8 670	20 024	97.67
项城市	420 160	314 866	91 698	8 746	19 797	107.33
驻马店市						
西平县	481 485	304 936	159 132	8 934	19 391	79.41
上蔡县	409 818	235 565	145 893	7 930	19 597	67.73
平舆县	384 731	232 651	126 542	8 287	20 048	63.95
正阳县	506 453	274 059	199 605	8 070	18 042	51.94
确山县	318 115	169 903	124 889	8 049	19 743	44.54
泌阳县	505 888	291 965	191 027	8 137	20 018	59.63
汝南县	464 012	250 254	164 170	8 382	18 328	58.41
遂平县	298 606	151 360	128 647	8 779	20 135	53.95
新蔡县	478 851	262 439	188 698	8 008	18 846	49.68

资料来源：《河南省统计年鉴 2015》。

表 3-8 2014 年河南省各县（市）人口及从业人员表

县市	年末总户数（万户）	年末总人口（万人）	年平均总人口（万人）	常住人口（万人）		城镇化率（%）	从业人员（万人）			
				总人口	#城镇		总人口	第一产业	第二、三产业	#乡村从业人员
郑州市										
中牟县	17.53	94.92	93.23	94.92	38.13	40.17	35.16	18.41	16.75	24.81
巩义市	21.36	83.19	83.00	82.00	41.39	50.47	48.20	10.51	37.69	33.52
荥阳市	17.53	61.54	61.52	61.54	30.63	49.77	47.12	9.94	37.18	32.17
新密市	20.94	80.33	80.17	80.33	41.09	51.15	52.68	8.63	44.06	33.32
新郑市	18.92	86.45	85.23	86.45	43.62	50.46	46.06	11.26	34.80	26.83
登封市	17.33	68.89	68.62	68.89	34.28	49.76	52.85	19.86	32.99	34.89
开封市										
杞县	36.84	111.71	111.43	91.95	29.56	32.15	73.96	40.15	33.81	59.48
通许县	18.04	63.88	63.72	53.22	17.12	32.16	40.64	20.08	20.56	33.18
尉氏县	26.10	95.69	95.44	87.35	28.10	32.17	60.37	30.34	30.03	51.90
开封县	22.05	75.76	75.55	67.86	21.23	31.28	54.11	23.99	30.12	42.77
兰考县	27.11	84.14	83.91	62.90	20.79	33.06	56.41	19.00	37.41	46.35
洛阳市										
孟津县	15.93	45.96	45.85	42.06	17.90	42.55	32.93	10.46	22.47	21.58
新安县	15.73	52.84	52.74	47.65	19.35	40.61	40.09	10.76	29.33	29.94
栾川县	10.71	33.79	33.71	34.94	14.92	42.71	23.63	8.03	15.60	18.08
嵩县	17.25	59.63	59.48	51.50	15.09	29.30	37.82	17.36	20.46	30.48
汝阳县	12.69	47.74	47.62	41.65	12.46	29.91	29.11	12.74	16.37	24.84
宜阳县	19.75	69.25	69.13	60.96	18.76	30.77	41.22	19.10	22.12	34.94
洛宁县	13.82	48.74	48.66	42.72	12.03	28.17	34.73	28.15	6.58	28.13
伊川县	25.20	82.50	82.49	77.86	29.20	37.50	53.27	22.34	30.93	43.03
偃师市	18.11	60.19	60.11	56.52	30.22	53.47	40.09	11.39	28.70	29.76
平顶山市										
宝丰县	16.16	52.79	52.66	49.60	18.37	37.03	34.39		5.67	28.59
叶县	23.47	90.42	90.22	77.83	25.46	32.72	53.52		5.12	48.30
鲁山县	24.31	94.24	93.99	78.45	25.08	31.97	51.27		5.58	45.40
郏县	19.37	63.17	62.98	57.40	20.88	36.37	38.62		4.63	33.92
舞钢市	10.31	34.23	34.11	31.97	16.98	53.12	21.55		5.57	15.88
汝州市	30.34	107.10	106.82	93.33	36.77	39.40	62.52	30.33	32.19	52.07
安阳市										
安阳县	32.33	100.24	99.98	85.43	35.24	41.25	64.33	20.04	44.29	52.04
汤阴县	14.98	50.07	49.93	43.33	18.07	41.70	31.50	13.38	18.12	25.74
滑县	41.96	135.91	135.56	110.80	27.79	25.08	76.45	56.77	19.68	65.85
内黄县	19.98	77.52	77.29	67.00	16.48	24.60	51.71	28.13	23.58	46.10
林州市	31.90	106.54	106.28	78.97	37.49	47.47	73.89	21.17	52.72	54.47
鹤壁市										
浚县	19.46	70.33	70.12	67.00	20.64	30.81	43.94	14.94	29.00	35.63
淇县	8.64	29.02	28.93	27.39	13.76	50.25	21.40	7.06	14.34	14.29

（续）

县市	年末总户数（万户）	年末总人口（万人）	年平均总人口（万人）	常住人口（万人）		城镇化率（%）	从业人员（万人）			
				总人口	#城镇		总人口	第一产业	第二、三产业	#乡村从业人员
新乡市										
新乡县	8.87	34.29	34.20	34.03	16.97	49.86	28.79	2.81	25.98	7.47
获嘉县	12.12	43.58	43.45	40.49	16.48	40.71	30.59	12.49	18.11	4.58
原阳县	18.65	73.77	73.57	66.01	19.31	29.26	39.01	16.63	22.38	2.96
延津县	13.88	49.79	49.65	47.03	15.05	32.01	29.52	12.87	16.65	3.99
封丘县	21.33	81.53	81.30	73.12	22.52	30.80	41.50	17.97	23.53	4.05
长垣县	27.10	85.86	85.64	75.80	30.18	39.81	53.50	7.44	46.06	32.07
卫辉市	15.64	51.70	51.57	49.81	19.82	39.80	26.60	11.70	14.90	3.46
辉县市	25.49	84.52	84.30	74.03	31.00	41.87	45.24	20.46	24.78	6.84
焦作市										
修武县	6.95	28.42	28.34	26.46	11.86	44.82	15.42	5.55	9.88	12.61
博爱县	10.43	39.80	39.69	37.15	18.40	49.54	20.19	8.38	11.81	16.50
武陟县	18.97	73.06	72.85	66.94	22.27	33.27	44.51	22.39	22.12	34.53
温县	14.18	45.01	44.89	41.50	17.50	42.18	31.57	13.55	18.02	23.73
沁阳市	11.83	49.13	49.02	44.13	24.69	55.95	32.70	10.91	21.78	25.50
孟州市	11.25	38.41	38.33	36.72	16.32	44.46	29.51	6.18	23.34	19.78
濮阳市										
清丰县	19.48	70.88	70.70	62.99	15.54	24.66	46.31	25.58	20.72	38.31
南乐县	14.56	53.40	53.26	47.57	13.11	27.55	36.44	15.82	20.62	26.37
范县	17.04	55.05	54.91	46.15	13.06	28.31	39.11	18.78	20.33	27.57
台前县	12.90	37.64	37.54	32.09	8.81	27.44	23.78	9.37	14.41	19.67
濮阳县	32.59	114.53	114.23	101.18	35.95	35.53	69.10	29.88	39.22	60.13
许昌市										
许昌县	26.46	89.33	89.13	77.14	27.38	35.49	47.80	18.90	28.90	35.64
鄢陵县	18.87	66.02	65.87	55.29	19.57	35.39	39.49	13.95	25.54	25.98
襄城县	27.58	86.21	86.01	67.24	23.35	34.73	52.87	40.67	12.21	43.84
禹州市	40.57	127.66	127.38	113.40	46.53	41.03	83.86	34.28	49.58	61.04
长葛市	20.97	77.21	77.04	67.71	32.68	48.27	55.62	13.24	42.37	34.75
漯河市										
舞阳县	17.36	61.21	61.08	55.17	21.34	38.68	37.24	17.53	19.70	32.17
临颍县	22.76	76.93	76.80	72.41	29.75	41.09	50.20	22.76	27.44	41.94
三门峡市										
渑池县	12.40	35.45	35.39	34.95	14.96	42.81	21.20	8.88	12.35	16.48
陕县	11.81	34.57	34.49	34.69	14.43	41.60	18.66	10.03	8.53	14.72
卢氏县	13.04	36.54	36.45	35.54	11.60	32.65	21.13	12.64	8.31	17.84
义马市	5.31	16.63	16.61	14.63	14.06	96.06	11.98	1.06	11.16	2.35
灵宝市	21.50	74.49	74.31	72.75	28.93	39.76	46.57	26.58	19.67	35.73
南阳市										
南召县	21.39	64.93	64.77	54.21	18.56	34.24	37.12	24.46	12.66	31.40

（续）

县市	年末总户数（万户）	年末总人口（万人）	年平均总人口（万人）	常住人口（万人）		城镇化率（%）	从业人员（万人）			
				总人口	#城镇		总人口	第一产业	第二、三产业	#乡村从业人员
方城县	33.36	108.54	108.23	88.92	28.64	32.21	75.18	40.29	34.90	66.43
西峡县	15.60	46.75	46.64	43.64	19.00	43.54	42.06	4.77	37.29	29.14
镇平县	28.47	102.86	102.60	84.37	29.65	35.15	58.48	24.56	33.92	47.77
内乡县	21.76	71.52	71.37	55.51	19.39	34.94	37.30	15.49	21.81	30.36
淅川县	20.57	71.17	70.98	66.14	24.36	36.84	32.65	15.85	16.80	24.60
社旗县	21.50	73.34	73.13	61.70	21.30	34.52	46.51	28.50	18.01	40.64
唐河县	41.24	144.07	143.73	120.74	43.28	35.85	75.84	42.34	33.50	64.37
新野县	29.15	83.07	82.84	61.01	21.37	35.03	52.28	25.94	26.34	42.98
桐柏县	15.31	47.48	47.36	37.97	15.08	39.71	28.52	10.59	17.93	21.32
邓州市	48.83	176.17	175.80	140.91	48.80	34.63	96.12	53.18	42.94	85.24
商丘市										
民权县	28.22	91.13	90.85	72.07	22.32	30.97	53.72	28.62	25.10	44.62
睢县	24.25	87.15	86.88	66.81	21.14	31.64	59.58	32.04	27.54	49.29
宁陵县	20.97	65.12	64.88	51.08	14.96	29.29	38.95	20.91	18.05	32.97
柘城县	34.08	102.36	102.03	69.51	21.49	30.91	53.45	26.69	26.76	43.74
虞城县	35.50	118.38	118.06	88.85	28.65	32.24	69.32	29.88	39.45	56.66
夏邑县	40.35	120.59	120.26	87.75	29.66	33.80	68.64	27.46	41.18	58.06
永城市	41.79	154.06	153.59	121.10	49.42	40.81	103.13	26.84	76.29	81.11
信阳市										
罗山县	22.37	75.68	75.52	52.53	19.34	36.81	44.88	18.84	26.04	38.20
光山县	29.74	84.11	83.96	60.48	20.77	34.35	50.40	21.96	28.44	42.20
新县	14.69	36.35	36.27	28.56	12.17	42.62	23.66	7.35	16.31	17.35
商城县	24.04	78.14	77.94	52.32	17.86	34.14	42.64	15.95	26.69	36.99
固始县	55.36	174.28	173.85	107.10	38.01	35.49	102.25	38.38	63.86	85.82
潢川县	26.72	85.78	85.57	66.29	30.12	45.44	47.03	28.85	18.18	38.14
淮滨县	22.78	76.23	76.05	58.10	20.12	34.63	47.95	20.95	27.00	38.82
息县	32.88	103.16	102.89	81.13	27.77	34.23	58.92	32.06	26.86	50.75
周口市										
扶沟县	18.76	75.72	75.54	59.86	20.07	33.52	46.73	22.61	24.12	35.24
西华县	28.46	96.19	95.96	75.27	25.12	33.37	58.42	26.35	32.07	51.73
商水县	33.38	123.19	122.89	89.49	27.48	30.71	77.79	38.98	38.81	66.17
沈丘县	34.89	129.93	129.62	95.81	32.33	33.74	77.62	40.55	37.07	55.17
郸城县	40.02	133.53	133.21	94.54	31.58	33.40	85.20	42.46	42.74	73.00
淮阳县	38.71	130.35	130.03	99.39	33.19	33.39	86.69	47.96	38.73	67.67
太康县	42.49	149.35	149.00	105.76	33.70	31.86	88.92	51.87	37.05	73.57
鹿邑县	38.16	120.77	120.46	88.80	31.83	35.85	76.23	18.78	57.45	30.79
项城市	38.48	123.78	123.49	100.12	42.17	42.12	74.43	29.26	45.17	47.44
驻马店市										
西平县	21.85	88.85	88.63	68.26	22.17	32.48	62.91	12.41	50.50	55.97

（续）

县市	年末总户数（万户）	年末总人口（万人）	年平均总人口（万人）	常住人口（万人）		城镇化率（%）	从业人员（万人）			
				总人口	#城镇		总人口	第一产业	第二、三产业	#乡村从业人员
上蔡县	41.69	150.88	150.50	98.96	32.04	32.38	85.38	50.43	34.95	76.74
平舆县	26.14	100.10	99.85	71.67	25.05	34.94	63.53	31.60	31.93	55.40
正阳县	24.29	82.37	82.16	62.51	17.57	28.11	49.46	24.80	24.66	43.18
确山县	15.78	52.52	52.39	40.25	14.70	36.52	32.10	11.57	20.53	24.04
泌阳县	25.70	91.47	91.23	68.17	23.83	34.96	61.19	27.45	33.74	49.35
汝南县	22.42	84.98	84.77	65.25	21.19	32.48	52.33	26.98	25.35	46.52
遂平县	16.45	55.98	55.85	41.66	15.34	36.82	36.68	17.54	19.14	29.27
新蔡县	28.98	112.26	112.01	84.00	23.81	28.35	72.73	21.78	50.95	66.28

注：1. 资料来源：《河南省统计年鉴 2015》。

2. 宝丰县、叶县、鲁山县和舞钢市的第一产业从业人员数年鉴上分别是 0.13、0.11、0.28、0.07 和 0.11，疑有误，没有采用。

3.2 实验准备的相关知识概要

3.2.1 实验一 截面数据一元线性回归模型（经典估计）

3.2.1.1 抽样、统计量和 t 检验的原理和方法

1. 抽样、统计量及其分布原理

在收集统计数据时，一般不是对研究事物总体所包含的全部个体进行调查，而是只选取其中的一部分个体调查而收集数据。被调查的所有个体的集合称为样本。样本中所包含的个体的产生过程称为抽样。从总体中抽样并对样本个体进行调查收集样本数据的过程称为抽样调查。有关抽样调查的相关知识请参考统计学相关书籍。在计量经济学研究中，是把由抽样调查得到的样本数据当作已知条件开始研究的。

统计量是用样本数据按照特定公式计算的样本指标。如果对包含 n 个个体的样本进行调查，从每个个体收集 $X1$，$X2$，…，Xj 个指标，可得到的样本数据集为 $X1_1$，$X1_2$，…，$X1_n$；$X2_1$，$X2_2$，…，$X2_n$；Xj_1，Xj_2，…，Xj_n。则统计量 $\hat{\theta}_i$ 由函数式（3-1）来定义，计量经济学中所使用的特定统计量的具体函数形式由研究它的统计学家或计量经济学家给出。

$$\hat{\theta}_i = f(Xi_1,\ Xi_2,\ \cdots,\ Xi_n),\ i = 1,\ 2,\ \cdots,\ j \tag{3-1}$$

因为抽样是随机的，所以样本数据也是随机的，统计量是随机变量。在计量经济学研究中，只选用一个抽样调查结果，得到一个样本数据集。把特定样本数据集代入统计量计算公式计算的数值称为统计量值。

在计量经济学中，统计量 $\hat{\theta}$ 主要用于对总体回归模型的参数 θ 进行估计和假设检验，所以也称为估计量。用统计量 $\hat{\theta}$ 估计参数 θ 的优劣程度，有三个标准：第一是无偏性，是指平

均来说用 $\hat{\theta}$ 估计参数 θ 的偏差为零，用数学公式表达就是 $E(\hat{\theta})=\theta$。第二是有效性，是指在两个无偏估计量 $\hat{\theta}_1$ 和 $\hat{\theta}_2$ 中哪个更好，要以方差最小为优，即如果 $D(\hat{\theta}_1) \leqslant D(\hat{\theta}_2)$，则 $\hat{\theta}_1$ 优于 $\hat{\theta}_2$。第三是一致性，是指随着样本容量 n 的增加，统计量的值能够接近参数的真值。

统计量是变量，变量的概率分布简称变量分布。变量分布的类型很多，其中最重要的是正态分布。以正态分布为基础，可以构造出 t 分布、χ^2 分布和 F 分布，它们在计量经济模型的估计、检验和预测中具有基础性的地位。

对于变量 X，如果它的概率密度函数（即变量在取不同值时，它对应的频数的变化规律）$f(X)$ 的形式由式（3-2）给出，称变量 X 服从均值为 μ、方差为 σ^2 的正态分布，记为 $X \sim N(\mu, \sigma^2)$。

$$f(X)=\frac{1}{\sigma\sqrt{2\pi}}e^{-(X-\mu)^2/2\sigma^2} \tag{3-2}$$

式中，μ 为变量 X 的总体均值（即用总体数据计算的均值）；σ^2 为变量 X 的总体方差；σ 为变量 X 的总体标准差。

如果定义一个新变量 $Z=(X-\mu)/\sigma$，那么变量 Z 服从均值为 0、方差为 1 的正态分布，即 $Z \sim N(0, 1)$，这一分布称为标准正态分布。

如果在计算标准正态分布变量 Z 时，总体均值和标准差未知，这时如果用样本的均值 $\bar{X}$ 和样本标准差 s 来替代，可以定义变量 $t=(X-\bar{X})/S$，那么变量 t 服从自由度为 df 的 t 分布，记为 $t \sim t(df)$，其中 df 是样本标准差 s 的自由度。

如果定义新变量 $\chi^2=\sum_{i=1}^{N} Z^2$，那么变量 χ^2 就服从自由度为 N 的 χ^2 分布，记为 $\chi^2 \sim \chi^2(N)$。如果有两个 χ^2 变量，$\chi_1^2 \sim \chi^2(N_1)$，$\chi_2^2 \sim \chi^2(N_2)$，并定义变量 F 由式（3-3）给出，那么有变量 F 服从第一自由度为 N_1，第二自由度为 N_2 的 F 分布，记为 $F \sim F(N_1, N_2)$。

$$F=\frac{\chi_1^2/N_1}{\chi_2^2/N_2} \tag{3-3}$$

抽样分布就是统计量的概率分布。在计量经济学中，要对参数进行估计和检验，需要研究抽样分布。统计量的概率分布主要依赖于大数定理，即在样本容量足够大时，变量值的和或均值近似服从正态分布。由于在参数的估计和检验中常用的 t 统计量、F 统计量和 χ^2 统计量，都是以变量服从正态分布为前提的，如果样本容量太小，就不能使得变量近似服从正态分布的条件成立，进而用 t 统计量、F 统计量和 χ^2 统计量进行的参数估计、检验和预测结果都可能存在较大的偏差，甚至得出错误的结论。因此，在保证样本数据准确可靠的前提下，选择足够大（一般认为 n 大于 30、50 甚至更多）的样本数据进行计量经济问题研究是十分重要的。

2. t 检验的原理和方法

（1）假设检验的基本原理和方法。假设检验是指在事先设定的显著性水平（用 α 表示，通常取 0.05，0.01 或 0.10）下，通过研究特定统计量的分布特征，对总体参数或随机扰动项的某种假设的正确性进行的统计检验。在统计假设检验中，如果检验所依据的是

z（正态分布变量）统计量就称为 z 检验，如果检验所依据的是 t（t 分布变量）统计量就称为 t 检验。计量经济学中用于假设检验的统计量还有 F、χ^2、nR^2、DW 等。

假设检验必须遵循 5 个基本步骤进行：第一步，提出原假设和备择假设。第二步，选择检验用统计量，并用样本数据计算统计量值。第三步，设定检验的显著性水平。第四步，按照某个检验决策规则或方法进行检验。第五步，得出检验结论。

原假设用 H_0 表示，备择假设用 H_1 表示，它们一般表示为一个数学等式或不等式。原假设与备择假设必须成对出现，在数学上的定义域是互补的。设置假设的顺序首先是备择假设，它是研究者想得到结果的数学表达式（注意：表达式不能带等号），如 $\beta_1>0$，然后根据定义域互补原则设置原假设，如 $\beta_1\leqslant 0$（注意：原假设必须带等号！有时为了方便，无论等号的形式是=、≤或是≥都可以用“=”替代。这时千万要小心，不能仅凭原假设判断检验的意图，即备择假设）。

假设检验的决策规则或方法有 3 种，它们都是等价的。

第一种叫临界值法。它是先查临界值表或用计算机软件计算出检验的临界值，根据临界值的大小把统计量的值域划分为与原假设一致的接受域（即接受原假设的区域）和与被择假设一致的拒绝域（即拒绝原假设的区域）。然后判断用样本数据计算的统计量值落入了哪个区域。如果统计量值落入了拒绝域则拒绝原假设，如果统计量值落入了接受域则接受原假设。拒绝原假设称为备择假设在 α 的显著性水平下统计显著（即备择假设通过检验）；接受原假设称为备择假设在 α 的显著性水平下统计不显著（即备择假设没有通过检验）。

第二种方法叫 p 值法。p 值是用样本结果观察到的实际显著性水平，它的几何意义是从统计量值开始，向拒绝域方向计算的分布函数值（面积或概率）。用 p 值法决策，只有一个准则：如果 p 值$<\alpha$，则拒绝原假设，备择假设统计显著；如果 p 值$\geqslant\alpha$，则不能拒绝原假设，备择假设统计不显著。

第三种方法叫区间估计法。在参数的假设检验中，备择假设用≠表示，可以对参数真值估计一个 $1-\alpha$ 的置信区间，如果这个置信区间包含了参数的假设值，则接受原假设，备择假设统计不显著；如果这个置信区间没有包含参数的假设值，则不接受原假设，备择假设统计显著。备择假设用≤或≥表示，可以对参数真值估计一个 $1-2\alpha$ 的置信区间，如果这个置信区间包含了参数的假设值，则接受原假设，备择假设统计不显著；如果这个置信区间包含在备择假设之中，则不接受原假设，备择假设统计显著。

因为在 EViews 和大多数处理计量经济模型的软件中都会输出各种统计检验的 p 值，在一定的显著性水平 α 下，只需要判断 p 值与 α 的大小就可以得出检验结论，而且在改变 α 的大小后仍能得出检验结论。因此，建议读者在进行假设检验时，首先找到软件输出的 p 值，然后用 p 值法进行决策。如果找不到 p 值再考虑用临界值法或者区间估计法进行决策。

（2）t 检验。在回归模型中 t 检验是最基本的统计检验。因为用统计量 t 作为检验统计量，所以称为 t 检验。对回归系数即参数 β_i 进行 t 检验用到的三对假设分别是：H_0：$\beta_i=\beta_0$，H_1：$\beta_i\neq\beta_0$；H_0：$\beta_i\leqslant\beta_0$，H_1：$\beta_i>\beta_0$；H_0：$\beta_i\geqslant\beta_0$，H_1：$\beta_i<\beta_0$。其中，H_0：$\beta_i\leqslant\beta_0$，

H_1：$\beta_i>\beta_0$ 为右侧检验，H_0：$\beta_i\geqslant\beta_0$，H_1：$\beta_i<\beta_0$ 为左侧检验，左侧检验和右侧检验统称为单侧检验，主要用于在经济理论检验中对回归参数的正负号进行检验。H_0：$\beta_i=\beta_0$，H_1：$\beta_i\neq\beta_0$ 为双侧检验，用于对模型中第 i 个回归参数是否取特定值进行检验。在计量经济学中，如果没有特别说明，t 检验指的就是对 H_0：$\beta_i=0$，H_1：$\beta_i\neq 0$ 的检验，即第 i 个解释变量是否对被解释变量有显著影响的检验。

t 统计量的计算公式见式（3-4），它服从自由度为 $n-k$ 的 t 分布。式中，$se(\hat{\beta})$ 表示估计量 $\hat{\beta}$ 的标准差，n 为样本容量，k 为总体回归模型中待估计的参数 β 的个数（含截距项）。

$$t=\frac{\hat{\beta}-\beta_0}{se(\hat{\beta})}\sim t(n-k) \tag{3-4}$$

t 统计量值的计算前提是检验的原假设 H_0 成立。在回归模型的 t 检验中，原假设 H_0：$\beta_i=0$，即 $\beta_0=0$。EViews 回归估计结果不但能够输出 $\hat{\beta}$ 和 $se(\hat{\beta})$，而且能够直接给出 t 值。读者不必自己计算，只要能在回归结果中准确找出与 $\hat{\beta}_i$ 相对应的 t 值就可以了。

采用 p 值法进行 t 检验的决策准则是，如果 p 值 $<\alpha$，则拒绝原假设 H_0：$\beta_i=0$，备择假设 H_1：$\beta_i\neq 0$ 统计显著。因为 EViews 回归估计结果都会给出对 β_i 进行 t 检验的 p 值（Prob.），因此，用 EViews 软件进行 t 检验根本不用查临界值 $t_{\alpha/2}(n-k)$ 进行决策，也不需要估计 β_i 的 $1-\alpha$ 置信区间进行决策。但要注意三点：第一，显著性水平 α 由研究者自己设定，一般取 0.05，有时可放宽到 0.10，也可以取 0.01。第二，在一元回归模型中，i 取1 和 2，意味着需要分别对两个参数 β_1 和 β_2 进行 t 检验。如果在回归模型中截距项 β_1 没有实际经济意义，只需要对 β_2 进行 t 检验。第三，在 K 元线性回归模型中，i 取 1，2，…，$K+1$，意味着需要分别对 $K+1$ 个参数进行 t 检验，或分别对 K 个参数进行 t 检验（截距项没有经济意义时）。

3.2.1.2　总体一元线性回归模型与样本一元线性回归模型、普通最小二乘估计及其基本假定

1. 总体一元线性回归模型和样本一元线性回归模型

回归模型研究的是用解释变量对被解释变量平均值进行解释的函数表达式。如果回归模型中只有一个解释变量，称为一元回归模型，如果模型中有两个解释变量称为二元回归模型，等等。回归模型中的解释变量数量多于一个的，统称为多元回归模型。如果回归模型只有一个被解释变量，称为单方程回归模型，有多个被解释变量需要用联立方程表示。本书研究的都是单方程回归模型。

（1）总体一元线性回归模型。用总体数据研究一个解释变量对被解释变量平均值影响的线性函数表达式，称为总体一元线性回归模型。如果用 Y 表示被解释变量，$E(Y/X)$ 表示 Y 的条件期望（即平均值），用 X 表示解释变量，总体一元线性回归模型可用式（3-5）和式（3-6）表示。其中，式（3-5）称为总体一元线性回归模型的条件均值形式，式（3-

6）称为总体一元线性回归模型的个别值形式。

$$E(Y_i/X_i)=\beta_1+\beta_2X_i \tag{3-5}$$

$$Y_i=\beta_1+\beta_2X_i+u_i \tag{3-6}$$

式中，u_i 称为随机扰动项，它代表除了解释变量 X 之外，对被解释变量 Y 有影响的所有因素。$i=1，2，3，\cdots，n$。

随机扰动项在计量经济模型研究中具有十分重要的地位，必须重视对它的假设和各种检验方法。β_1 和 β_2 称为回归系数或回归参数。总体回归模型是唯一确定的。

回归模型中的线性是指 β_i 对被解释变量是线性的，因而模型（3-7）~（3-10）都是线性回归模型。其中，模型（3-8）称为双对数模型，模型（3-9）称为解释变量对数-被解释变量非对数模型，模型（3-10）称为被解释变量对数-解释变量非对数模型。模型（3-9）和模型（3-10）都是半对数模型。

$$Y_i=\beta_1+\beta_2X_i^2+u_i \tag{3-7}$$

$$\ln Y_i=\beta_1+\beta_2\ln X_i+u_i \tag{3-8}$$

$$Y_i=\beta_1+\beta_2\ln X_i+u_i \tag{3-9}$$

$$\ln Y_i=\beta_1+\beta_2X_i+u_i \tag{3-10}$$

（2）样本一元线性回归模型。因为获取总体数据几乎是不可能的，所以研究回归模型只能用样本数据。用样本数据得到的回归模型称为样本回归模型，它是总体回归模型的一个估计。因为样本是随机抽取的，用样本数据估计的回归模型不是唯一确定的。样本回归模型也有两种形式。式（3-11）称为样本一元线性回归模型的条件均值形式，式（3-12）称为样本一元线性回归模型的个别值形式。

$$\hat{Y}_i=\hat{\beta}_1+\hat{\beta}_2X_i \tag{3-11}$$

$$Y_i=\hat{\beta}_1+\hat{\beta}_2X_i+e_i \tag{3-12}$$

式中，$e_i=Y_i-\hat{Y}_i$ 称为残差；$i=1，2，3，\cdots，n$；$\hat{\beta}_1$ 和 $\hat{\beta}_2$ 称为回归系数或回归参数 β_1 和 β_2 的估计量。

与随机扰动项 u_i 不同的是，残差 e_i 是可以用公式计算出来的，并可以观察，而随机扰动项 u_i 是既不可观察也不可计算的随机变量。

2. 一元线性回归模型的普通最小二乘估计

样本回归模型的估计方法很多，最常用的估计方法是普通最小二乘估计，也叫普通最小平方估计（Ordinary least squares estimator，OLS），简称最小二乘估计或最小平方估计。它的基本原理是让估计的样本回归模型的残差平方和达到最小值，即 $\sum e_i^2=$ 最小值。对此最小值求解可得到参数估计量 $\hat{\beta}_1$ 和 $\hat{\beta}_2$ 的计算公式，见式（3-13）和式（3-14）。

$$\hat{\beta}_2=\frac{n\sum X_iY_i-\sum X_i\sum Y_i}{n\sum X_i^2-(\sum X_i)^2} \tag{3-13}$$

$$\hat{\beta}_1=\bar{Y}-\hat{\beta}_2\bar{X} \tag{3-14}$$

式中，n 是样本容量；$i=1，2，\cdots，n$。

把样本数据代入公式中即可得到估计量 $\hat{\beta}_1$ 和 $\hat{\beta}_2$ 的估计值。

用 EViews 软件做一元线性回归模型的 OLS 估计，可以直接输出 $\hat{\beta}_1$ 和 $\hat{\beta}_2$ 的估计值。

3. 一元线性回归模型普通最小二乘估计的基本假定

用 OLS 法估计一元线性回归模型的前提条件是它必须满足以下假定。

（1）对变量和模型的假定。

1）假定解释变量 X 是确定性变量，不是随机的；或者虽然是随机的，但与随机扰动项 u 不相关。

2）假定模型中的变量没有测量误差。

3）假定模型中的变量和函数形式设定正确，无设定误差。

（2）对随机扰动项 u 的假定。

假定 1　零均值假定，即对于给定的每一个 X，随机扰动项的条件均值为零。

$$E(u_i/X_i) = 0 \tag{3-15}$$

假定 2　同方差假定，即对于给定的每一个 X，随机扰动项的条件方差等于某一个常数 σ^2

$$\mathrm{Var}(u_i/X_i) = \sigma^2 \tag{3-16}$$

假定 3　无自相关假定，即随机扰动项逐次值是不相关的。

$$\mathrm{Cov}(u_i,\ u_j) = 0,\ i \neq j \tag{3-17}$$

假定 4　随机扰动项 u 与解释变量 X 不相关。

$$\mathrm{Cov}(u_i,\ X_i) = 0 \tag{3-18}$$

假定 5　正态性假定，即随机扰动项服从均值为 0、方差为 σ^2 的正态分布

$$u_i \sim N(0,\ \sigma^2) \tag{3-19}$$

上述基本假定也称为古典假定或经典假定。在满足古典假定的条件下，OLS 估计量 $\hat{\beta}_1$ 和 $\hat{\beta}_2$ 是总体参数 β_1 和 β_2 的最佳线性无偏估计量。寻找最佳线性无偏估计量是计量经济学努力的目标，这就是为什么 OLS 估计法被广泛应用的原因。

如果古典假定得不到满足，用 OLS 法估计模型就可能产生较大的偏差，需要用其他估计方法加以纠正。

3.2.1.3　消费经济理论：凯恩斯绝对收入假说

凯恩斯在《就业、利息和货币通论》中第一次明确提出了它的消费经济理论。凯恩斯认为，人们的消费主要包含两部分，即自发消费和引致消费。自发消费是维持生存基本需要的消费量，可看作一个常量。引致消费是由其他因素引起的消费量，它是一个变量。消费的变化主要受到收入大小的影响。随着收入的增加，消费也随着增加，但消费增加的幅度小于收入增加的幅度，即边际消费倾向是递减的。由于该消费理论把消费量的变化归因于收入的绝对量的变化，因此也称为绝对收入假说。

如果用 C 代表消费量，Y 代表收入量，a 代表自发消费量，b 代表边际消费倾向，那么我们可以用式（3-20）表示消费函数。

$$C = a + bY \tag{3-20}$$

3.2.1.4 一元线性回归模型的检验与应用

1. 一元线性回归模型的检验

回归模型的检验包括三种：经济意义检验、统计检验和计量经济学检验。经济意义检验是检验模型的估计结果是否与经济理论相符，是否有实际的经济意义。统计检验是对模型的拟合效果、解释变量整体及单个解释变量对被解释变量是否有显著影响。计量经济学检验是检验回归模型是否违背了古典假定。

（1）经济意义检验。经济意义检验中最主要的是经济理论检验。经济理论检验是检验回归模型中各个参数的估计结果是否与经济理论揭示的经济规律相一致，解释变量对被解释变量的影响方向和影响程度是否与经济理论相一致。例如，消费的绝对收入假说认为，理论消费模型 $C = a + bY$ 中 a 应当是正值，b 也应为正值，且 b 的取值在 0~1 之间。消费回归模型估计结果是否反映这个规律需要检验。

在假设检验中，对参数 β_i 为正值的检验所做的假设为 H_0：$\beta_i \leqslant 0$，H_1：$\beta_i > 0$，对参数 β_i 为负值的检验所做的假设为 H_0：$\beta_i \geqslant 0$，H_1：$\beta_i < 0$。检验用统计量为 t 统计量，即做 t 检验。在原假设成立的条件下，t 统计量值可以由 EViews 输出。但是，因为此检验为单侧检验，不能用 EViews 输出的 p 值进行决策。这是因为，EViews 输出的 t 检验 p 值是针对 H_0：$\beta_i = 0$，H_1：$\beta_i \neq 0$ 这个双侧检验计算的结果。

对于这两个单侧检验采用临界值法和区间估计法较为简单。用临界值法先要从 t 分布临界值表查出或用 Excel 函数计算出检验用临界值 $t_\alpha(n-k)$ ㊀，然后与 EViews 输出的 t 统计量值比较做决策。对于 H_0：$\beta_i \leqslant 0$，H_1：$\beta_i > 0$ 的 t 检验，如果 t 统计量值 $> t_\alpha(n-k)$，则在 α 的显著性水平下拒绝原假设，参数 $\beta_i > 0$ 统计显著。对于 H_0：$\beta_i \geqslant 0$，H_1：$\beta_i < 0$ 的 t 检验，如果 t 统计量的值 $< -t_\alpha(n-k)$，则在 α 的显著性水平下拒绝原假设，参数 $\beta_i < 0$ 统计显著。

用区间估计法需要估计参数 β_i 的 $1-2\alpha$ 置信区间，即 $\hat{\beta}_i - t_\alpha(n-k) \cdot se(\hat{\beta}_i) \leqslant \beta_i \leqslant \hat{\beta}_i + t_\alpha(n-k) \cdot se(\hat{\beta}_i)$，其中 $se(\hat{\beta}_i)$ 是 $\hat{\beta}_i$ 的标准差。如果该置信区间的上限 $\hat{\beta}_i + t_\alpha(n-k) \cdot se(\hat{\beta}_i)$ 值和下限 $\hat{\beta}_i - t_\alpha(n-k) \cdot se(\hat{\beta}_i)$ 值都大于 0，则在 α 的显著性水平下，参数 $\beta_i > 0$ 统计显著。如果该置信区间的上限 $\hat{\beta}_i + t_\alpha(n-k) \cdot se(\hat{\beta}_i)$ 值和下限 $\hat{\beta}_i - t_\alpha(n-k) \cdot se(\hat{\beta}_i)$ 值都小于 0，则在 α 的显著性水平下，参数 $\beta_i < 0$ 统计显著。需要说明的是，在置信区间上限和下限的计算公式中，β_i 的估计值 $\hat{\beta}_i$ 及其标准差 $se(\hat{\beta}_i)$ 的数值都可以由 EViews 的回归结果输出，临界值 $t_\alpha(n-k)$ 要查 t 分布临界值表或用 Excel 函数计算。EViews8.0 及以上版本具备了回归参数置信区间的估计功能，可供读者检验时直接使用。但是，必须注意，EViews 提供的回归参数置信区间是双侧置信区间，即 $\hat{\beta}_i - t_{\alpha/2}(n-k) \cdot se(\hat{\beta}_i) \leqslant \beta_i \leqslant \hat{\beta}_i + t_{\alpha/2}(n-k) \cdot se(\hat{\beta}_i)$，不能直接用它进行单侧检验。如果用于单侧检验，需要把置信区间的置信水平从原来的

㊀ 用 Excel 计算 t 检验的双侧临界值 $t_{\alpha/2}(n-k)$ 的方法是，选中一个单元格，键入“=tinv(α，n−k）”后回车即可得到。用 Excel 计算 t 检验的单侧临界值 $t_\alpha(n-k)$ 的方法是，选中一个单元格，键入“=tinv(2α，n−k)”后回车即可得到。其中，α 是检验用显著性水平，$n-k$ 是自由度的数值。

$1-\alpha$ 修改为 $1-2\alpha$ 才可以使用。例如，在 0.05 的显著性水平下，检验参数 β_i 的正负号，必须用 EViews 提供的 β_i 的 90%（或 0.9）的置信区间进行决策。

如果在 α 的显著性水平下，要检验参数 β_i 是否在某一个范围内取值（即理论取值范围），例如 0 到 1 之间，需要先估计出参数 β_i 的 $1-\alpha$ 置信区间 $\hat{\beta}_i-t_{\alpha/2}(n-k)\cdot se(\hat{\beta}_i)\leqslant\beta_i\leqslant\hat{\beta}_i+t_{\alpha/2}(n-k)\cdot se(\hat{\beta}_i)$。如果这个置信区间包含在 β_i 的理论取值范围内，就认为模型的估计结果与经济理论相符。

经济意义检验还要看 $\hat{\beta}_i$ 的数值大小。在解释变量和被解释变量的样本数值选用计量单位相匹配的情况下，如果 $\hat{\beta}_i$ 的数值太小，说明解释变量对被解释变量的影响微弱，实际意义不大。

（2）拟合优度检验。计量经济学中的统计检验包括拟合优度检验、F 检验和 t 检验。由于 t 检验已有前述，这里只介绍拟合优度检验和 F 检验。

拟合优度检验是检验用样本数据拟合回归模型的优劣程度。检验方法是计算回归模型的可决系数 R^2，它由式（3-21）计算。

$$R^2=\frac{\Sigma(\hat{Y}-\bar{Y})^2}{\Sigma(Y-\bar{Y})^2}=1-\frac{\Sigma(Y-\hat{Y})^2}{\Sigma(Y-\bar{Y})^2} \tag{3-21}$$

式中，$\Sigma(\hat{Y}-\bar{Y})^2$ 称为由回归解释的离差平方和；$\Sigma(Y-\bar{Y})^2$ 称为总离差平方和；$\Sigma(Y-\hat{Y})^2$ 称为残差平方和或剩余平方和。

总离差平方和反映的是由样本数据计算的被解释变量的总变化量，由回归解释的平方和反映的是可以由回归模型的解释变量的变化来解释的被解释变量的总变化量，可决系数 R^2 反映的是回归模型中解释变量的总变动中能够由解释变量的变化来解释的比例。回归模型研究的是解释变量的变动与被解释变量的变动的数量关系表达式。显然，可决系数 R^2 越大，说明回归模型的拟合效果越好；可决系数 R^2 越小，说明回归模型的拟合效果越差。

对于多元回归模型，可决系数 R^2 将随着解释变量的个数的增加而增大，从而使得用 R^2 反映的拟合优度失真。此时，需要用残差平方和除以它的自由度替代残差平方和，用总离差平方和除以它的自由度来替代总离差平方和，然后代入公式（3-21）中的第二个等号公式中计算可决系数，称为修正的可决系数或调整的可决系数（adjusted R^2，简写为 R_a^2 或者 ad-R^2）。可决系数 R^2 的数值和修正的可决系数 R_a^2 均可由 EViews 回归估计直接输出。

（3）F 检验。计量经济学中的 F 检验是指回归模型中的各个解释变量联合起来是否对被解释变量有显著影响的统计检验。假如由 $k-1$ 个解释变量（k 为模型中参数的个数）构成的总体回归模型由式（3-22）给出。

$$Y_i=\beta_1+\beta_2X_{2i}+\beta_3X_{3i}+\cdots+\beta_kX_{ki}+u_i \tag{3-22}$$

对模型式（3-22）进行 F 检验的步骤是

第一步，做假设

H_0：$\beta_2=\beta_3=\cdots=\beta_k=0$

H_1：β_2，β_3，…，β_k 至少有一个不为零

第二步，计算在原假设成立的条件下，用样本数据计算统计量 F 的值，计算公式由式（3-23）给出

$$F=\frac{\sum(\hat{Y}-\bar{Y})^2/(k-1)}{\sum(Y-\hat{Y})^2/(n-k)} \tag{3-23}$$

第三步，给定显著性水平 α，进行检验决策。采用 p 值法决策，如果 p 值$<\alpha$，则拒绝原假设，说明各个解释变量联合起来对被解释变量有显著影响，回归模型有明显的应用价值；否则，不拒绝原假设，说明各个解释变量联合起来对被解释变量没有显著影响，回归模型没有明显的应用价值。采用临界值决策，则首先查 F 分布的临界值表或用 Excel 函数计算出临界值 $t_{\alpha}(k-1,\ n-k)$ ㊀，如果 $F>t_{\alpha}(k-1,\ n-k)$，则拒绝原假设，说明各个解释变量联合起来对被解释变量有显著影响，回归模型有明显的应用价值；否则，不拒绝原假设，说明各个解释变量联合起来对被解释变量没有显著影响，回归模型没有明显的应用价值。由于在 EViews 回归模型估计结果中，都会输出用于检验的 F 值和对应的 p 值，因此用 p 值法进行 F 检验最为简单和可靠。

在一元线性回归模型中 $k=2$，这时 F 检验的假设是 H_0：$\beta_2=0$，H_1：$\beta_2\neq 0$，显然 F 检验相当于对 β_2 进行 t 检验，也就是说这时的 F 检验等价于对 β_2 进行 t 检验。数学上可以证明在一元线性回模型检验中有 $F=t^2$。因此，对一元线性回归模型进行统计检验，一般只做 t 检验而不再做 F 检验。

2. 一元线性回归模型的应用

回归模型的应用主要包括经济结构分析、经济预测、政策评价和检验与发展经济理论。其中最常用的是经济结构分析和经济预测。

（1）经济结构分析。经济结构分析是在已经估计出回归模型中各个参数的条件下，对所研究的经济关系进行定量考察，说明经济变量之间的数量比例关系。简言之，就是对所估计出的回归参数的实际意义进行表述。如果回归模型中的变量为普通形式的变量，所估计出的回归系数代表边际数量，因此称为边际分析。如果回归模型中的被解释变量和解释变量都是对数形式（如模型式（3-8）），所估计出的回归系数（如模型式（3-8）中的 β_2）代表弹性系数，因此称为弹性分析。经济结构分析还有乘数分析、比较静力学分析等。

（2）经济预测。经济预测是根据估计出的回归模型，把已知的或预先测定的解释变量的数值，代入回归模型，对被解释变量样本值以外的数值进行预测。经济预测可以是点预测，也可以是区间预测。区间预测包括对被解释变量平均值的预测和个别值的预测两种。

假设估计的样本一元线性回归模型为

$$\hat{Y}_i=\beta_1+\beta_2X_i \tag{3-24}$$

㊀ 用 Excel 计算 F 检验的临界值 $F_{\alpha}(k-1,\ n-k)$ 的方法是，选中一个单元格，键入“=finv(α, k-1, n-k)”后回车即可得到。其中，α 是检验用显著性水平，$k-1$ 表示第一自由度的数值，$n-k$ 表示第二自由度的数值。

在已知解释变量值 X_f 时，被解释变量 Y 的点预测值 $\hat{Y}_f$ 为

$$\hat{Y}_f = \beta_1 + \beta_2 X_f \tag{3-25}$$

在 1−α 的置信水平下，已知解释变量值 X_f 时，被解释变量 Y_f 平均值的预测值区间为

$$\hat{Y}_f - t_{\alpha/2}\hat{\sigma}\sqrt{\frac{1}{n} + \frac{(X_f - \bar{X})^2}{\sum(X - \bar{X})^2}} \leqslant Y_f \leqslant \hat{Y}_f + t_{\alpha/2}\hat{\sigma}\sqrt{\frac{1}{n} + \frac{(X_f - \bar{X})^2}{\sum(X - \bar{X})^2}} \tag{3-26}$$

在 1−α 的置信水平下，已知解释变量值 X_f 时，被解释变量 Y_f 个别值的预测值区间为

$$\hat{Y}_f - t_{\alpha/2}\hat{\sigma}\sqrt{1 + \frac{1}{n} + \frac{(X_f - \bar{X})^2}{\sum(X - \bar{X})^2}} \leqslant Y_f \leqslant \hat{Y}_f + t_{\alpha/2}\hat{\sigma}\sqrt{1 + \frac{1}{n} + \frac{(X_f - \bar{X})^2}{\sum(X - \bar{X})^2}} \tag{3-27}$$

在式（3-26）和（3-27）中，$\hat{Y}_f$、$\hat{\sigma}$ 和 n 分别表示解释变量的点预测值、回归模型的标准差估计值和有效样本容量，它们在 EViews 回归模型估计结果中都可以直接找到。$\hat{Y}_f$ 也可以由 EViews 直接输出。$t_{\alpha/2}$指的是 $t_{\alpha/2}(n-k)$，它需要查 t 分布表的临界值表或用 Excel 函数计算。$\bar{X}$ 和 $\sum(X-\bar{X})^2=\sigma_X^2(n-1)$，可依据 EViews 对解释变量 X 进行的描述统计结果计算得到。目前，EViews 回归估计还不能直接输出被解释变量的预测值区间。

3.2.2　实验二　截面数据一元线性回归模型（异方差性和自相关性）

3.2.2.1　异方差性及其产生原因

经典线性回归模型采用普通最小二乘法估计，可以得到回归参数的最佳线性无偏估计的假定前提之一是随机扰动项 u 是满足同方差性的，即 $\text{Var}(u_i/X_i)=\sigma^2$。如果这一假定前提得不到满足，即有

$$\text{Var}(u_i/X_i) = \sigma_i^2 \tag{3-28}$$

称为随机扰动项 u_i 存在异方差性。

异方差性产生的原因很多：

（1）如果模型设计中遗漏了某些重要变量，而把它包含在了随机扰动项中，而被遗漏的变量与模型中包含的变量统计相关，这种模型设定偏差将会产生异方差性。

（2）模型函数形式设定误差也会导致异方差性。

（3）样本数据的观测误差有可能随研究范围的扩大而增加，或随时间的推移逐步积累，也可能随着观测技术的提高而逐步减小，从而产生异方差性。

通常认为，截面数据较时间序列数据更容易产生异方差，或者说一般都存在异方差性。这是因为同一时点不同对象的差异，一般说来会大于同一对象不同时间的差异。不过，在时间序列数据发生较大变化的情况下，也可能出现比截面数据更严重的异方差。

3.2.2.2　回归模型存在异方差性的危害

1. 对参数估计统计特性的影响

同方差假定是 OLS 估计方差最小的前提条件，随机误差项是异方差时，将不能再保证最小二乘估计的方差最小。

2. 对参数显著性检验的影响

由于异方差的影响，参数的标准误差无法正确估计，导致参数估计的 t 统计量的值不能正确确定，如果仍用 t 统计量进行参数的显著性检验将失去意义。类似地，F 统计量也不再服从 F 分布。因此，一般情况下，只要存在异方差性，在古典假定下用来假设检验的统计量可能不再成立，从而传统的统计检验方法将不再可靠。

3. 对预测的影响

存在异方差性时，尽管参数的 OLS 估计量仍然无偏，并且基于此的预测也是无偏的，但是由于参数估计量的方差增大，从而对 Y 的预测误差也将增大。

3.2.2.3 回归模型存在异方差性的检验方法和补救措施

1. 异方差性的检验

（1）图示检验法。

1）相关图形分析。方差描述的是随机变量取值的离散程度。因为被解释变量 Y 与随机误差项 u 有相同的方差，所以利用分析 Y 与 X 的相关图形，可以粗略地看到 Y 的离散程度与 X 之间是否有相关关系。如果随着 X 的增加，Y 的离散程度为逐渐增大（或减小）的变化趋势，则认为存在递增型（或递减型）的异方差。

2）残差图形分析。绘制出模型估计的残差 e_i 与某个解释变量 X_i 的散点图，或者残差平方 e_i^2 与某个解释变量 X_i 的散点图。如果 e_i 的变化幅度随 X_i 变化而呈现不规则的随机变化，则表明不存在异方差；如果 e_i 的变化幅度随 X_i 而有规律地变化，则表明存在异方差。如果 e_i^2 不随 X_i 而变化，则表明不存在异方差；如果 e_i^2 随 X_i 变化而变化，则表明存在异方差。

3）残差平方的相关图分析。判断是否存在异方差还可以绘制残差项 e_t^2 的 Q 统计量值图（即相关条形图）。如果当 $t=i$ 时的偏自相关条形横杆超出了随机区间，表明存在异方差，可参照图 1-26。

（2）Goldfeld-Quanadt 检验。Goldfeld-Quanadt 检验主要用于检验递增性异方差或递减性异方差。它的基本思想是将样本分为两部分，然后分别对两个样本进行回归，并计算两个样本的残差平方和所构成的比值，以此为统计量来判断是否存在异方差。

该检验的前提条件是：①要求检验使用大样本数据。②除了同方差假定不成立外，其他古典假定均满足。

该检验的原假设是存在同方差，备择假设是存在递增性异方差，即

$$\mathrm{H}_0:\ \delta_i^2=\delta^2\quad \mathrm{H}_1:\ \delta_1^2<\delta_2^2<\cdots<\delta_n^2\quad i=1,\ 2,\ \cdots,\ n$$

检验的具体做法：

1）将解释变量的取值从小到大排序。

2）将排列在中间的约 1/4 的观察值删除掉，记为 c，再将剩余的分为两个部分，每部分观察值的个数为 $(n-c)/2$。

3）分别对上述两个部分的观察值求回归模型，由此得到的两个模型的残差平方和为

$\sum e_{1i}^2$和$\sum e_{2i}^2$，它们的自由度都是$\frac{n-c}{2}-k$。

4）构造 F 统计量，并带入样本数据计算统计量值 F^*。

$$F^* = \frac{\sum e_{2i}^2}{\sum e_{1i}^2} \sim F\left(\frac{n-c}{2}-k,\ \frac{n-c}{2}-k\right) \tag{3-29}$$

5）判断决策。选择显著性水平 α，查 F 分布表得临界值 $F_\alpha\left(\frac{n-c}{2}-k,\ \frac{n-c}{2}-k\right)$。如果 $F^*>F_\alpha\left(\frac{n-c}{2}-k,\ \frac{n-c}{2}-k\right)$则拒绝原假设，接受备择假设，即模型中的随机误差存在异方差。

注意：在计算 F^* 时，要求$\sum e_{2i}^2$大于$\sum e_{1i}^2$，这样拒绝原假设表明存在递增性异方差。如果$\sum e_{1i}^2$大于$\sum e_{2i}^2$，这时要把计算的分子和分母调换位置，这样拒绝原假设表明存在递减性异方差。

（3）White 检验。White 检验不需要关于异方差的任何先验信息，只需要在大样本的情况下，将 OLS 估计的残差平方对常数、解释变量、解释变量的平方及其交叉乘积等构造一个辅助回归（即检验方程），利用辅助回归建立相应的检验统计量来判断异方差性。

设被检验模型为

$$Y_t = \beta_1 + \beta_2 X_{2t} + \beta_3 X_{3t} + \beta_4 X_{4t} + u_t \tag{3-30}$$

White 检验所用的检验方程为

$$\begin{aligned}\sigma_t^2 = {} & \alpha_1 + \alpha_2 X_{2t} + \alpha_3 X_{3t} + \alpha_4 X_{4t} + \alpha_5 X_{2t}^2 + \alpha_6 X_{3t}^2 + \alpha_7 X_{4t}^2 + \\ & \alpha_8 X_{2t} X_{3t} + \alpha_9 X_{2t} X_{4t} + \alpha_{10} X_{3t} X_{4t} + \nu_t\end{aligned} \tag{3-31}$$

式中，ν_t 为满足古典假定的随机扰动项。由于 σ_t^2 未知，在检验时用 e_t^2 替代它进行模型估计。

该检验的原假设是不存在异方差，备择假设是存在某种形式的异方差，即

$$\mathrm{H_0}：\alpha_2=\cdots=\alpha_6=0，\mathrm{H_1}：\alpha_J\ (J=2,\ 3,\ \cdots,\ 6)\ 至少有一个不为零$$

在原假设成立的条件下，统计量 nR^2 渐进服从自由度为 m（即 White 检验所用的检验方程中除了截距项以外的回归系数的个数，本例中等于 9）的χ^2 分布。这里，n 为被检验模型的有效样本容量，R^2 为 White 检验所用的检验方程的可决系数。在显著性水平为 α 时，采用 p 值法决策的准则是，如果检验的 p 值$<\alpha$，则拒绝原假设，表明被检验模型存在异方差性。如果用临界值决策，查χ^2 分布表得临界$\chi_\alpha^2(m)$[㊀]，如果 $nR^2>\chi_\alpha^2(m)$，则拒绝原假设，表明被检验模型存在异方差性。

EViews 的 White 检验输出结果提供了统计量 nR^2 值及其检验的 p 值，没有提供临界值，因此用 p 值法进行 White 检验决策最简单易行。

White 检验不仅能够检验异方差的存在性，同时在多变量的情况下，还能判断出是哪

㊀ 临界值可由 Excel 计算，方法是在 Excel 表的某一单元格中输入"=chiinv(α, m)，回车即得。其中，α 为显著性水平值，m 为自由度值。

一个变量引起的异方差。判断的方法是如果检验方程中某个回归系数的 t 检验统计显著，那么异方差的存在就与它所对应的变量有关。EViews 的 White 检验输出结果为我们提供了检验方程的估计结果和各种可以用于分析判断的信息。

（4）ARCH 检验。ARCH 检验的基本思想是：在时间序列数据中，可认为存在的异方差性为 ARCH 过程，并通过检验这一过程是否成立去判断时间序列是否存在异方差。ARCH 过程的回归模型（即检验方程）表达式如下

$$\sigma_t^2 = \alpha_0 + \alpha_1\sigma_{t-1}^2 + \cdots + \alpha_p\sigma_{t-p}^2 + \nu_t \tag{3-32}$$

式（3-32）中 $\alpha_0>0$，$\alpha_i\geqslant 0$ $i=1, 2, \cdots, p$，p 为 ARCH 过程的阶数，并且 ν_t 为满足古典假定的随机扰动项。

ARCH 检验的原假设是被检验模型不存在异方差，备择假设是被检验模型存在异方差，即 H_0：$\alpha_1=\alpha_2=\cdots=\alpha_p=0$；$H_1$：$\alpha_i$ 不全为零。

在原假设成立的条件下，统计量 nR^2 渐进服从自由度为 p 的 χ^2 分布。这里，n 为 ARCH 检验所用检验方程的有效样本容量，R^2 为检验方程的可决系数。在显著性水平为 α 时，采用 p 值法决策的准则是，如果检验的 p 值 $<\alpha$，则拒绝原假设，表明被检验模型存在异方差性。如果用临界值法决策，查 χ^2 分布表得临界值 $\chi_\alpha^2(p)$，如果 $nR^2>\chi_\alpha^2(p)$，则拒绝原假设，表明被检验模型存在异方差性。

EViews 的 ARCH 检验输出结果提供了统计量 nR^2 值及其检验的 p 值，没有提供临界值，因此用 p 值法进行 ARCH 检验决策最简单易行。

ARCH 检验的特点是：要求用大样本数据，样本数据是时间序列数据。该检验只能判断模型中是否存在异方差，而不能诊断出是哪一个变量引起了异方差。

（5）Glejser 检验。Glejser 检验的基本思想是：由 OLS 法得到残差，取得残差绝对值，然后将残差绝对值对某个解释变量回归，根据回归模型的显著性和拟合优度来判断是否存在异方差。

Glejser 检验不仅能对异方差的存在进行判断，而且还能对异方差随某个解释变量变化的函数形式进行辨别。该检验要求变量的观测值为大样本。

如果被检验模型是一元线性回归模型 $Y_i=\beta_1+\beta_2X_i+u_i$，进行 Glejser 检验的方程为 $|e_i|=f(x_i)+v_i$。其中，v_i 是满足古典假定的随机扰动项。$f(x_i)$ 的具体形式通过试算来寻找，通常选择的形式有 bx_i、$a+bx_i$、$b\sqrt{x_i}$、$b\dfrac{1}{\sqrt{x_i}}$ 和 $b\dfrac{1}{x_i}$ 等。

用回归所得到的 R^2、t、F 等信息判断，若非截距参数 β_i 显著不为零，即认为异方差性存在，且异方差的存在与 β_i 对应的解释变量有关。

2. 异方差性的补救措施

被检验模型一旦被检查出存在异方差性，就需要采取补救措施对它进行修正，以消除或减轻异方差性对估计模型的影响。常用的补救措施有模型变换法、加权最小二乘法和对数变换法。

（1）模型变换法。以一元线性回归模型 $Y_i=\beta_1+\beta_2X_i+u_i$ 为例。经检验 u_i 存在异方

差，且

$$\mathrm{Var}(u_i) = \sigma_i^2 = \sigma^2 f(X_i) \tag{3-33}$$

其中 σ^2 是常数。用 $\sqrt{f(X_i)}$ 除以模型的两端得

$$\frac{Y_i}{\sqrt{f(X_i)}} = \frac{\beta_1}{\sqrt{f(X_i)}} + \frac{\beta_2 X_i}{\sqrt{f(X_i)}} + \frac{u_i}{\sqrt{f(X_i)}} \tag{3-34}$$

记 $Y_i^* = \dfrac{Y_i}{\sqrt{f(X_i)}}$，$X_i^* = \dfrac{X_i}{\sqrt{f(X_i)}}$，$\beta_1^* = \dfrac{\beta_1}{\sqrt{f(X_i)}}$，$V_i = \dfrac{u_i}{\sqrt{f(X_i)}}$

则有

$$Y_i^* = \beta_1^* + \beta_2 X_i^* + \nu_i \tag{3-35}$$

式（3-35）中的随机误差项 ν_i 的方差为

$$\mathrm{Var}(v_i) = \mathrm{Var}\left(\frac{u_i}{\sqrt{f(X_i)}}\right) = \frac{1}{f(X_i)}\mathrm{Var}(u_i) = \sigma^2$$

变换后模型 3-35 中的随机误差项已是同方差。

（2）加权最小二乘法。

对回归模型

$$Y_i = \beta_0 + \beta_1 X_{1i} + \beta_2 X_{2i} + \cdots + \beta_k X_{ki} + u_i \tag{3-36}$$

经检验 u_i 存在异方差，且 $\mathrm{Var}(u_i) = \sigma_i^2 = \sigma^2 f(X_i)$，其中 σ^2 是常数。选取权数并求出加权的残差平方和，通常取权数 $\omega_i = 1/\sigma_i^2$（$i=1$，2，…，n），当 σ_i^2 越小时，ω_i 越大。当 σ_i^2 越大时，ω_i 越小。将权数与残差平方相乘以后再求和，得到加权的残差平方和

$$\Sigma \omega_i e_i^2 = \Sigma \omega_i (Y_i - \hat{\beta}_0^* - \hat{\beta}_1^* X_{1i} - \cdots - \hat{\beta}_k^* X_{ki})^2 \tag{3-37}$$

根据最小二乘原理，就能得到它的参数估计值 $\hat{\beta}_i^*$。可以证明，回归模型 3-38 具有同方差性。

$$Y_i = \beta_0^* + \beta_1^* X_{1i} + \beta_2^* X_{2i} + \cdots + \beta_k^* X_{ki} + \nu_i \tag{3-38}$$

如果 Glejser 检验表明，以 $|e_i| = a + bf(x_i) + v_i$ 的形式存在异方差，就可以采用权数 $W = 1/f(x)$，进行加权最小二乘估计来消除异方差。EViews 软件提供了加权最小二乘法消除回归模型中存在异方差的方法，特别是用 EViews 命令完成操作，非常简单方便（参考表 1-2）。

（3）模型的对数变换。在经济意义成立的情况下，如果对模型 $Y_i = b_1 + b_2 X_i + u_i$ 做对数变换，其变量 Y_i 和 X_i 分别用 $\ln Y_i$ 和 $\ln X_i$ 代替，即 $\ln Y_i = b_1 + b_2 \ln X_i + u_i$。对数变换后的模型通常可以降低异方差性的影响（运用对数变换能使测定变量值的尺度缩小）。经过对数变换后的线性模型，其残差表示相对误差，而相对误差往往比绝对误差有较小的差异。

必须注意：对变量取对数虽然能够减少异方差对模型的影响，但应注意取对数后变量的经济意义。

3.2.3 实验三 时间序列数据一元线性回归模型(自相关性和异方差性)

3.2.3.1 自相关性及其产生原因

自相关也叫序列相关，是指回归模型中的随机扰动项 u_i 之间不相互独立，存在相关关系。自相关可以用模型 3-39 表示，称为 k 阶自相关。

$$u_i = \rho_1 u_{i-1} + \rho_2 u_{i-2} + \cdots + \rho_k u_{i-k} + \nu_i \tag{3-39}$$

式中，ρ_1，ρ_2，…，ρ_k 是自相关系数；ν_i 是满足古典假定的随机扰动项。

在计量经济学模型中最常见的自相关形式是一阶正自相关，即 $u_i=\rho u_{i-1}+\nu_i$，其中 $\rho>0$。

自相关的产生原因很多，主要有以下几方面的原因。

1. 经济系统的惯性

自相关现象大多出现在时间序列数据中，而经济系统的经济行为都具有时间上的惯性，如 GDP、价格、就业等经济指标都会随经济系统的周期而波动，在经济高涨时期，较高的经济增长率会持续一段时间，而在经济衰退期，较高的失业率也会持续一段时间，这种现象就会表现为经济指标的自相关现象。

2. 经济活动的滞后效应

滞后效应是指某一指标对另一指标的影响不仅限于当期而且延续若干期，由此带来变量的自相关。例如，居民当期可支配收入的增加，不会使居民的消费水平在当期就达到应有水平，而是要经过若干期才能达到。因为人消费观念的改变客观上存在自适应期。

3. 数据处理造成的相关

因为某些原因对数据进行了修整和内插处理，在这样的数据序列中就会有自相关。例如，将月度数据调整为季度数据，由于采用了加和处理，修匀了月度数据的波动，使季度数据具有平滑性，这种平滑性产生了自相关。对缺失的历史资料，采用特定统计方法进行内插处理，使得数据前后期相关，产生了自相关。

4. 蛛网现象

蛛网现象是说明某种商品的供给量受前一期价格影响而表现出来的某种规律性，即呈蛛网状收敛或发散于供需的均衡点。许多农产品的供给呈现为蛛网现象，供给对价格的反应要滞后一段时间，因为供给需要经过一定的时间才能实现，如果时期 t 的价格 P_t 低于上一期的价格 P_{t-1}，农民就会减少时期 $t+1$ 的生产量，如此则形成蛛网现象。

5. 模型设定偏误

如果模型中省略了某些重要的解释变量或者模型函数形式不正确，都会产生系统误差，这种误差存在于随机误差项中，从而带来了自相关。由于该现象是由于设定失误造成的自相关，因此也称其为虚假自相关。此外，模型形式设定偏误也会导致自相关现象，如将成本曲线设定为线性成本曲线，则必定会导致自相关，由设定偏误产生的自相关是一种虚假自相关，可通过改变模型设定予以消除。

自相关关系主要存在于时间序列数据中，但是在横截面数据中，也可能会出现自相关。例如，在消费行为中，一个家庭、一个地区的消费行为可能会影响另外一些家庭和另外一些地区，就是说不同观测点的随机误差项可能是相关的。多数经济时间序列在较长时间内都表现为上升或下降的趋势，因此大多表现为正自相关。

3.2.3.2　自相关性存在的危害性

计量经济模型中存在自相关是对古典假定的违背，如果我们忽视自相关性的存在，仍然采用普通最小二乘法估计和应用模型将会产生严重后果。

在有自相关性的条件下，如果仍然使用普通最小二乘法，将低估回归参数的估计量及其方差，参数的最小二乘估计量将是无效的，F 检验和 t 检验也不再可靠。由于抽样误差和随机扰动项的方差 σ^2 两大因素对模型预测的精度影响很大，在存在自相关问题时，不但模型的参数估计不可靠，而且还将会低估真实的 σ^2，从而加大预测的不确定性，使预测的置信区间不可靠。

3.2.3.3　自相关性的检验

1. 图示检验法

图示检验法是一种直观的诊断方法，它是把给定的回归模型直接用普通最小二乘法估计参数，求出残差项 e_t，把 e_t 作为随机扰动项 u_t 的真实估计值，再描绘与 e_t 有关的折线图、散点图或相关条形图，根据图形来判断 e_t 是否存在自相关性。

判断是否存在一阶自相关，可以绘制残差项 e_t的折线图（即残差图）或 e_t与 e_{t-1}的散点图。如果折线图主要表现为多个相邻的正值后为多个相邻的负值，则为正自相关；如果主要表现为正负值交替出现，则为负自相关。如果 e_t与 e_{t-1}的散点图表现为当 e_t 增加（减少）时 e_{t-1}也随着增加（减少），则为正自相关；如果表现为当 e_t 增加（减少）时 e_t 却减少（增加），则为负自相关。

判断是否存在任意阶自相关，可以绘制残差项 e_t 的 Q 统计量图（即相关条形图）。如果当 $t=i$ 时的偏自相关条形横杆超出了正的随机区间，表明存在第 i 阶正自相关；如果当 $t=i$时的偏自相关条形横杆超出了负的随机区间，表明存在第 i 阶负自相关。

图示检验法简单直观，但不准确。

2. *DW* 检验法

DW 检验法是一种适用于在小样本下检验是否存在一阶自相关的方法。因为 EViews 软件的估计输出结果都会给出 *DW* 值，使得 *DW* 检验法被广泛采用。*DW* 检验法所用的检验方程是一阶自回归形式 $u_t=\rho u_{t-1}+v_t$。检验的原假设是存在一阶自相关，备择假设是不存在一阶自相关。即

$$\mathrm{H}_0: \rho=0, \quad \mathrm{H}_1: \rho\neq 0$$

DW 统计量的计算公式为

$$DW = \frac{\sum_{t=2}^{n}(e_t - e_{t-1})^2}{\sum_{t=1}^{n} e_t^2} \tag{3-40}$$

由于 $DW\approx 2(1-\hat{\rho})$，可得 DW 值与 $\hat{\rho}$ 的对应关系，进而得出 DW 的取值范围是 $0\leqslant DW\leqslant 4$。

DW 检验的决策方法如下：根据样本容量 n 和解释变量的数目 k（不包括常数项）查 DW 分布表，得临界值 dL 和 du，然后依表 3-9 考察计算得到的 DW 值，以决定模型的自相关状态。

表 3-9 *DW* 检验决策规则

DW 值的范围	*DW* 检验结论
$0\leqslant DW\leqslant dL$	存在正自相关
$dL<DW\leqslant du$	不能判定是否有自相关
$du<DW<4-du$	无自相关
$4-du\leqslant DW<4-dL$	不能判定是否有自相关
$4-dL\leqslant DW\leqslant 4$	存在负自相关

必须注意，DW 检验法存在很多缺点和局限性：

（1）DW 检验法有两个不能确定的区域，一旦 DW 值落在这两个区域，就无法判断。这时，只有增大样本容量或选取其他方法。

（2）DW 统计量的上下界表要求 $n\geqslant 15$。这是因为样本如果再小，利用残差就很难对自相关的存在性做出比较正确的诊断。

（3）DW 检验法不适用随机扰动项具有高阶序列相关的检验，只适用于有常数项的回归模型，并且解释变量中不能含滞后的被解释变量。

3. *BG* 检验（*LM* 检验）

自相关的 BG 检验，也叫自相关的拉格朗日乘数（LM）检验。对于被检验回归模型

$$Y_t=\beta_1+\beta_2X_{2t}+\beta_3X_{3t}+\cdots+\beta_kX_{kt}+u_t \tag{3-41}$$

BG 检验所用检验方程是

$$e_t=\beta_1+\beta_2X_{2t}+\beta_3X_{3t}+\cdots+\beta_kX_{kt}+\rho_1e_{t-1}+\rho_2e_{t-2}+\cdots+\rho_re_{t-r}+\nu_t \tag{3-42}$$

式中，e_t 是被检验模型的 OLS 估计的残差序列；ν_t 是满足古典假定的随机扰动项。

该检验的原假设是不存在自相关的，备择假设是存在自相关的，即

H_0：$\rho_1=\rho_2=\cdots=\rho_r=0$，$H_1$：$\rho_1$，$\rho_2$，…，$\rho_r$ 至少有一个不为零

在大样本条件下，如果原假设成立，统计量 TR^2 渐近服从自由度是 r 的 χ^2 分布，即 $TR^2\sim\chi^2(r)$。其中，r 为检验用方程中约束个数或自相关阶数，T 为估计检验方程用有效样本容量。

用 EViews 软件进行 BG 检验，EViews 将会输出检验的统计量 TR^2 计算值和检验对应的 p 值。在给定的显著性水平 α 时，如果 p 值 $<\alpha$ 则拒绝原假设，表明模型存在自相关性。用临界值决策，需要首先计算临界值 $\chi^2_\alpha(r)$[⊖]，如果 $TR^2>\chi^2_\alpha(r)$，则拒绝原假设，表明模

⊖ 临界值 $\chi^2_\alpha(r)$ 可以在 Excel 表中直接计算出来。方法是在 Excel 表的一个单元格中输入“=chiinv(α，r)”，回车即得（式中的 α 和 r 是具体数值）。但是请注意，在 EViews 输出 p 值时已经没有此必要了。

型存在自相关性。

BG 检验（*LM* 检验）不但可以检验一阶自相关，而且适合于高阶自相关的检验，同时适合检验模型的解释变量中有滞后被解释变量的情况。由于 *BG* 检验的滞后长度 r 不能先验确定，实际检验中可从 1 阶，2 阶，……，逐次向更高阶检验，并结合检验方程的 EViews 估计结果中 RESIDU($-i$)项的 t 检验的显著性，去帮助判断自相关的阶数（见图 1-25）。

3.2.3.4 自相关性的补救措施

当估计的计量模型被检验出存在自相关性时，必须采取补救措施，以消除或减少自相关性对模型检验和应用的影响。当自相关系数为已知时，使用广义差分法，自相关问题就可得到彻底解决。我们以一元线性回归模型为例，说明广义差分法的原理。

对于一个存在一阶自相关 $u_t=\rho u_{t-1}+\nu_t$ 的一元线性回归模型

$$Y_t = \beta_1 + \beta_2 X_t + u_t \tag{3-43}$$

式中，u_t 是满足古典假定的随机扰动项。将式（3-43）滞后一期可得

$$Y_{t-1} = \beta_1 + \beta_2 X_{t-1} + u_{t-1} \tag{3-44}$$

用 ρ 乘式（3-44）两边，得

$$\rho Y_{t-1} = \rho\beta_1 + \rho\beta_2 X_{t-1} + \rho u_{t-1} \tag{3-45}$$

由式（3-44）减去式（3-45），可得

$$Y_t - \rho Y_{t-1} = \beta_1(1-\rho) + \beta_2(X_t - \rho X_{t-1}) + u_t - \rho u_{t-1} \tag{3-46}$$

由一阶自相关式 $u_t=\rho u_{t-1}+\nu_t$ 得，$u_t-\rho u_{t-1}=\nu_t$是经典误差项，因此，式（3-46）已经是经典线性回归，令：

$Y_t^*=Y_t-\rho Y_{t-1}$

$X_t^*=X_t-\rho X_{t-1}$ 则式（3-46）可以表示为：$Y_t^*=\beta_1^*+\beta_2^* X_t^*+\nu_t$， (3-47)

$\beta_1^*=\beta_1$（$1-\rho$）

对式（3-47）使用普通最小二乘估计，就会得到参数估计的最佳线性无偏估计量。

上述的模型变换是建立在自相关系数 ρ 已知基础上的。但是，因为一阶自相关式 $u_t=\rho u_{t-1}+\nu_t$ 中的 u_t 和 u_{t-1}是无法测量的，自相关系数 ρ 的真值也是不可能得到，只能用残差序列值 e_t 和 e_{t-1}替代 u_t 和 u_{t-1}，从而得到 ρ 的估计值 $\hat{\rho}$。为了使 $\hat{\rho}$ 尽可能接近其真值 ρ，常用 Cochrane-Orcutt（科克伦-奥克特）迭代法。举例说明如下：

对于被检验的一元线性回归模型 $Y_t=\beta_1+\beta_2X_t+u_t$，假定 u_t 为一阶自回归形式 $u_t=\rho u_{t-1}+\nu_t$。用 Cochrane-Orcutt 迭代法估计的步骤是

（1）使用普遍最小二乘法估计模型式（3-43），并获得残差 $e_t^{(1)}$。

（2）利用残差 $e_t^{(1)}$ 做回归 $e_t^{(1)}=\hat{\rho}^{(1)}e_{t-1}^{(1)}+\nu_t$ (3-48)

（3）利用 $\hat{\rho}^{(1)}$，对模型式（3-43）进行广义差分，即

$$Y_t - \hat{\rho}^{(1)}Y_{t-1} = \beta_1(1-\hat{\rho}^{(1)}) + \beta_2(X_t - \hat{\rho}^{(1)}X_{t-1}) + u_t - \hat{\rho}^{(1)}u_{t-1}$$

$$\text{令 } Y_t^* = Y_t - \hat{\rho}^{(1)}Y_{t-1} \tag{3-49}$$

$$X_t^* = X_t - \hat{\rho}^{(1)}X_{t-1}$$

$$\hat{\beta}_1^* = \beta_1(1-\hat{\rho}^{(1)})$$

使用普通最小二乘法，可估计样本回归函数 $Y_t^* = \hat{\beta}_1^* + \hat{\beta}_2^* X_t^* + e_t^{(2)}$ (3-50)

(4) 因为 $\hat{\beta}^{(1)}$ 并不是对 ρ 的最佳估计，做进一步迭代，寻求最佳估计。由前一步估计的结果有 $\hat{\beta}_1 = \hat{\beta}_1^* / (1 - \hat{\rho}^{(1)})$ 和 $\hat{\beta}_2 = \hat{\beta}_2^*$。将 $\hat{\beta}_1$、$\hat{\beta}_2$ 代入原回归方程，求得新的残差

$$e_t^{(3)} = Y_t - \hat{\beta}_1 - \hat{\beta}_2 X_t \qquad (3\text{-}51)$$

(5) 利用残差 $e_t^{(3)}$ 做如下的回归 $e_t^{(3)} = \hat{\rho}^{(2)} e_{t-1}^{(3)} + \nu_t$。这里得到的 $\hat{\rho}^{(2)}$ 就是 ρ 的第二轮估计值。

我们并不能确认 $\hat{\rho}^{(2)}$ 是否是 ρ 的最佳估计值，还要继续估计 ρ 的第三轮估计值 $\hat{\rho}^{(3)}$。当估计的 $\hat{\rho}^{(k)}$ 与 $\hat{\rho}^{(k+1)}$ 相差很小，达到了设定的误差要求时，就认为经过 k 次迭代后收敛，找到了 ρ 的最佳估计值。

用常规的方法进行 Cochrane-Orcutt 迭代来消除自相关性十分复杂。EViews 软件提供了简单的操作方法，即在原检验模型中加入自回归系数作为解释变量进行 OLS 估计即可。例如，在解释变量中加入 $AR(1)$ 表示消除一阶自相关的 Cochrane-Orcutt 迭代估计，在解释变量中加入 $AR(1)$ 和 $AR(3)$ 表示消除一阶和三阶自相关的 Cochrane-Orcutt 迭代估计。

3.2.4 实验四 时间序列多元线性回归模型

3.2.4.1 总体多元线性回归模型和样本多元线性回归模型

1. 总体多元线性回归模型

多元线性回归模型是指线性回归模型中的解释变量多于一个。有 k 个解释变量的多元线性回归模型称为 k 元线性回归模型，它的一般表达式是

$$Y_i = \beta_1 + \beta_2 X_{1i} + \beta_3 X_{2i} + \cdots + \beta_{k+1} X_{ki} + u_i (i = 1, 2, \cdots, N) \qquad (3\text{-}52)$$

模型中的 N 是总体的容量，模型用总体数据求得，称为 K 元总体线性回归模型。与一元线性回归模型不同，它的回归系数有 $k+1$ 个。其中 $\beta_j (j=2, 3, \cdots, k+1)$ 称为偏回归系数。偏回归系数是指在控制其他解释变量不变的条件下，第 j 个解释变量的单位变动对被解释变量平均值的影响，即对 Y 平均值“直接”或“净”的影响。

式 (3-52) 是 k 元总体线性回归模型的个别值的表达形式，此外 k 元总体线性回归模型还有条件均值的表达形式，即

$$E(Y_t / X_1, X_2, \cdots, X_k) = \beta_1 + \beta_2 X_1 + \beta_3 X_2 + \cdots + \beta_{k+1} X_k \qquad (3\text{-}53)$$

有 k 个解释变量的 k 元线性回归模型的 N 组观测值的数量关系，可表示为

$$\begin{aligned} Y_1 &= \beta_1 + \beta_2 X_{11} + \beta_3 X_{21} + \cdots + \beta_{k+1} X_{k1} + u_1 \\ Y_2 &= \beta_1 + \beta_2 X_{12} + \beta_3 X_{22} + \cdots + \beta_{k+1} X_{k2} + u_2 \\ &\cdots \\ Y_N &= \beta_1 + \beta_2 X_{1N} + \beta_3 X_{2N} + \cdots + \beta_{k+1} X_{kN} + u_N \end{aligned}$$

用矩阵表示

$$\begin{pmatrix} Y_1 \\ Y_2 \\ \vdots \\ Y_N \end{pmatrix} = \begin{pmatrix} 1 & X_{11} & X_{21} & \cdots & X_{k1} \\ 1 & X_{12} & X_{22} & \cdots & X_{k2} \\ \vdots & \vdots & \vdots & & \vdots \\ 1 & X_{1N} & X_{2N} & \cdots & X_{kN} \end{pmatrix} \begin{pmatrix} \beta_1 \\ \beta_2 \\ \vdots \\ \beta_{k+1} \end{pmatrix} + \begin{pmatrix} u_1 \\ u_2 \\ \vdots \\ u_N \end{pmatrix}$$

$$\underset{N\times 1}{\boldsymbol{Y}} \qquad \underset{N\times(k+1)}{\boldsymbol{X}} \qquad \underset{(k+1)\times 1}{\boldsymbol{\beta}} \qquad \underset{N\times 1}{\boldsymbol{u}}$$

所以，总体回归函数的条件均值的矩阵表示形式为

$$\boldsymbol{E}(\boldsymbol{Y}) = \boldsymbol{X\beta} \tag{3-54}$$

个别值的矩阵表示形式为

$$\boldsymbol{Y} = \boldsymbol{X\beta} + \boldsymbol{u} \tag{3-55}$$

式（3-54）和式（3-55）中，$\boldsymbol{Y}$ 和 $\boldsymbol{u}$ 是有 N 个元素的列向量，$\boldsymbol{\beta}$ 是有 $k+1$ 个元素的列向量，$\boldsymbol{X}$ 是第一列为 1 的 $N\times(k+1)$ 阶解释变量数据矩阵（截距项可视为解释变量总是取值为 1）。

2. 样本多元线性回归模型

用总体数据可以直接计算总体回归模型中的回归系数的真值（即参数值）。但是，遗憾的是总体数据通常是不可能得到的，我们只能得到它的一个样本数据，并根据样本数据估计总体回归模型，这样得到的回归模型称为样本回归模型。样本 k 元线性回归模型的条件均值形式如下

$$\hat{Y}_i = \hat{\beta}_1 + \hat{\beta}_2 X_{1i} + \hat{\beta}_3 X_{2i} + \cdots + \hat{\beta}_{k+1} X_{ki} \tag{3-56}$$

引入回归剩余项（残差项）$e_i = Y_i - \hat{Y}_i$，即可得到样本 k 元线性回归模型的个别值形式

$$Y_i = \hat{\beta}_1 + \hat{\beta}_2 X_{2i} + \hat{\beta}_3 X_{3i} + \cdots + \hat{\beta}_{k+1} X_{ki} + e_i \quad (i = 1,\ 2,\ 3,\ \cdots,\ n) \tag{3-57}$$

由总体回归函数的矩阵表示形式，易知样本回归函数的条件均值矩阵表示方式为

$$\hat{\boldsymbol{Y}} = \boldsymbol{X}\hat{\boldsymbol{\beta}} \tag{3-58}$$

个别值的矩阵表达形式为

$$\boldsymbol{Y} = \boldsymbol{X}\hat{\boldsymbol{\beta}} + \boldsymbol{e} \tag{3-59}$$

式中，$\hat{\boldsymbol{\beta}}$ 是有 $k+1$ 个回归系数估计值组成的列向量；$\boldsymbol{X}$ 是第一列为 1 的 $N\times(k+1)$ 阶解释变量数据矩阵（截距项可视为解释变量总是取值为 1）；$\boldsymbol{e}$ 是 n 个残差组成的列向量。

3. 2. 4. 2　多元线性回归模型最小二乘估计的古典假定

与一元线性回归模型的普通最小二乘（OLS）估计一样，多元线性回归的 OLS 估计必须满足一定的古典假定条件，才能得到最佳线性无偏估计。多元线性回归模型的 OLS 估计的古典假定除了满足一元线性回归的全部假定外，还需要增加一个假定，这就是无多重共线性假定。

无多重共线性假定是，假定各解释变量之间不存在线性关系，或各个解释变量观测值之间线性无关。

多元线性回归模型如果满足古典假定的要求，就可以用普通最小二乘（OLS）法进行估计。尽管多元线性回归模型参数估计式的数学表达式极其复杂，我们采用 EViews 软件

就可以很轻松地完成计算输出，这一过程仅仅是比估计一元线性回归时多输入几个解释变量符号而已。

3.2.4.3 受限最小二乘法

比较对同一经济问题研究所建立的一元线性回归模型的个别值和多元线性回归模型个别值的形式，表面上是多了几个解释变量。多元线性回归模型的实质是，从一元线性回归模型中的随机扰动项 u 中提取几个较为重要的解释变量出来，单独写到模型等式的右边。如果我们提取的解释变量少了，就可能把重要的解释变量留在了随机扰动项中，将会引起异方差、自相关等问题，称为模型拟合不足；如果我们提取的解释变量过多，将会引起多重共线性等问题，称为过度拟合。那么，我们在设计多元线性回归模型时，究竟是增加几个解释变量合适，又如何增加呢？是否要增加变量或增加几个变量，除了需要进行经济理论分析之外，受限最小二乘法是解决这一问题的方法之一。

例如，我们首先研究的是一元线性回归模型 $Y_i=\beta_1+\beta_2X_{1i}+u_i$，我们想知道是否可从 u 中提取 X_2 作为模型中的另一个解释变量，从而建立二元线性回归模型 $Y_i=\beta_1+\beta_2X_{1i}+\beta_3X_{2i}+\mu_i$。在受限最小二乘法中，上述一元线性回归模型称为受限模型或者约束模型，因为它受到 $\beta_3=0$ 的约束。而对应的二元线性回归模型称为非受限模型或者非约束模型，因为我们相信加入 X_2 后模型是完美的，不存在约束条件。因此，建立的原假设：受限模型的约束是有效的；备择假设：受限模型的约束是无效的。受限最小二乘估计的方法如下：

分别用 OLS 法估计受限回归模型和非受限回归模型，估计出受限模型的可决系数 R_r^2 和非受限模型的可决系数 R_{ur}^2，构造 F 统计量

$$F=\frac{(R_{ur}^2-R_r^2)/m}{(1-R_{ur}^2)/(n-k)}\sim F(m,\ n-k) \tag{3-60}$$

在随机扰动项 u 和 μ 满足古典假定时，F 统计量将服从第一自由度为 m，第二自由度为 $n-k$ 的 F 分布。其中，m 是受限回归模型的约束个数（本例是 1 个，即 $\beta_3=0$），n 是样本容量，k 是非受限模型中含截距项的待估参数的个数（本例是 3），$n-k$ 是非受限回归模型的自由度。在给定的显著性水平下 α 下，如果 $F>F_\alpha(m,\ n-k)$，则拒绝原假设，即认为受限模型的约束是无效的，在原模型中增加解释变量是可行的。

式（3-60）只适用于受限回归模型和非受限回归模型中的被解释变量是相同的。如果受限回归模型和非受限回归模型中的被解释变量不相同，受限模型的约束是否有效，需要首先估计出受限模型的残差平方和 RSS_r 和非受限模型的残差平方和 RSS_{ur}，然后采用变形的式（3-61）进行 F 检验。

$$F=\frac{(RSS_r-RSS_{ur})/m}{RSS_{ur}/(n-k)}\sim F(m,\ n-k) \tag{3-61}$$

EViews 软件不能直接回答是否可以在模型中加入特定的一个或几个解释变量，但是可以用 REST 检验来检验在模型中是否可以增加一个或几个解释变量。如果模型中不能增加解释变量就意味着模型约束条件有效。

3.2.4.4 多重共线性的含义、后果、产生原因、诊断和纠正方法

1. 多重共线性含义

在有截距项的模型中，截距项可以视为其对应的解释变量总是 1。对于解释变量 1，x_1，x_2，x_3，…，x_k，ω 为随机变量，如果存在不全为零的数 λ_1，λ_2，…，λ_k，使得

$$1+\lambda_1x_1+\lambda_2x_2+\cdots+\lambda_kx_k+\omega_i=0 \quad (i=1,\ 2,\ \cdots n) \tag{3-62}$$

当 $\omega_i=0$ 时，称解释变量 1，x_1，x_2，x_3，…，x_k 之间存在着完全的多重共线性；当 $\omega_i\neq0$时，称解释变量 1，x_1，x_2，x_3，…，x_k 之间存在着不完全的多重共线性。

2. 多重共线性产生的后果及原因

如果多元线性回归模型存在完全多重共线性，模型的 OLS 估计将没有解。如果多元回归模型存在不完全多重共线性，将使得用 OLS 估计得到的回归参数估计值很不稳定，回归系数的方差与协方差随着多重共线性强度的增加而加速增长，对参数难以做出精确的估计；而且还会造成回归方程高度显著的情况下，有些回归系数通不过显著性检验，甚至可能出现回归系数的正负号得不到合理的经济解释的问题。

多重共线性产生的原因主要表现在三个方面，即经济变量之间具有的共同趋势、滞后变量的引入、样本资料的限制。

3. 诊断和解决方法

（1）诊断方法。

1）简单相关系数检验法。一般而言，如果每两个解释变量的简单相关系数比较高，例如大于 0.8，则可认为可能存在着较严重的多重共线性。

2）方差扩大（膨胀）因子法。方差扩大因子㊀越大，表明解释变量之间的多重共性越严重。反过来，方差扩大因子越接近于 1，多重共线性越弱。通常认为，方差扩大因子大于 10，就可能存在严重的多重共线性。

3）直观判断法。当增加或剔除一个解释变量，或者改变一个观测值时，回归参数的估计值发生较大变化，回归方程可能存在严重的多重共线性。定性分析认为，一些重要的解释变量的回归系数的标准误差较大，在回归方程中没有通过显著性检验时，可初步判断可能存在严重的多重共线性。有些解释变量的回归系数所带正负号与定性分析结果违背时，很可能存在多重共线性。

4）逐步回归法。将变量逐个引入模型，每引入一个解释变量后，都要进行 F 检验，并对已经选入的解释变量逐个进行 t 检验，当原来引入的解释变量由于后面解释变量的引入而变得不再显著时，则将其剔除，以确保每次引入新的变量之前回归方程中只包含显著的变量。必须注意，由逐步回归法引入的解释变量应该建立在经济理论分析的基础上。

（2）修正多重共线性的方法。

1）剔除变量法。把方差扩大因子最大者所对应的解释变量首先剔除，再重新建立回

㊀ 方差扩大因子（VIF）的计算公式是 $VIF=1/(1-R_j^2)$。式中的 R_j^2 是多元回归模型中的第 j 个解释变量依模型中其他解释变量的回归模型（称为辅助回归）的可决系数。k 元线性回归模型可计算 $k-1$ 个方差扩大因子。

归方程，直至回归方程中不再存在严重的多重共线性。必须注意，如果把重要的解释变量剔除出模型，将会产生模型的设计偏差。因此，剔除变量必须在进行经济理论分析或经验分析的基础上进行。

2）增大样本容量法。如果样本容量增加，会减小回归参数的方差，标准误差也同样会减小。因此尽可能地收集足够多的样本数据可以改进模型参数的估计。

3）变换模型形式法。一般而言，经过对数变换或者差分变换后，变量之间的相关性要比变换前弱得多，所以对数化或差分后的模型可降低出现共线性的可能性，此时可直接估计对数模型或差分模型。必须注意，经过变换的模型可能没有经济意义或很难解释。

4）利用非样本先验信息法。通过经济理论分析能够得到某些参数之间的关系，可以将这种关系作为约束条件，将此约束条件和样本信息结合起来进行约束最小二乘估计。

5）横截面数据与时序数据并用法。首先利用横截面数据估计出部分参数，再利用时序数据估计出另外的部分参数，最后得到整个方程参数的估计。

6）变量变换法。变量变换的主要方法包括：计算相对指标；将名义数据转换为实际数据，将小类指标合并成大类指标。一般地，变量变换如果可行，应该在估计模型之前的变量选择和数据处理的过程中完成这项工作。

3.2.4.5 消费理论：莫迪利安尼生命周期理论

美国经济学家莫迪利安尼提出的生命周期消费理论强调了消费与个人生命周期阶段的关系，认为人们会在更长的时间范围内计划他们的生活消费开支，以达到他们在整个生命周期内消费的最佳配置，实现一生消费效用最大化。

生命周期消费理论可以用公式表示为

$$c = \beta_w \times W_r + \beta_{yw} \times yw \tag{3-63}$$

式中，c 为年消费额；β_w 为财富的消费倾向即每年消费的财富的比例；W_r 为实际财富；β_{yw}为工作收入的消费倾向即每年消费的工作收入的比例；yw 为年工作收入。

生命周期消费理论与凯恩斯的消费理论有一定相同点，但也有区别。生命周期消费理论强调或注重长时期甚至是一生的生活消费，人们对自己一生的消费做出计划，以达到整个生命周期的最大满足。凯恩斯的消费理论则把一定时期的消费与该时期的可支配收入联系起来，是短期分析。

3.2.5 实验五 滞后变量回归模型

3.2.5.1 滞后现象及其产生的原因、滞后变量模型的形式和种类

1. 滞后现象及其产生的原因

被解释变量受自身或其他经济变量过去值影响的现象称为滞后现象。滞后现象产生的原因表现在以下几方面。

（1）心理预期因素。由于人们的心理定式及社会习惯的作用，适应新经济条件和经济环境需要一个过程，从而表现为决策滞后。而且，经济主体的大多数行为，都会受到预期心理的影响。以消费为例，人们对某种商品的消费量不仅受商品当前价格的影响，而且还

受预期价格影响，当人们预期价格上涨时，就会加快当期的购买，而当人们预期价格要降低时，则会持币观望，减少当期的购买。由于对将来的预期要依据过去的经验，因此在一定条件下，这种“预期”因素的影响可转化为滞后效应。

（2）技术因素。经济运行过程中，从生产到流通再到使用，每一个环节都需要一段时间，从而形成时滞。例如，农产品产量对价格信息的反映总是滞后的，其原因就在于农产品的生产需要一个较长的周期；又如，在工业生产中，当年的产出量会在某种程度上依赖于过去若干期内投资形成的固定资产规模。这些滞后效应都是因为经济活动的技术因素造成的。

（3）制度因素。契约、管理制度等因素也会形成一定程度的滞后。例如，企业要改变它的产品结构或产量，会受到过去签订的供货合同的制约；拥有一定数量定期存款的消费者，要调整自己的消费水平，会受到银行契约制度的限制。当一种变量发生变化时，另一种变量由于制度方面的原因，需要经过一定时期才能做出相应的变动，从而形成滞后现象。

2. 滞后变量模型的形式和种类

引入滞后变量的回归模型，称为滞后变量模型。滞后变量模型的一般形式为

$$Y_t = \alpha + \beta_0 X_t + \beta_1 X_{t-1} + \beta_2 X_{t-2} + \cdots + \beta_s X_{t-s} + \gamma_1 Y_{t-1} + \gamma_2 Y_{t-2} + \cdots + \gamma_q Y_{t-q} + u_t \tag{3-64}$$

式中，X_{t-i}称为滞后解释变量（$i=1, 2, \cdots, s$）；Y_{t-j}称为滞后被解释变量（$j=1, 2, \cdots, q$）；s、q 分别为滞后解释变量和滞后被解释变量的滞后期长度。

（1）分布滞后模型。如果被解释变量只受解释变量的影响，并分布在解释变量不同时期的滞后值上，形成了分布滞后模型。分布滞后模型的表达式如下

$$Y_t = \alpha + \beta_0 X_t + \beta_1 X_{t-1} + \beta_2 X_{t-2} + \cdots + \beta_s X_{t-s} + u_t \tag{3-65}$$

式中，滞后长度 s 可以是有限值，也可以是无限值，对应的模型分别称为有限分布滞后模型和无限分布滞后模型。

在分布滞后模型中，各系数体现了解释变量的各个滞后值对被解释变量的不同影响程度，即通常所说的乘数效应。其中

β_0 称为短期乘数或即期乘数，表示本期 X 变动一个单位对 Y 值的平均影响大小；

β_i 称为延迟乘数或动态乘数（$i=1, 2, \cdots, s$），表示过去各时期 X 变动一个单位对 Y 值的平均影响大小；

$\sum_{i=0}^{s}\beta_i$ 称为长期乘数或总分布乘数，表示 X 变动一个单位时，由于滞后效应而形成的对 Y 总的影响大小。

（2）自回归模型。如果滞后变量模型的解释变量仅包括自变量的当期值和被解释变量的若干期滞后值，就形成了自回归模型。自回归模型的表达式如下

$$Y_t = \alpha + \beta_0 X_t + \gamma_1 Y_{t-1} + \gamma_2 Y_{t-2} + \cdots + \gamma_q Y_{t-q} + u_t \tag{3-66}$$

式中，q 为自回归模型的阶数。

3.2.5.2 分布滞后模型估计的障碍和模型的滞后结构

1. 模型估计的障碍

对于无限分布滞后模型，由于滞后项无限多而样本观测值总是有限的，因此不能直接对其进行估计。对于有限分布滞后模型，如果随机扰动项满足古典假定，可以考虑用最小二乘法对模型进行估计，但存在如下问题。

(1) 自由度问题。假设有限分布滞后模型的滞后长度为 s，如果样本观测值个数 n 较小，随着滞后长度 s 的增大，有效样本容量 $n-s$ 变小，会出现自由度不足的问题。由于自由度的过分损失，致使估计方差增大，统计显著性检验失效。

(2) 多重共线性问题。分布滞后模型中滞后解释变量观测值之间往往会存在严重的多重共线性问题。如果直接使用最小二乘法进行估计，则至少有些参数的估计会有较大偏差，可能导致一些重要的滞后变量被剔除。

(3) 滞后长度难于确定的问题。分布滞后模型中滞后长度的确定较为困难，往往没有充分的先验信息可供使用。

2. 模型的滞后结构

估计有限分布滞后模型，可以通过对被解释变量和解释变量进行交叉相关分析来确定滞后期问题。对自由度减少问题和多重共线性问题，主要通过分析滞后结构，利用滞后规律，采用经验加权法、阿尔蒙法等技术手段，减少模型中待估计参数的个数，进而使得两个问题的影响得以削弱。常见的滞后结构类型有递减滞后结构、不变滞后结构和 Λ 型滞后结构。

(1) 递减滞后结构。这类滞后结构假定权数是递减的，认为滞后解释变量对被解释变量的影响随着时间的推移越来越小，即遵循“远小近大”的原则。这种滞后结构在现实经济活动中较为常见，比较典型的例子是消费函数，显然现期收入对消费的影响较大，越滞后，影响越小。

(2) 不变滞后结构。这类滞后结构假定权数不变，即认为滞后解释变量对被解释变量的影响不随时间而变化。

(3) Λ 形滞后结构。权数先递增后递减呈“Λ”形。这类滞后结构适合于前后期滞后解释变量对被解释变量的影响不大，而中期滞后解释变量对被解释变量的影响较大的分布滞后模型。例如，投资对产出的影响，就是周期期中的投资对本期产出贡献最大，而前期和后期投资的贡献都较小。

3.2.5.3 用经验加权法、阿尔蒙法估计有限分布滞后模型

1. 用经验加权法估计有限分布滞后模型

所谓经验加权估计法，是根据实际经济问题的特点及经验判断，对滞后变量赋予一定的权数，利用这些权数构成各滞后变量的线性组合，以形成新的变量，再应用最小二乘法进行估计。权数分布的确定取决于模型滞后结构的不同类型。

例如，假设某经济变量服从一个滞后三期的分布滞后模型

$$Y_t = \alpha + \beta_0 X_t + \beta_1 X_{t-1} + \beta_2 X_{t-2} + \beta_3 X_{t-3} + u_t \tag{3-67}$$

如果根据经验判断滞后解释变量对被解释变量的影响递减，权数取某种形式，如 1/2、1/4、1/6、1/8，则有

$$\begin{aligned} Y_t &= \alpha + \beta_0 \frac{1}{2}X_t + \beta_0 \frac{1}{4}X_{t-1} + \beta_0 \frac{1}{6}X_{t-2} + \beta_0 \frac{1}{8}X_{t-3} + u_t \\ &= \alpha + \beta_0\left(\frac{1}{2}X_t + \frac{1}{4}X_{t-1} + \frac{1}{6}X_{t-2} + \frac{1}{8}X_{t-3}\right) + u_t \end{aligned} \tag{3-68}$$

令新的线性组合变量为

$$Z_t = \frac{1}{2}X_t + \frac{1}{4}X_{t-1} + \frac{1}{6}X_{t-2} + \frac{1}{8}X_{t-3} \tag{3-69}$$

原模型式（3-67）就变为经验加权模型式（3-70）。

$$Y_t = \alpha + \beta_0 Z_t + u_t \tag{3-70}$$

若随机扰动项与解释变量不相关，从而与滞后解释变量的线性组合变量也不相关，因此可直接应用最小二乘法对该模型进行估计。

经验加权法简单易行、不损失自由度、避免多重共线性干扰，参数估计具有一致性。它的缺点是设置权数的主观随意性较大，要求分析者对实际问题的特征有比较透彻的了解。

2. 用阿尔蒙法估计有限分布滞后模型

阿尔蒙分布滞后模型也叫多项式分布滞后（polynomial distributed lags，PDL）模型。阿尔蒙提出可以用多项式来逼近滞后参数的变化结构，从而减少待估参数的个数。阿尔蒙提出的滞后结构用式（3-71）表示。

$$\beta_i = \alpha_0 + \alpha_1 i + \alpha_2 i^2 + \cdots + \alpha_m i^m (i = 0,\ 1,\ 2,\ \cdots,\ s;\ m < s) \tag{3-71}$$

式（3-71）称为阿尔蒙多项式变换。将阿尔蒙多项式变换具体列出来就是：

$$\begin{aligned} \beta_0 &= \alpha_0 + \alpha_1 0 + \alpha_2 0^2 + \cdots + \alpha_m 0^m (i = 0) \\ \beta_1 &= \alpha_0 + \alpha_1 1 + \alpha_2 1^2 + \cdots + \alpha_m 1^m (i = 1) \\ \beta_2 &= \alpha_0 + \alpha_1 2 + \alpha_2 2^2 + \cdots + \alpha_m 2^m (i = 2) \\ &\vdots \\ \beta_s &= \alpha_0 + \alpha_1 s + \alpha_2 s^2 + \cdots + \alpha_m s^m (i = s) \end{aligned}$$

代入有限分布滞后模型式（3–65）并整理各项，模型变为如下形式：

$$\begin{aligned} Y_t = \alpha &+ \alpha_0(X_t + X_{t-1} + X_{t-2} + \cdots + X_{t-s}) \\ &+ \alpha_1(X_{t-1} + 2X_{t-2} + 3X_{t-3} + \cdots + sX_{t-s}) \\ &+ \alpha_2(X_{t-1} + 2^2X_{t-2} + 3^2X_{t-3} + \cdots + s^2X_{t-s}) + \cdots \\ &+ \alpha_m(X_{t-1} + 2^mX_{t-2} + 3^mX_{t-3} + \cdots + s^mX_{t-s}) + u_t \end{aligned}$$

即 $Y_t = \alpha + \alpha_0 Z_{0t} + \alpha_1 Z_{1t} + \alpha_2 Z_{2t} + \cdots + \alpha_m Z_{mt} + u_t$　(3-72)

式中，$Z_{0t} = \sum_{i=0}^{s} X_{t-i}$，$Z_{1t} = \sum_{i=1}^{s} sX_{t-i}$，$Z_{2t} = \sum_{i=1}^{s} s^2X_{t-i}$，$\cdots$，$Z_{mt} = \sum_{i=1}^{s} s^mX_{t-i}$ 为滞后变量的线性组合变量。

对于模型式（3-72），在 u_t 满足古典假定的条件下，可用最小二乘法进行估计。将估计的参数 $\hat{\alpha}_0$，$\hat{\alpha}_1$，$\hat{\alpha}_2$，…，$\hat{\alpha}_m$ 带入式（3-71），就可以求出原分布滞后模型参数的估计值。

在实际应用中，阿尔蒙多项式的次数 m 通常取较低值，一般取 2 或 3，很少超过 4。尽管如此，用上述方法估计阿尔蒙多项式也十分复杂。EViews 提供了估计分布滞后模型的 PDL 程序，如果 X 表示解释变量，Y 表示被解释变量，用户只需要在命令行中键入 ls y c PDL(X，s，m)，即可得到阿尔蒙估计结果。如果认为 X 对 Y 的前期没有影响，可以加上一个近端约束，限制超前一期的作用为零；如果认为 X 对 Y 的影响在 k 期以后截止，可以加上一个远端约束，限制超前一期作用在大于 k 期后消失。这时，估计分布滞后模型的 PDL 程序的 EViews 命令为 ls y c PDL(X，s，m，r)。其中，r 为约束类型的数字。r 取 1 表示施加近端约束，r 取 2 表示施加远端约束，r 取 3 表示施加近端和远端两个约束。当省略 r 不写时，表示不施加约束。

3.2.5.4 用一阶自回归模型估计无限分布滞后模型

因为无限分布滞后模型的待估参数无限多，而样本数据总是有限的，因此传统的方法不能估计无限分布滞后模型。对无限分布滞后模型的估计一般是在一定理论的假定下，推导出一个简单模型来实现无限分布滞后模型的可估计性。常用的理论有库伊克变换、自适应预期理论和局部调整理论。

1. 库伊克变换估计无限分布滞后模型

库伊克认为滞后解释变量 X_{t-i} 对被解释变量 Y_t 的影响随着滞后期 i 的增加而按几何级数衰减，即滞后系数的衰减服从某种公比小于 1 的几何级数，被称为库伊克假定。库伊克假定用公式表示为

$$\beta_i = \beta_0 \lambda^i (0 < \lambda < 1,\ i = 1,\ 2,\ 3,\ \cdots) \tag{3-73}$$

式中，β_0 为常数；公比 λ 为待估参数或衰减速度。

把库伊克假定代入无限分布滞后模型得

$$Y_t = \alpha + \beta_0 \sum_{i=0}^{\infty} \lambda^i X_{t-i} + u_t \tag{3-74}$$

通过数学变换可得

$$\begin{aligned} Y_t - \lambda Y_{t-1} &= (\alpha + \beta_0 \sum_{i=0}^{\infty} \lambda^i X_{t-i} + u_t) - (\lambda\alpha + \beta_0 \sum_{i=1}^{\infty} \lambda^i X_{t-i} + \lambda u_{t-1}) \\ &= \alpha(1-\lambda) + \beta_0 X_t + (u_t - \lambda u_{t-1}) \end{aligned}$$

即 $Y_t = \alpha(1-\lambda) + \beta_0 X_t + \lambda Y_{t-1} + (u_t - \lambda u_{t-1})$ （3-75）

令 $\alpha^* = (1-\lambda)\alpha$，$\beta_0^* = \beta_0$，$\beta_1^* = \lambda$，$u_t^* = u_t - \lambda u_{t-1}$，则模型（3-75）就转变为一个一阶自回归模型（3-76）。

$$Y_t = \alpha^* + \beta_0^* X_t + \beta_1^* Y_{t-1} + u_t^* \tag{3-76}$$

2. 用局部调整理论估计无限分布滞后模型

在经济活动中，会遇到为了适应解释变量 X 的变化，被解释变量有一个预期的最佳值

Y^* 与之对应的现象。这种现象用计量模型表示为

$$Y_t^* = \alpha + \beta X_t + u_t \tag{3-77}$$

由于技术、制度、市场以及管理等各方面的限制，被解释变量的预期水平在单一周期内一般不会完全实现，而只能得到部分的调整。局部调整假设认为，被解释变量的实际变化仅仅是预期变化的一部分，即

$$Y_t - Y_{t-1} = \delta(Y_t^* - Y_{t-1}) \tag{3-78}$$

式中，δ 为调整系数，它代表调整速度，$0<\delta<1$。

根据局部调整理论，经过数学变换，估计一个无限分布滞后模型就可以转换为估计一个一阶自回归模型

$$Y_t = \alpha^* + \beta_0^* X_t + \beta_1^* Y_{t-1} + u_t^* \tag{3-79}$$

式中，$\alpha^* = \delta\alpha$，$\beta_0^* = \delta\beta$，$\beta_1^* = 1-\delta$，$u_t^* = \delta u_t$。

3. 用自适应预期理论估计无限分布滞后模型

自适应预期理论认为，经济活动主体会根据自己过去在做预期时所犯错误的程度，来修正他们以后每一时期的预期，即按照过去预测偏差的某一比例对当前期望进行修正，使其适应新的经济环境。自适应预期理论用数学式子表示为

$$X_t^* = X_{t-1}^* + \gamma(X_t - X_{t-1}^*) \tag{3-80}$$

式中　参数 γ 为调节系数，也称为适应系数，$0<\gamma<1$。

根据自适应预期理论，通过数学变换，估计一个无限分布滞后模型就可以转化为估计一个一阶自回归模型

$$Y_t = \alpha^* + \beta_0^* X_t + \beta_1^* Y_{t-1} + u_t^* \tag{3-81}$$

在式（3-81）中，$\alpha^* = \gamma\alpha$，$\beta_0^* = \gamma\beta$，$\beta_1^* = 1-\gamma$，$u_t^* = u_t-(1-\gamma)u_{t-1}$。

3.2.5.5 估计一阶自回归模型要解决的问题

借助于库伊克变换、自适应预期理论和局部调整理论等，可以将无法估计的无限分布滞后模型转化为简单的一阶自回归模型。然而，由于转化过程所依据的理论不同，一阶自回归模型的随机扰动项的性质也不同。

基于库伊克变换而来的一阶自回归模型，随机扰动项 $u_t^* = u_t-\lambda u_{t-1}$。基于自适应预期理论而来的一阶自回归模型，随机扰动项 $u_t^* = u_t-(1-\gamma)u_{t-1}$。显然，这两种随机扰动项都存在一阶自相关，而且随机扰动项与滞后被解释变量 Y_{t-1} 也相关。这是对古典回归模型假定的背叛，从而使普通最小二乘估计不再是最佳线性无偏估计。

纠正随机扰动项与滞后被解释变量 Y_{t-1} 的相关性通常采用工具变量法。由于模型中包含滞后被解释变量，DW 检验失效，需要采用德宾 h 检验或 BG 检验来检验一阶自回归模型的自相关性。

1. 工具变量法

所谓工具变量法，就是在进行参数估计的过程中选择适当的工具变量，代替回归模型中同随机扰动项存在相关性的解释变量。工具变量的选择方法很多，但应满足三个条件：①与所代替的解释变量高度相关；②与随机扰动项不相关；③与其他解释变量不相关，以

免出现多重共线性。

解决一阶自回归模型滞后被解释变量 Y_{t-1}与随机扰动项 u_t^* 相关的问题，可以用 $\hat{Y}_{t-1}$作为 Y_{t-1}的工具变量。$\hat{Y}_{t-1}$是 $\hat{Y}_t$ 的滞后一期值，$\hat{Y}_t$ 是 Y_t 依 X_t 滞后项的回归估计值，回归方程为

$$\hat{Y}_t = \hat{c}_0 + \hat{c}_1 X_{t-1} + \hat{c}_2 X_{t-2} + \cdots + \hat{c}_s X_{t-s} \tag{3-82}$$

式中的滞后期 s 一般取 2 或 3。在一阶自回归模型中，因为 X_t 与 u_t^* 不相关，按照式（3-82）也应有 $\hat{Y}_t$ 与 u_t^* 不相关，进而 $\hat{Y}_{t-1}$与 u_t^* 不相关。而 Y_{t-1}与 $\hat{Y}_{t-1}$高度相关，所以 $\hat{Y}_{t-1}$满足作为 Y_{t-1}工具变量的条件。

用工具变量法估计回归模型实际上是采用两阶段最小二乘（TSLS）估计。用 EViews 命令行很容易得到估计结果（参考表 1-2）。

2. 德宾 h 检验法

德宾 h 检验的原假设是不存在一阶自相关，备择假设是存在一阶自相关，即 H_0：$\rho=0$，H_1：$\rho\neq0$。在原假设成立且为大样本时，德宾证明了统计量 h 服从标准正态分布，即 $h\sim z(0,\ 1)$。统计量 h 的计算公式为

$$h = \left(1 - \frac{d}{2}\right)\sqrt{\frac{n}{1 - n\mathrm{Var}(\hat{\beta}^*)}} \tag{3-83}$$

式中，d 为 DW 统计量值；n 为样本容量；$\mathrm{Var}(\hat{\beta}^*)$ 为滞后被解释变量 Y_{t-1}的回归系数的估计方差。

在给定显著性水平 α 下，如果 $|h|>z_{\alpha/2}$[⊖]，则拒绝原假设，说明自回归模型存在一阶自相关。否则，接受原假设，说明自回归模型不存在一阶自相关。

值得注意的是，该检验法可适用任意阶的自回归模型，对应的 h 统计量的计算式仍然成立，即只用到 Y_{t-1}回归系数的估计方差。此外，EViews 不能直接给出 h 统计量的计算值，需要手工计算。

3.2.5.6 弗里德曼持久性收入假说

该理论认为，消费者的消费支出不是由他的现期收入决定的，而是由他的持久收入决定的。也就是说，理性的消费者为了实现效用最大化，不是根据现期的暂时性收入，而是根据长期中能保持的收入水平即持久收入水平来做出消费决策的。

弗里德曼认为，要正确分析人们的消费行为对社会经济生活的影响，就必须严格区分两种收入：一种是暂时性收入；另一种是持久性收入。与之相适应，消费也应该区分为暂时性消费和持久性消费。暂时性收入是指瞬间的、非连续性的、带有偶然性质的现期收入，如工资、奖金、遗产、馈赠、意外所得等；而持久性收入是消费者可以预期到的长期性收入，它实际上是每个家庭或个人长期收入的一个平均值，是消费者使其消费行为与之相一致的稳定性收入。综上所述，可以写出下列一组概括持久性收入假说的方程组：

⊖ 在 0.05 的显著性水平下，$z_{0.05/2}=1.96$。用 Excel 计算的方法是，在单元格中输入“=NORMSINV(0.975)”回车即可。一般地，在 α 的显著性水平下，双侧 Z 检验右侧临界值的 Excel 计算公式是“=NORMSINV(1−α/2)”。

$$C_p = k(i, w, u) * Y_p, \ Y = Y_p + Y_t, \ C = C_p + C_t \quad (3\text{-}84)$$

式中，Y 代表消费者在某一时期的实际收入；Y_p 代表持久性收入；Y_t 代表暂时性收入。同理，C 表示消费者在某一时期的实际消费开支，而 C_p 代表与持久性收入相应的持久性消费开支，即经常性的消费开支，C_t 代表与暂时性收入相应的暂时性消费开支，即非经常性的消费开支。

从中可以看出，暂时性消费与暂时性收入之间没有固定的比例关系；暂时性收入和持久性收入之间，暂时性消费与持久性收入之间也没有固定的比例关系。但持久性消费和持久性收入之间却存着固定的比例关系。该比例关系 K 依赖于利息率，财产收入与持久性收入总量的比例和其他影响货币效用的非收入性变量，如消费者的年龄、家庭结构、偏好等因素。

如果用 C_t 表示现期消费，C_{t-1}表示前期消费，Y_t 表示现期收入，u_t 表示随机扰动项，综合反映持久收入假说的计量模型为

$$C_t = \beta_1 Y_t + \beta_2 C_{t-1} + u_t \quad (3\text{-}85)$$

3.2.6　实验六　虚拟解释变量回归模型

3.2.6.1　虚拟变量

当我们在计量经济模型中引入的变量都是总产量、销售总额、消费额等定量变量时，实际上我们是把研究的经济对象看作一个整体，从总体上对它的经济关系进行数量分析。实际上，经济数量在总体内部并不是整齐划一、均匀生成的。例如，啤酒的销售量在一年内不同的季节中有很大的差别，不同受教育程度的从业人员收入有明显差别，我国城乡之间，东、中、西部之间的居民消费额的差异也较大，等等。如果我们要深入研究这些更加详细的经济关系，比较研究总体中的不同类别的经济关系的差异，就需要把这些不同的类别的定性因素加入计量经济模型进行研究。我们把计量经济模型中包含的属于定性因素的变量称为定性变量。在计量经济学中，模型中的定性变量通常被称为虚拟变量或哑元变量（dummy），一般用 D 表示。这是因为，计量经济模型必须用定量样本数据才能估计，把虚拟变量引入计量模型就必须把它定量化，也就是把原来只能用文字表述的不同季节、不同性别等虚拟化为 1 或 0 的两种数量。

在计量经济模型中，虚拟变量可以作为解释变量，称为虚拟解释变量，也可以作为被解释变量，称为虚拟被解释变量。包含虚拟被解释变量的计量模型研究起来比较复杂，本书介绍的只是包含虚拟解释变量的计量经济模型。

3.2.6.2　虚拟变量的设置规则

虚拟变量是用文字表述的定性变量，把虚拟变量引入计量模型估计时，必须用 1 或 0 两种数量。例如，把性别这一个影响因素引入计量模型研究，性别有男和女两个类型，称为一个因素两个类型的虚拟变量。这时，如果我们着重研究女性问题，就定义女性=1，男性=0；如果我们着重研究男性问题，就定义男性=1，女性=0。这时虚拟变量的设置最简单，即只需要在模型中引入一个虚拟变量 D（D=1 表示感兴趣类型，D=0 表示不感兴

趣类型）就可以了。如果我们要在计量模型中引入性别和城乡两个因素，性别有男和女两个类型，城乡有城市和农村两种类型，称为两个因素各两种类型的虚拟变量。当需要在模型中引入多种因素多种类型时，需要按照一定的规则设置虚拟变量，否则就可能使模型产生完全的多重共线性，导致模型无解。

1. 引入一个因素多个类型

对于有 m 个相互排斥类型的定性因素，在一个包含截距项的回归模型中，应该设置 $m-1$ 个虚拟变量来反映该因素的影响。例如，要反映我国东部、中部、西部和东北四个不同区域的经济差别，在模型中有截距项时，需要引入 3 个虚拟变量 D_1、D_2 和 D_3。如果我们以西部地区为基准进行研究，可定义 D_1、D_2 和 D_3 的数量含义是，D_1：东部 = 1，其他（中部、西部和东北）= 0；D_2：中部 = 1，其他（东部、西部和东北）= 0；D_3：东北 = 1，其他（东部、中部和西部）= 0。基于上述定义，西部地区的 $D_1=0$、$D_2=0$、$D_3=0$；东部地区的 $D_1=1$、$D_2=0$、$D_3=0$；中部地区的 $D_1=0$、$D_2=1$、$D_3=0$；东北部地区的 $D_1=0$、$D_2=0$、$D_3=1$。

在不包含截距项的模型中引入一个包含 m 个相互排斥类型的定性因素，应该引入 m 个虚拟变量 D_1，D_2，…，D_m。

2. 多个因素各两种类型

如果有 m 个定性因素，且每个因素各有两个相互排斥的属性类型，则引入 m 个虚拟变量。例如，要在计量模型中引入性别和城乡两个因素，性别有男和女两个类型，城乡有城市和农村两种类型，需要在模型中引入代表性别因素的 D_1 和代表城乡因素的 D_2 两个虚拟变量，它们的数量定义可以是：D_1：男性 = 1（研究关注的是男性），女性 = 0；D_2：城市 = 1（研究关注的是城市），农村 = 0。基于上述定义，城市中男性的 $D_1=1$、$D_2=1$；城市中女性的 $D_1=0$、$D_2=1$；农村中男性的 $D_1=1$、$D_2=0$；农村中女性的 $D_1=0$、$D_2=0$。当然也可以这样定义：D_1：女性 = 1（研究关注的是女性），男性 = 0；D_2：农村 = 1（研究关注的是农村），城市 = 0。

如果在模型中引入多种定性因素，各种因素的相互排斥类型多于两个，将会使得模型复杂化，不便于对问题进行清晰地分析，通常不被采用。

3.2.6.3 虚拟变量引入回归模型的不同方式及其分析方法

虚拟变量引入回归模型的方式有加法方式、乘法方式和混合方式三种。以加法方式引入虚拟变量改变的是模型的截距水平。以乘法方式引入虚拟变量改变的是模型的斜率，主要作用在于对回归模型结构变化的检验、定性因素间交互作用的影响分析和分段线性回归等。

虚拟变量不管以什么方式引入回归模型形成虚拟解释变量回归模型，都可以把虚拟解释变量当作定量变量看待，用常规的方法对虚拟解释变量进行回归估计。

对于虚拟解释变量回归模型的分析，应当采用条件均值形式的分析方法。它是根据不同研究类型所定义的虚拟变量取值方式，对模型变换的具体形式进行计算整理，从而对不同类型的经济现象的数量关系进行比较研究。

1. 用虚拟变量表示不同截距的回归：加法方式

（1）解释变量只有定性变量而无定量变量。如果回归模型中只包括 K 个虚拟变量而没有定量变量，它的模型形式是

$$Y_t = \beta_0 + \beta_1 D_{1t} + \beta_2 D_{2t} + \cdots + \beta_k D_{kt} + u_t \tag{3-86}$$

这个回归模型研究的是一种因素的不同类型对 Y 的影响结果的差异。如果模型估计的 F 检验统计不显著，表明这种影响因素的不同类型对 Y 的影响结果没有明显差别，即从统计上可以忽略这种因素对 Y 的影响。如果模型估计的 F 检验统计显著，表明这种影响因素的不同类型对 Y 的影响结果有明显差别，接着就可以研究它们的具体差别。分析如下：

当 $D_1=0$，$D_2=0$，$D_3=0$，…，$D_k=0$ 时，$E(Y_t)=\beta_0$。它反映的是研究的基础类型的 Y 的平均值估计，用数学的条件均值形式表示就是

$$E(Y_t/D_1 = 0, D_2 = 0, \cdots, D_k = 0) = \beta_0$$

当 $D_1=1$，$D_2=0$，$D_3=0$，…，$D_k=0$ 时，$E(Y_t)=\beta_0+\beta_1$。它反映的是与 $D_1=1$ 对应的类型的 Y 的平均值估计，用数学的条件均值形式表示就是

$$E(Y_t/D_1 = 1, D_2 = 0, \cdots, D_k = 0) = \beta_0 + \beta_1$$

当 $D_1=0$，$D_2=1$，$D_3=0$，…，$D_k=0$ 时，$E(Y_t)=\beta_0+\beta_2$。它反映的是与 $D_2=1$ 对应的类型的 Y 的平均值估计，用数学的条件均值形式表示就是

$$E(Y_t/D_1 = 0, D_2 = 1, \cdots, D_k = 0) = \beta_0 + \beta_2。$$

……

当 $D_1=0$，$D_2=0$，$D_3=0$，…，$D_k=1$ 时，$E(Y_t)=\beta_0+\beta_k$。它反映的是研究与 $D_k=1$ 对应的类型的 Y 的平均值估计，用数学的条件均值形式表示就是

$$E(Y_t/D_1 = 0, D_2 = 0, \cdots, D_k = 1) = \beta_0 + \beta_k。$$

上述分析称为条件均值分析法。实际上模型中的解释变量只有定性变量而无定量变量时的分析相当于统计上的方差分析。如果 t 检验表明，$\beta_i(i=1, 2, \cdots, k)$ 统计不显著，表明 β_0 与 $\beta_0+\beta_i$ 没有显著差别，它意味着与 $D_i=1$ 相对应的类型对 Y 的影响与基础类型对 Y 的影响没有显著差别。

（2）解释变量包含定量变量和定性变量。如果回归模型中包括 K 个虚拟变量和 m 个定量变量，它的模型形式是

$$Y_t = \beta_0 + \beta_1 D_{1t} + \beta_2 D_{2t} + \cdots + \beta_k D_{kt} + \beta_{k+1} X_{1t} + \beta_{k+2} X_{2t} + \cdots + \beta_{k+m} X_{mt} + u_t \tag{3-87}$$

如果模型的 F 检验和 t 检验都是统计显著的，用条件均值分析法写出的数学表达式如下

$$E(Y_t/D_1 = 0, D_2 = 0, \cdots, D_k = 0) = \beta_0 + \beta_{k+1} X_{1t} + \beta_{k+2} X_{2t} + \cdots + \beta_{k+m} X_{mt}$$
$$E(Y_t/D_1 = 1, D_2 = 0, \cdots, D_k = 0) = (\beta_0 + \beta_1) + \beta_{k+1} X_{1t} + \beta_{k+2} X_{2t} + \cdots + \beta_{k+m} X_{mt}$$
$$E(Y_t/D_1 = 0, D_2 = 1, \cdots, D_k = 0) = (\beta_0 + \beta_2) + \beta_{k+1} X_{1t} + \beta_{k+2} X_{2t} + \cdots + \beta_{k+m} X_{mt}$$
$$\vdots$$
$$E(Y_t/D_1 = 0, D_2 = 0, \cdots, D_k = 1) = (\beta_0 + \beta_k) + \beta_{k+1} X_{1t} + \beta_{k+2} X_{2t} + \cdots + \beta_{k+m} X_{mt}$$

上述分析表达式表明，回归模型中既有定量变量又有定性变量时，以加法形式引入的

虚拟变量改变的是模型的截距。也就是说，不同类型模型的差异在于模型的截距是不同的。

2. 用虚拟变量表示不同斜率的回归：乘法方式

以加法方式引入虚拟变量时，各虚拟变量及其与定量变量之间相互独立。如果要反映定量变量与虚拟变量之间、两个虚拟变量之间存在交互影响作用，需要用乘法形式引入虚拟变量。

（1）模型结构变化式。为了简单起见，假设原模型为一个一元线性回归模型 $Y_t=\beta_0+\beta_1X_t+u_t$，用乘法形式引入一个虚拟变量 D 的方式可以是

$$Y_t=\beta_0+\beta_1X_t+\beta_2X_tD_t+u_t \tag{3-88}$$

式中，$XD=X\times D$。如果模型中 β_2 通过了 t 检验，那么用条件均值分析的数学表达式是

$$E(Y_t/D=0)=\beta_0+\beta_1X_t,\quad E(Y_t/D=1)=\beta_0+(\beta_1+\beta_2)X_t$$

分析结果表明，以这种形式引入虚拟变量，不同类型回归模型的差别在于模型的斜率不同，即进行经济结构分析的结果不同，因而称为模型结构变化式。

（2）分段回归式。假设原模型为一个一元线性回归模型 $Y_t=\beta_0+\beta_1X_t+u_t$，用乘法形式引入一个虚拟变量 D 的方式还可以是

$$Y_t=\beta_0+\beta_1X_t+\beta_2(X_t-X^*)D_t+u_t \tag{3-89}$$

其中，D 的定义是：当 $X>X^*$ 时，$D=1$；当 $X\leqslant X^*$ 时，$D=0$。如果模型中 β_2 通过了 t 检验，那么用条件均值分析的数学表达式是

$$E(Y_t/X>X^*)=(\beta_0-\beta_2X^*)+(\beta_1+\beta_2)X_t,\ E(Y_t/X\leqslant X^*)=\beta_0+\beta_1X_t$$

这种分析反映的是定量解释变量在不同值域段取值时，对被解释变量 Y 影响的回归模型表达式差别，所以称为分段回归。

（3）交互效应式。假设原模型为一个一元线性回归模型 $Y_t=\alpha_0+\gamma X_t+u_t$，用乘法形式引入两个虚拟变量 D_1 和 D_2 的方式是

$$Y_t=\alpha_0+\alpha_1D_{1t}+\alpha_2D_{2t}+\beta D_{1t}D_{2t}+\gamma X_t+u_t \tag{3-90}$$

如果 α_0、α_1、α_2 和 β 的 t 检验都是统计显著的，那么交互式的条件均值分析的数学表达式如下

$$E(Y_t/D_1=0,\ D_2=0)=\alpha_0+\gamma X_t$$

$$E(Y_t/D_1=1,\ D_2=0)=(\alpha_0+\alpha_1)+\gamma X_t$$

$$E(Y_t/D_1=0,\ D_2=1)=(\alpha_0+\alpha_2)+\gamma X_t$$

$$E(Y_t/D_1=1,\ D_2=1)=(\alpha_0+\alpha_1+\beta)+\gamma X_t$$

分析表明，这种形式引入虚拟变量对模型的影响是截距不同。它实际上是以加法和乘法两种混合形式引入虚拟变量的。其中，当 $D_1=1$ 且 $D_2=1$ 时，两种不同类型交互作用对 Y 的影响的数量是 β。

3.2.7 实验七 协整分析与误差修正模型

3.2.7.1 时间序列的平稳性

时间序列是指经济变量值按照对其观测时间的顺序排列而成的序列。时间序列的平稳

性，是指时间序列的统计规律不会随着时间的推移而发生变化。直观上，一个平稳的时间序列可以看作一条围绕其均值上下波动的曲线。时间序列的平稳性分为严平稳和弱平稳两种。严平稳是用经济变量的分布函数式来衡量时间序列是否平稳，它要求序列的联合分布函数不随时间的变化而变化。弱平稳只要求时间序列的均值、方差和协方差不随时间的变化而变化。计量经济学中研究时间序列的平稳性一般是指弱平稳。

时间序列的平稳性是非常重要的概念。这是因为，在经典计量经济学的建模过程中，通常假定经济时间序列是平稳的，而大多数经济时间序列是非平稳的，如果直接将非平稳时间序列当作平稳时间序列进行回归分析，可能出现“伪回归”等问题。所谓伪回归，是指变量之间本来不存在经济意义的联系，但回归的结果却存在有意义关系的错误结论。

3.2.7.2　单位根过程、*DF* 检验和 *ADF* 检验

1. 单位根过程

如果一个序列是随机游走过程，则称这个序列是一个“单位根过程”。将一阶自回归模型表示成如下形式：

$$Y_t - \varphi Y_{t-1} = \varepsilon_t \text{ 或} (1 - \varphi L) Y_t = \varepsilon_t \tag{3-91}$$

式中，L 是滞后算子，即 $LY_t = Y_{t-1}$。

根据模型的滞后多项式 $1-\varphi L$，可以写出对应的线性方程：$1-\varphi z=0$，通常称为特征方程。该方程的根为：$z=\dfrac{1}{\varphi}$。

当 $|\varphi|<1$ 时序列是平稳的，特征方程的根满足条件 $|z|>1$；当 $\varphi=1$ 时，序列的生成过程变为随机游走过程，对应特征方程的根 $z=1$，所以通常称序列含有单位根，或者说序列的生成过程为“单位根过程”。

2. *DF* 检验

大多数经济变量呈现出强烈的趋势特征。这些具有趋势特征的经济变量，当发生经济振荡或冲击后，一般会出现两种情形：一是受到振荡或冲击后，经济变量又逐渐回到它们的长期趋势轨迹；二是这些经济变量没有回到原有轨迹，而呈现出随机游走的状态。

若我们研究的经济变量遵从一个非平稳过程，一个变量对其他变量的回归可能会导致伪回归结果。这是研究单位根检验的重要意义所在。

假设经济时间序列是由一阶自回归模型生成的，即

$$Y_t = \gamma Y_{t-1} + \varepsilon_t \tag{3-92}$$

其中，ε_t 独立同分布，期望为零，方差为 σ^2，我们要检验该序列是否含有单位根。检验的原假设是时间序列存在单位根，备择假设为时间序列不存在单位根，即

$$\mathrm{H}_0:\ \gamma \geqslant 1,\ \mathrm{H}_1:\ \gamma < 1^{\ominus}。$$

构建检验所用的统计量

⊖ 经济数据一般为正值，因而有 $\gamma>0$。

$$\tau=\frac{\hat{\gamma}-\gamma}{\hat{\sigma}_{\hat{\gamma}}}$$

式中，$\hat{\gamma}$ 是一阶自回归模型中回归系数 γ 的估计量。

在原假设成立的条件下，$\tau=\frac{\hat{\gamma}-1}{\hat{\sigma}_{\hat{\gamma}}}$服从特殊的 t 分布，由 Dickey 和 Fuller 发现的，称为 *DF* 分布[⊖]。用临界值法决策时，注意到该检验是左侧检验，如果 τ 统计量值小于 *DF* 检验临界值，则拒绝原假设，说明序列不存在单位根；如果 τ 统计量值大于或等于 *DF* 检验临界值，则接受原假设，说明序列存在单位根。

此检验被称为 *DF* 检验。EViews 软件中的 *DF* 检验的生成模型除了式（3-92）的一阶自回归模型（特点是，无截距项且无趋势项）外，还有如下两种

仅含截距项模型：$Y_t=\alpha+\gamma Y_{t-1}+u_t$ （3-93）

含截距项和趋势项模型：$Y_t=\alpha+\beta t+\gamma Y_{t-1}+u_t$ （3-94）

在用 EViews 软件检验时，对式（3-92）、式（3-93）和式（3-94）的选择，可以通过做被检验序列 Y 的线图来判断它是有截距和趋势，或者仅有截距，或者二者皆无，进而选择相对应的模型形式进行检验。

3. *ADF* 检验

DF 检验假设被检验模型的随机扰动项不存在自相关，但大多数的经济数据序列是不能满足此项假设的，当随机扰动项存在自相关时，直接使用 *DF* 检验法会出现偏误。为了保证单位根检验的有效性，人们对 *DF* 检验进行拓展，从而形成了扩展的 *DF* 检验（Augmented Dickey-Fuller Test），简称为 *ADF* 检验。

假设被检验的基本模型式（3-92）、式（3-93）和式（3-94）命名为：

模型Ⅰ：$Y_t=\gamma Y_{t-1}+u_t$

模型Ⅱ：$Y_t=\alpha+\gamma Y_{t-1}+u_t$

模型Ⅲ：$Y_t=\alpha+\beta t+\gamma Y_{t-1}+u_t$

式中，u_t为随机扰动项，它可以是一个一般的平稳过程。

为了借用 *DF* 检验的方法，将消除自相关后的模型变为如下三种形式的 *ADF* 检验模型：

模型Ⅰ：$Y_t=\gamma Y_{t-1}+\sum_{i=1}^{p}\alpha_i\Delta Y_{t-i}+\varepsilon_t$ （3-95）

模型Ⅱ：$Y_t=\alpha+\gamma Y_{t-1}+\sum_{i=1}^{p}\alpha_i\Delta Y_{t-i}+\varepsilon_t$ （3-96）

模型Ⅲ：$Y_t=\alpha+\beta t+\gamma Y_{t-1}+\sum_{i=1}^{p}\alpha_i\Delta Y_{t-i}+\varepsilon_t$ （3-97）

⊖ 在原假设成立的条件下，为了能够依据常用的 $t=\frac{\hat{\gamma}}{\sigma_{\hat{\gamma}}}$进行 t 检验决策，EViews 的 *DF* 和 *ADF* 检验把式（3-92）两边同时减去 Y_{t-1}，得到 $\Delta Y_t=\lambda Y_{t-1}+\varepsilon_t$（其中 $\lambda=\gamma-1$），这就是 EViews 检验用的方程。式（3-93）~式(3-97)的 *DF* 和 *ADF* 检验都是这样处理的。

ADF 检验的假设与 *DF* 检验相同。在原假设 H_0：$\gamma \geqslant 1$ 成立的条件下，可以证明，式（3-95）~（3-97）模型中，检验原假设的 t 统计量的极限分布与 *DF* 检验 τ 统计量的极限分布相同，从而可以使用与 *DF* 检验相同的临界值及决策准则进行决策。

EViews 软件中提供了 *DF* 和 *ADF* 检验的程序。需要用户从生成时间序列的三种模型中选择一种进行检验，检验序列的形式可以是被检验时间序列的原序列（leave）、一阶差分（1st difference）和二阶差分（2nd difference）。检验输出结果包括检验的 t 统计量值，及其检验的 p 值，还包括显著性水平是 10%、5%和 1%的临界值（该临界值由 Mackinonn 编制，称为 Mackinonn 临界值），用户能够轻松用 p 值法得出检验结论。

如果时间序列 X 的水平值是平稳的，则称它是零阶单整序列，记为 $X \sim I(0)$；如果时间序列 X 的水平值是不平稳的，但是 X 的一阶差分值（ΔX 或 DX）是平稳的，则称 X 是一阶单整序列，记为 $X \sim I(1)$；如果时间序列 X 的水平值和一阶差分值都是不平稳的，但是 X 的二阶差分值（$\Delta^2 X$ 或 $D^2 X$）是平稳的，称为 X 是二阶单整序列，记为 $X \sim I(2)$；等等。一般地，如果时间序列 X 的水平值乃至 $d-1$ 阶差分值（$\Delta^{d-1}X$ 或 $D^{d-1}X$）都是不平稳的，但是它的 d 阶差分值（$\Delta^d X$ 或 $D^d X$）是平稳的，则称时间序列 X 是 d 阶单整序列，记为 $X \sim I(d)$。

3.2.7.3 协整和协整检验、误差修正模型

1. 协整和协整检验

所谓协整，是指多个非平稳变量的某种线性组合是平稳的。即对于 k 个序列 x_{1t}，x_{2t}，…，x_{kt}，如果它们都是 d 阶单整的，即 $x_{it} \sim I(d)$（$i=1, 2, \cdots, k$），且存在一组非零常数 α_1，α_2，…，α_k，使得 $\alpha_1 x_{1t} + \alpha_2 x_{2t} + \cdots + \alpha_k x_{kt} I(d-b)$，则称 k 个序列 x_{1t}，x_{2t}，…，x_{kt} 之间是 $d-b$ 阶协整的，记为 $X_t \sim CI(d-b)$。

协整性的检验有两种方法：一种是基于回归残差的协整检验，这种检验也称为单一方程的协整检验；另一种是基于回归系数的完全信息的 Johansen 协整检验。这里我们仅考虑单一方程的情形，而且只介绍两变量协整关系的 EG 两步法检验。EG 两步法由 Engle 和 Granger 提出，方法是

第一步，若 X_t 与 Y_t 是一阶单整序列，用 OLS 法对回归方程

$$Y_t = \alpha_0 + \alpha_1 X_t + u_t \tag{3-98}$$

进行估计，得到残差序列

$$e_t = Y_t - (\hat{\alpha}_0 + \hat{\alpha}_1 X_t) \tag{3-99}$$

第二步，检验 e_t 的平稳性。若 e_t 是平稳的，则 X_t 与 Y_t 是协整的，反之则不是协整的。因为若 X_t 与 Y_t 不是协整的，则它们的任一线性组合都是非平稳的。因此残差将是非平稳的。换言之，对残差序列是否具有平稳性的检验，也就是对 X_t 与 Y_t 是否存在协整的检验。

必须注意的是，在用 EViews 对残差 e_t 进行 *DF* 和 *ADF* 协整检验时，不能用 EViews 输出的 p 值进行决策，也不能用 EViews 给出的 Mackinonn 临界值进行决策，应该用 Engle-

Granger 编制的协整检验专用临界值表[⊖]。通过查表 1-1 计算出协整检验的临界值，并与 EViews 输出的 t 值进行比较。如果 $t \geqslant C$，则认为协整关系不存在；如果 $t<C$，则认为协整关系存在。

2. 误差修正模型

误差修正模型（ECM）是一种具有特定形式的计量经济模型。建立误差修正模型一般分为两步，分别建立区分数据长期特征和短期特征的计量经济模型。

第一步，建立长期关系模型。即通过水平变量和 OLS 法估计出时间序列变量间的关系。若估计结果形成平稳的残差序列，那么这些变量间就存在相互协整的关系，长期关系模型的变量选择是合理的，回归系数具有经济意义。

第二步，建立误差修正模型。将长期关系模型各个变量以一阶差分形式重新构造，并将第一步中的残差引入。在一个从一般到特殊的检验过程中，对短期动态关系进行逐项检验，剔除不显著项，直到得到最适当的模型形式。

对于协整模型式（3-98），它的误差修正模型一般的表达式是

$$\Delta Y_t = \beta_0 + \sum_{i=0}^{l} \beta_i \Delta X_{t-i} + \sum_{i=0}^{l} \gamma_i \Delta Y_{t-i-1} + \lambda ecm_{t-1} + \varepsilon_t \tag{3-100}$$

式中，l 是滞后期，通常取 0，1，2，3；ecm_{t-1}代表长期关系模型中的滞后一期残差，$ecm_t = Y_t - \hat{\alpha}_0 - \hat{\alpha}_1 X_t$。$\lambda<0$，称为误差调整系数，表示在 $t-1$ 期 Y 对 $\hat{Y}_{t-1}$的偏差的调整速度，$|\lambda|$越大，调整的速度越快。

误差修正模型把变量的原始值和差分值有机地结合在一起，充分利用了这两者所提供的信息进行建模。从短期来看，被解释变量的变动是由较为稳定的长期趋势和短期波动所决定的，短期内系统对均衡状态的偏离程度导致了波动幅度的大小。从长期来看，协整关系起到了引力线的作用，它以每期$|\lambda|$的力度，将这种偏离的非均衡状态拉回到均衡状态。

3.3 实验步骤解答

3.3.1 实验一 截面数据一元线性回归模型（经典估计）

1. 创建工作文件和变量，录入数据

（1）建立 EViews 数据文件命令：create 河南省居民消费与收入 u 18。EViews 输出结果如图 3-1 所示。

（2）创建并打开未命名的组变量命令：data ce di le ni。EViews 输出结果如图 3-2 所示。

⊖ Engle 和 Granger 编制的单位跟检验临界值表把单个序列的单位跟检验与协整检验结合在一张表中。当 $N = 1$ 时，表示只检验一个变量，计算的临界值就是用于单位根检验的 Mackinonn 临界值；当 $N \geqslant 2$ 时，计算的临界值就是协整检验的临界值。N 是协整模型中包含的被解释变量和解释变量的个数。表 1-1 只是其中的一部分。

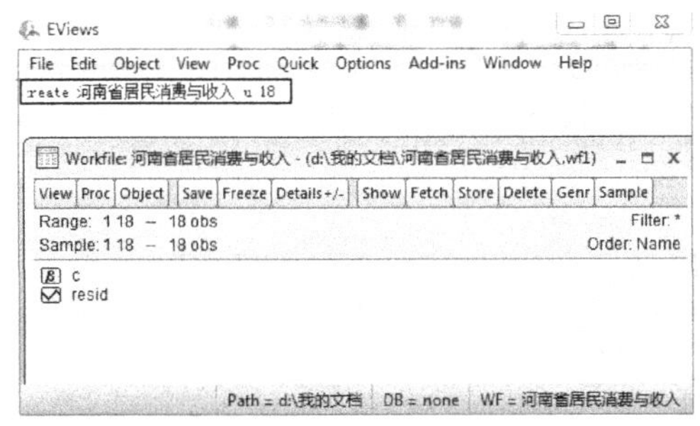

图 3-1　建立“河南省居民消费与收入” EViews 文件

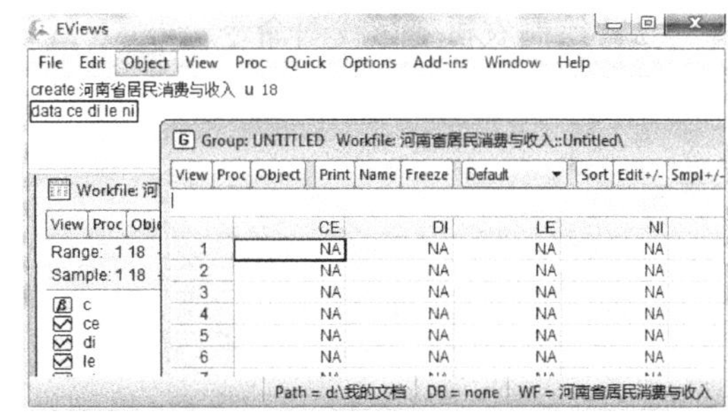

图 3-2　创建变量 *CE*、*DI*、*LE* 和 *NI*

(3) 录入数据。如图 3-3 所示，用复制粘贴法录入样本数据。

2. 对各变量进行统计描述

在变量组的数据显示窗口中，选择“View”→“Descriptive Stats”→“Common Sample”。EViews 的输出结果如图 3-4 所示。不选择 individual sample 的原因是，EViews 按照公共样本进行回归，只有公共样本才是有效样本。

	CE	DI	LE	NI
1	20122.00	29095.00	11125.00	15470.00
2	17156.00	21467.00	6442.000	9316.000
3	18380.00	26974.00	7423.000	9669.000
4	17736.00	24393.00	5335.000	9489.000
5	15204.00	25172.00	7253.000	10680.00
6	14441.00	23113.00	8166.000	11709.00
7	17669.00	23983.00	7550.000	10730.00

图 3-3　录入样本数据

图 3-4 表明，河南省辖城市居民家庭公共样本容量为 18。城市居民家庭人均可支配收入（*DI*）和人均消费支出（*CE*）的均值（Mean）分别是 23 613.33 元和 16 565.72 元，中位数（Median）分别是 23 732.00 元和 16 728.00 元，标准差（Std. Dev.）分别是2 190.510元和 2 076.111 元；*JB* 统计量计算值分别是 1.588 093 和 0.821 506，检验的 *p* 值分别是 0.452 012 和 0.663 151，均大于 0.05，表明在 0.05 的显著性水平下，不能拒绝两个变量都服从正态分布的原假设。

	CE	DI	LE	NI
Mean	16565.72	23613.33	7072.556	10401.83
Median	16728.00	23732.00	7009.500	9860.000
Maximum	20122.00	29095.00	11125.00	15470.00
Minimum	13391.00	19742.00	5262.000	7742.000
Std. Dev.	2076.111	2190.510	1559.476	2003.299
Skewness	0.008785	0.641118	0.971798	0.874847
Kurtosis	1.953562	3.687990	3.627714	3.353712
Jarque-Bera	0.821506	1.588093	3.128695	2.389908
Probability	0.663151	0.452012	0.209225	0.302718
Sum	298183.0	425040.0	127306.0	187233.0
Sum Sq. Dev.	73274046	81571712	41343388	68224507
Observations	18	18	18	18

图 3-4　变量 *CE*、*DI*、*LE* 和 *NI* 的统计描述

农村居民家庭公共样本容量为 18，人均纯收入（*NI*）和人均消费支出（*LE*）的均值分别是 10 401.83 元和 7 072.556 元，中位数分别是 9 860.00 元和 7 009.500 元，标准差分别是 2 003.299 元和 1 559.476 元，*JB* 统计量计算值分别是 2.389 908 和 3.128 695，检验的 *p* 值分别是 0.302 718 和 0.209 225，均大于 0.05，表明在 0.05 的显著性水平下，不能拒绝两个变量都服从正态分布的原假设。

3. 绘制线图和散点图

(1) 绘制城市变量线图命令：line ce di。EViews 输出结果如图 3-5 所示。

（2）绘制农村变量线图命令：line le ni。EViews 输出结果如图 3-6 表示。

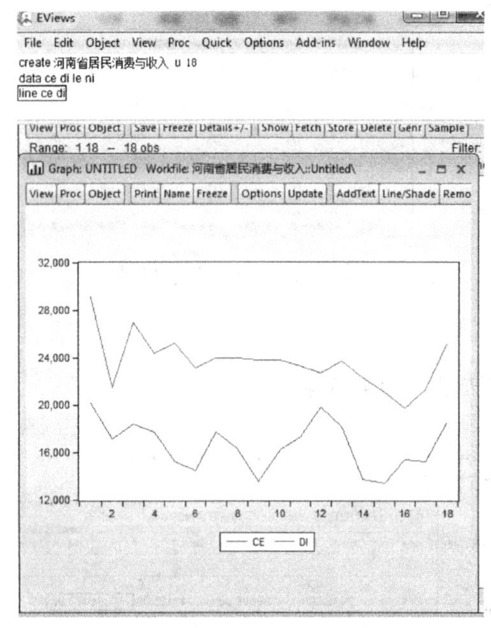

图 3-5 变量 *CE* 和 *DI* 的线图

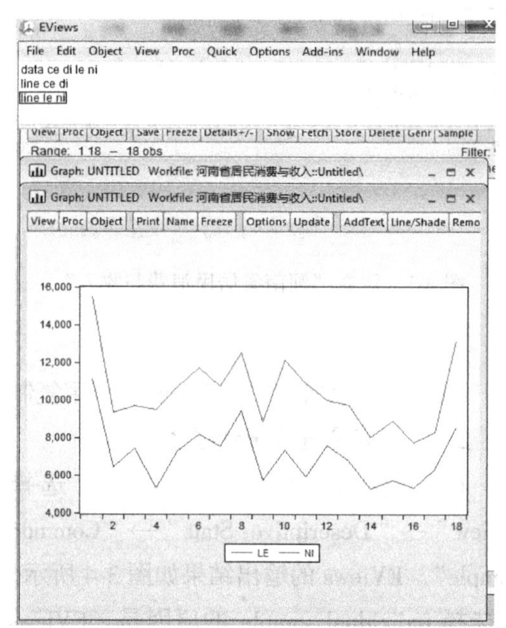

图 3-6 变量 *LE* 和 *NI* 的线图

（3）绘制城市变量散点图命令：scat di ce。EViews 输出结果如图 3-7 所示。注意：命令行中的变量顺序是解释变量在前，被解释变量在后，这样才能保证解释变量在横坐标，被解释变量在纵坐标上。

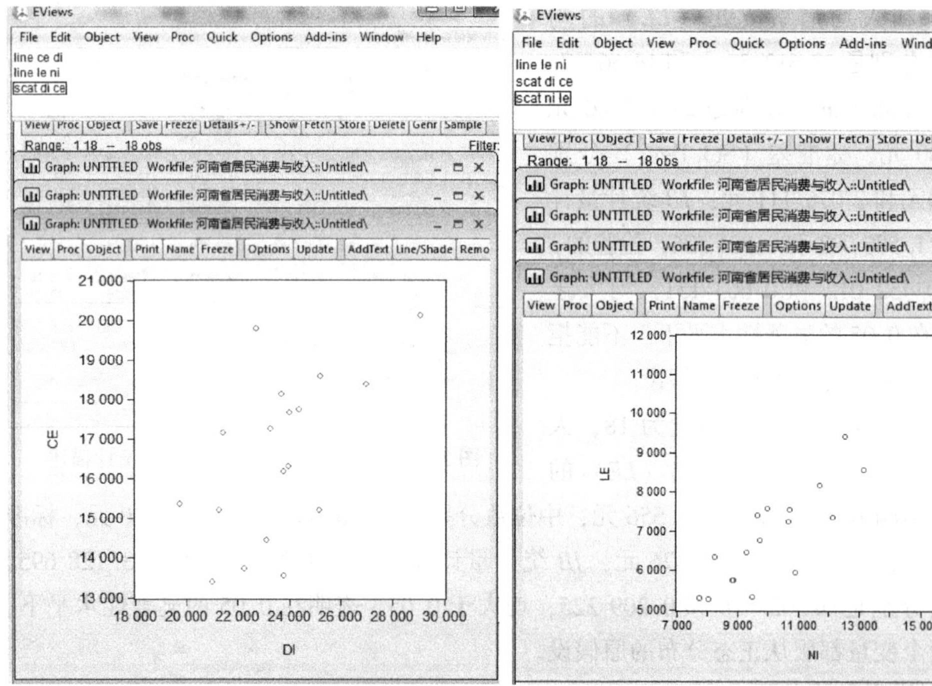

图 3-7 变量 *CE* 和 *DI* 的散点图

图 3-8 变量 *LE* 和 *NI* 的散点图

（4）绘制农村变量散点图命令：scat ni le。EViews 输出结果如图 3-8 所示。

从图 3-5 和图 3-6 中观察到变量 CE 和 DI、LE 和 NI 都近似呈直线趋势。从图 3-7 和图 3-8 中观察到变量 CE 和 DI、LE 和 NI 都近似呈直线正相关。

4. 根据绝对收入假说和图形分析，建立城市居民消费的理论模型

根据凯恩斯绝对收入假说，居民消费可分为自发消费和引致消费两部分。自发消费是居民维持基本生存的消费量，引致消费是由于收入增加等原因引起的消费增量。仅考虑收入对消费的影响，可建立城市居民消费的总体线性回归模型为 $CE=\beta_1+\beta_2 DI+u$ 和农村居民消费的总体线性回归模型为 $LE=\beta_1+\beta_2 NI+u$。模型中的 β_1 是自发消费额，应当为正值，即 $\beta_1>0$；β_2 是收入的边际消费倾向，应当为正值，且在 0 和 1 之间，即 $0<\beta_2<1$。

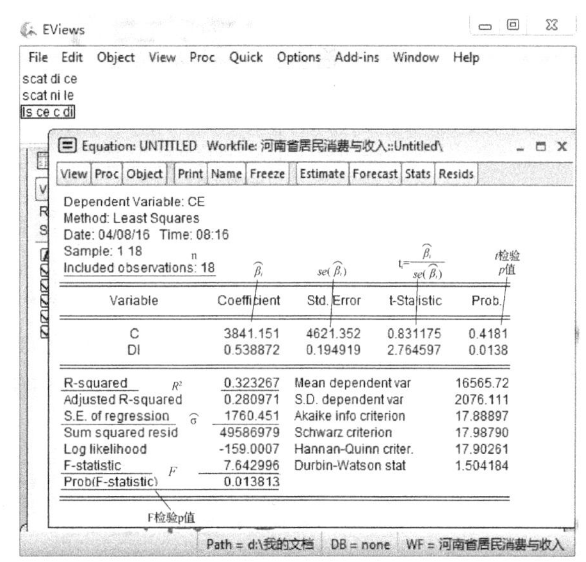

图 3-9　城市居民消费模型 OLS 估计

5. 模型的普通最小二乘（OLS）估计

（1）城市居民消费总体线性回归模型的 OLS 估计命令：ls ce c di。EViews 输出结果如图 3-9 所示。

根据图 3-9 可以写出城市居民消费总体回归模型的 OLS 估计结果的规范表达式：

$$
\begin{aligned}
\hat{CE} &= 3\,841.151 + 0.538\quad 872DI \\
se &= (4\,621.352) \qquad (0.194\,919) \\
t &= (0.831\,175) \qquad (2.764\,597) \\
R^2 &= 0.323\,267 \quad F = 7.642\,996 \quad n = 18
\end{aligned}
$$

（2）农村居民消费总体线性回归模型的 OLS 估计命令：ls le c ni。EViews 输出结果如图 3-10 所示。

根据图 3-10 可以写出农村居民消费总体回归模型的 OLS 估计结果的规范表达式：

$$
\begin{aligned}
\hat{LE} &= -230.271\,2 + 0.702\,071NI \\
se &= (889.675\,8) \quad (0.084\,071) \\
t &= (-0.258\,826) \quad (8.350\,949) \\
R^2 &= 0.813\,386 \quad F = 69.738\,35 \quad n = 18
\end{aligned}
$$

6. 回归系数的置信区间估计

（1）城市居民消费回归模型回归系数的 90% 和 95% 置信区间。EViews 操作是在回归模型的输出窗口选择“View”→“Coefficient Diagnostics”→“Confidence Intervals”，在对话框中选择 90，95。EViews 输出结果如图 3-11 所示。

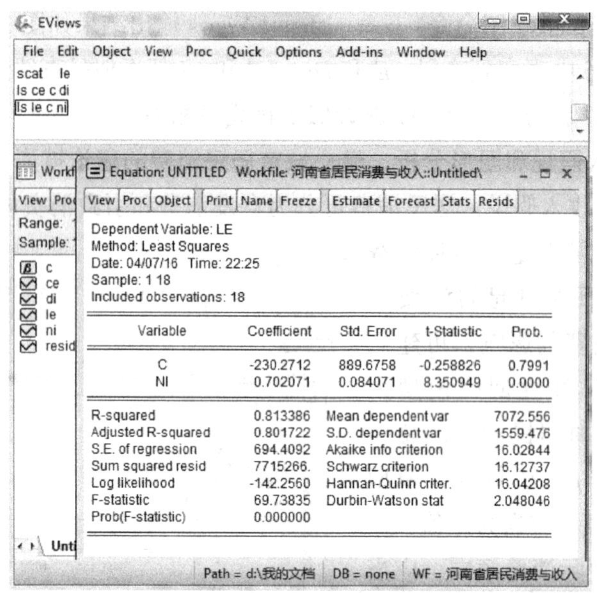

Dependent Variable: LE
Method: Least Squares
Date: 04/07/16 Time: 22:25
Sample: 1 18
Included observations: 18

Variable	Coefficient	Std. Error	t-Statistic	Prob.
C	-230.2712	889.6758	-0.258826	0.7991
NI	0.702071	0.084071	8.350949	0.0000

R-squared	0.813386	Mean dependent var	7072.556
Adjusted R-squared	0.801722	S.D. dependent var	1559.476
S.E. of regression	694.4092	Akaike info criterion	16.02844
Sum squared resid	7715266.	Schwarz criterion	16.12737
Log likelihood	-142.2560	Hannan-Quinn criter.	16.04208
F-statistic	69.73835	Durbin-Watson stat	2.048046
Prob(F-statistic)	0.000000		

图 3-10 农村居民消费模型 OLS 估计

Coefficient Confidence Intervals
Date: 01/23/16 Time: 12:58
Sample: 1 18
Included observations: 18

Variable	Coefficient	90% CI Low	90% CI High	95% CI Low	95% CI High
C	3841.151	-4227.192	11909.49	-5955.678	13637.98
DI	0.538872	0.198566	0.879178	0.125663	0.952082

图 3-11 城市居民消费回归模型回归系数的置信区间

图 3-11 表明，城市居民消费线性回归模型的回归系数即参数

90%置信区间（*CI*）：$-4\ 227.192 \leq \beta_1 \leq 11\ 909.49$，$0.198\ 566 \leq \beta_2 \leq 0.879\ 178$

95%置信区间（*CI*）：$-5\ 955.678 \leq \beta_1 \leq 13\ 637.98$，$0.125\ 663 \leq \beta_2 \leq 0.952\ 082$

（2）农村居民消费模型回归系数的 90%和 95%置信区间，EViews 输出结果如图 3-12 所示。

图 3-12 表明，农村居民消费回归模型的回归系数即参数

90%置信区间：$-1\ 783.542 \leq \beta_1 \leq 1\ 322.999$，$0.555\ 293 \leq \beta_2 \leq 0.848\ 849$

95%置信区间：$-2\ 116.3 \leq \beta_1 \leq 1\ 655.757$，$0.523\ 849 \leq \beta_2 \leq 0.880\ 293$

7. 经济理论检验和统计检验

（1）对城市居民消费回归模型的检验。经济理论检验：在 0.05 的显著性水平下，对 H_0：$\beta_1 \leq 0$，H_1：$\beta_1 > 0$ 和 H_0：$\beta_2 \leq 0$，H_1：$\beta_2 > 0$ 的检验，可以用参数的 90%的置信区间进行检验。检验准则是如果参数置信上限（High CI）和下限（Low CI）均为正值，则拒绝

原假设，表明统计显著。显然，β_1 的 90%置信上限为正值，置信下限为负值，表明在 0.05 的显著性水平下，$\beta_1>0$ 统计不显著，与经济理论不相符；而 β_2 的 90%置信上限和置信下限均为正值，表明在 0.05 的显著性水平下，$\beta_2>0$ 统计显著，与经济理论相一致。

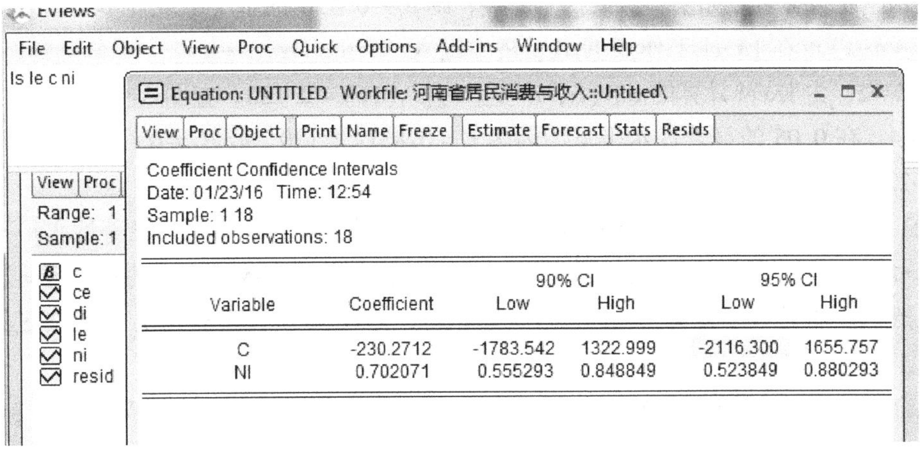
EViews
File Edit Object View Proc Quick Options Add-ins Window Help
ls le c ni
Equation: UNTITLED Workfile: 河南省居民消费与收入::Untitled\
View Proc Object Print Name Freeze Estimate Forecast Stats Resids
Coefficient Confidence Intervals
Date: 01/23/16 Time: 12:54
Sample: 1 18
Included observations: 18
90% CI 95% CI
Variable Coefficient Low High Low High
C -230.2712 -1783.542 1322.999 -2116.300 1655.757
NI 0.702071 0.555293 0.848849 0.523849 0.880293
View Proc
Range: 1
Sample: 1
c
ce
di
le
ni
resid

图 3-12 农村居民消费回归模型回归系数的置信区间

在 0.05 的显著性水平下，检验 H_0：$0<\beta_2<1$，可以用 95%的置信区间进行。检验的准则是如果参数值的上下限在 0~1 之间，就接受原假设。显然，β_2 的取值在 0~1 之间，这与经济理论相一致。

如果不用回归参数的置信区间（EViews 较低版本不能输出回归参数的置信区间）对回归参数 β_i 的正负号进行检验，可以查 t 统计量的单侧临界值 $t_\alpha(n-k)$，然后与输出的 t_i 比较做决策。如果 $t_i>t_\alpha(n-k)$，则 $\beta_i>0$ 在 α 的水平下统计显著；如果 $t_i<-t_\alpha(n-k)$，则 $\beta_i<0$ 在 α 的水平下统计显著。这里 n 为拟合回归模型的有效样本容量，k 为模型中的参数（即回归系数）个数（含截距项）。$t_\alpha(n-k)$ 可由 Excel 计算，方法是在 Excel 工作表的单元格中键入“= tinv(2α，n-k)”，回车即得。此处，$n=18$，$k=2$，由 Excel 计算的 tinv(2α，n-k)= $t_{0.05}(16)=1.746$。查图 3-9 得，$t_1=0.831$，$t_2=2.764$。在 0.05 的显著性水平下，因为 $t_1=0.831<1.746$，故 $\beta_1>0$ 统计不显著；$t_2=2.764>1.746$，故 $\beta_2>0$ 统计显著。

拟合优度检验：$R^2=0.323\ 267$，说明回归模型用收入变化解释了消费变化的 32.3%，仍有 67.7%的变化不能用收入的变化做出解释，城市居民消费模型的解释力不强。

t 检验：在 0.05 的显著性水平下，对 H_0：$\beta_1=0$，H_1：$\beta_1\neq0$ 进行假设检验，由于图 3-9 中 t 检验的 p 值=0.418 1>0.05，故不能拒绝原假设，$\beta_1\neq0$ 在统计上不显著；对 H_0：$\beta_2=0$，H_1：$\beta_2\neq0$ 进行假设检验，由于图 3-9 中 t 检验的 p 值=0.013 8<0.05，故拒绝原假设，$\beta_2\neq0$ 在统计上显著。

注意：用 EViews 输出的回归结果进行 t 检验，用 p 值决策最简单。如果不用 p 值决策，还可以有 2 种方法进行 t 检验：用回归参数的置信区间或查临界。如果回归参数 95%的置信区间的上下限都是正值或都是负值，则在 0.05 的显著性水平下，$\beta_i\neq0$ 统计显著；如果回归参数 95%的置信区间的上下限是一正一负，则在 0.05 的显著性水平下，则 $\beta_i\neq0$

统计不显著。观察图 3-11 中 β_1、β_2 的 95%置信区间的上下限，可以得出 $\beta_1 \neq 0$ 统计不显著和 $\beta_2 \neq 0$ 统计显著的结论。如果不用 p 值和参数的置信区间决策，可以求 t 统计量的双侧临界值 $t_{\alpha/2}(n-k)$，然后与 EViews 输出的 t_i 比较做决策。如果 $|t_i|>t_{\alpha/2}(n-k)$，则 $\beta_i \neq 0$ 在 α 的水平统计显著；如果 $|t_i| \leq t_{\alpha/2}(n-k)$，则 $\beta_i \neq 0$ 在 α 的水平下统计不显著。双侧临界值 $t_{\alpha/2}(n-k)$ 可在 Excel 工作表的单元格中键入"=tinv(α, n-k)"，回车得到。此处，$n=18$，$k=2$，由 Excel 计算的 tinv(α, $n-k$) = $t_{0.05/2}(16)=2.120$。查图 3-9 得，$t_1=0.831$，$t_2=2.764$。在 0.05 的显著性水平下，因为 $t_1=0.831<2.120$，故 $\beta_1 \neq 0$ 统计不显著；$t_2=2.764>2.120$，故 $\beta_2 \neq 0$ 统计显著。

（2）对农村居民消费回归模型的检验。经济意义检验：在 0.05 的显著性水平下，对 H_0：$\beta_1 \leq 0$，H_1：$\beta_1>0$ 和 H_0：$\beta_2 \leq 0$，H_1：$\beta_2>0$ 的检验，用参数的 90%的置信区间进行检验。显然，$\beta_1>0$ 统计不显著，与经济理论不相符；而 $\beta_2>0$ 统计显著且 β_2 的 95%置信区间在 0 和 1 之间，与经济理论相一致。

拟合优度检验：$R^2=0.813\ 386$，说明回归模型用收入变化解释了消费变化的 81.3%，农村居民消费模型的解释力较强。

t 检验：在 0.05 的显著性水平下，对 H_0：$\beta_1=0$，H_1：$\beta_1 \neq 0$ 进行假设检验，由于图 3-10 中 t 检验的 p 值 $=0.799\ 1>0.05$，故不能拒绝原假设，$\beta_1 \neq 0$ 在统计上不显著；对 H_0：$\beta_2=0$，H_1：$\beta_2 \neq 0$ 进行假设检验，由于图 3-10 中 t 检验的 p 值 $=0.000\ 0<0.05$，故拒绝原假设，$\beta_2 \neq 0$ 在统计上显著。

（3）模型中 β_1 在经济意义上和理论相反，t 检验也未获通过，说明模型的估计结果可能还不完善，需要做进一步的检验，并加以优化。

8. 经济结构分析

（1）估计的河南城市居民家庭消费模型表明，在其他条件不变时，城市居民家庭人均可支配收入每增加 1 元，其消费支出平均增加 0.539 元。

（2）估计的河南农村居民家庭消费模型表明，在其他条件不变时，农村居民家庭人均纯收入每增加 1 元，其消费支出平均增加 0.702 元。

显然，农村居民收入的边际消费倾向高于城市，让农民增收对提振消费市场的作用会大于让市民增收的作用。

9. 经济预测

（1）当 $DI=24\ 500$ 时，求 $C\hat{E}=?$

$C\hat{E}=3\ 841.151+0.538\ 872\times 24\ 500=17\ 043.52$（元）

（2）当 $DI=14\ 500$ 时，求 CE 均值的 95%置信区间。

由图 3-9 城市模型的估计结果知，$\hat{\sigma}=1\ 760.451$。

由图 3-4 中对变量 DI 的统计描述结果知，均值 $\bar{X}=23\ 613.33$，标准差 $S=2\ 190.51$，样本容量 $n=18$，可计算

$$\Sigma(X-\bar{X})^2=S^2(n-1)=2\ 190.51^2\times(18-1)=81\ 571\ 679.02$$

$$(X_f-\bar{X})^2=(24\ 500-23\ 613.33)^2=786\ 183.69$$

$$(X_f - \bar{X})^2 / \Sigma (X - \bar{X})^2 = 0.009\,6$$

查临界值得：$t_{0.05/2}(18-2) = 2.119\,9$。

计算城市居民家庭人均消费支出均值 95%置信下限：

$$17\,043.52 - 2.119\,9 \times 1\,760.451 \times (1/18 + 0.009\,6)^{0.5} = 16\,090.91\ (\text{元})$$

计算城市居民家庭人均消费支出均值 95%置信上限：

$$17\,043.52 + 2.119\,9 \times 1\,760.451 \times (1/18 + 0.009\,6)^{0.5} = 17\,996.13\ (\text{元})$$

3.3.2　实验二　截面数据一元线性回归模型(异方差性和自相关性)

1. 建立数据文件，录入数据

建立城市居民截面数据文件用 EViews 命令：create urban1 u 28。创建变量用 EViews 命令：data di ce。录入数据如图 3-13 所示。

File　Edit　Object　View　Proc　Quick　Options　Add-ins　Window　He

create urban1 u 28
data di ce

Group: UNTITLED　Workfile: URBAN1::Untitled\

View　Proc　Object　Print　Name　Freeze　Default

14015

Workfile: URBAN1 - (d

View　Proc　Object　Save

Range: 1 28 -- 28 obs
Sample: 1 28 -- 28 obs

c
ce
di
resid

	DI	CE
	DI	CE
1	29095.00	20122.00
2	21467.00	17156.00
3	26974.00	18380.00
4	24393.00	17736.00
5	25172.00	15204.00
6	23113.00	14441.00
7	23983.00	17669.00
8	23977.00	16300.00
9	23767.00	13545.00
10	23753.00	16178.00
11	23281.00	17254.00
12	22739.00	19790.00
13	23711.00	18130.00
14	22274.00	13739.00
15	21060.00	13391.00
16	19742.00	15357.00
17	21320.00	15219.00
18	25219.00	18572.00
19	24722.00	17334.00
20	18357.00	11950.00
21	20956.00	14267.00
22	19452.00	13052.00
23	20338.00	13788.00
24	21836.00	19513.00
25	23686.00	16508.00
26	20433.00	14833.00
27	20024.00	19507.00
28	18846.00	14015.00

图 3-13　创建 urban1 文件、变量并录入样本数据

2. 一元线性回归模型

（1）散点图 EViews 命令为 scat di ce。图 3-14 表明，*DI* 和 *CE* 同方向变化，呈现出正的线性相关。结合凯恩斯绝对收入假说，可以建立城市居民消费一元线性总体回归模型 $CE = \beta_1 + \beta_2 DI + u$。

（2）用 OLS 法估计城市居民消费一元线性总体回归模型用 EViews 命令：ls ce c di。EViews 输出结果如图 3-15 所示。

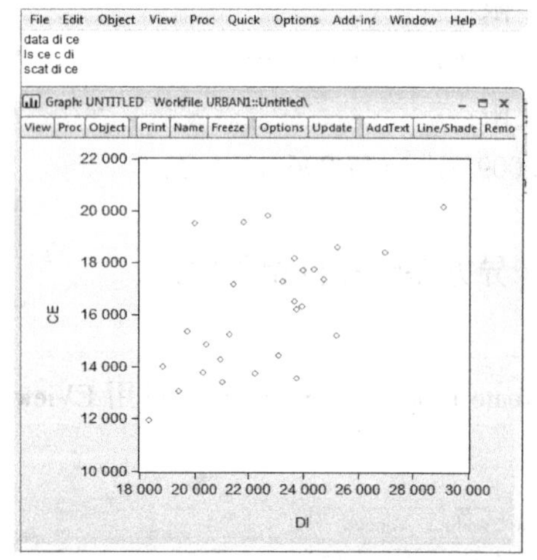

图 3-14 *DI* 和 *CE* 的散点图

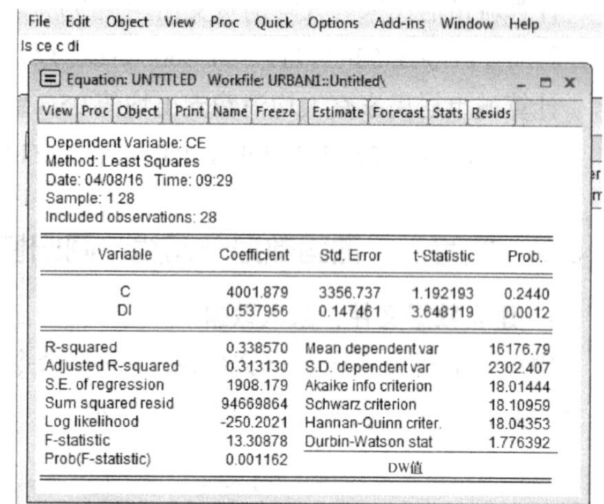

Dependent Variable: CE
Method: Least Squares
Date: 04/08/16 Time: 09:29
Sample: 1 28
Included observations: 28

Variable	Coefficient	Std. Error	t-Statistic	Prob.
C	4001.879	3356.737	1.192193	0.2440
DI	0.537956	0.147461	3.648119	0.0012

R-squared	0.338570	Mean dependent var	16176.79
Adjusted R-squared	0.313130	S.D. dependent var	2302.407
S.E. of regression	1908.179	Akaike info criterion	18.01444
Sum squared resid	94669864	Schwarz criterion	18.10959
Log likelihood	-250.2021	Hannan-Quinn criter.	18.04353
F-statistic	13.30878	Durbin-Watson stat	1.776392
Prob(F-statistic)	0.001162	DW值	

图 3-15 urban1 城市居民消费模型 OLS 估计

3. 分析自相关性

查图 3-15 可知，$DW=1.776$，$n=28$，$k'=1$。在 0.05 的显著性水平下，查 *DW* 临界值表得 $dL=1.328$，$du=1.476$。因为 $du<DW<4-du=2.599$，所以不存在一阶自相关。

4. 生成残差变量和做散点图

在保持城市居民消费模型估计不变时，生成残差变量的 EViews 命令为 genr e = resid。做散点图 EViews 命令为 scat DI E^2。EViews 输出结果如图 3-16 所示。

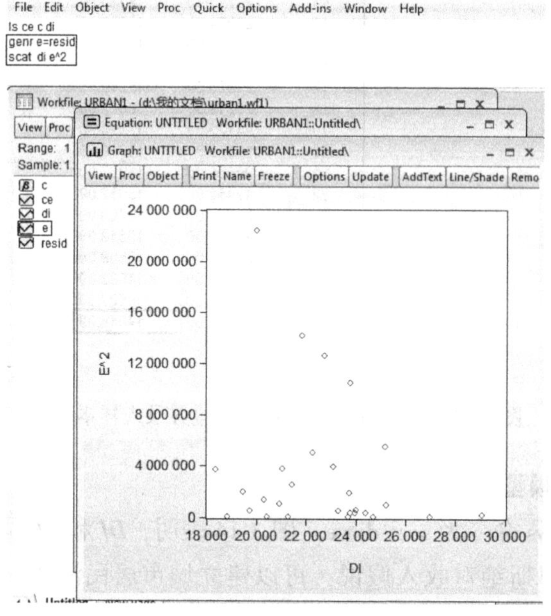

图 3-16 *DI* 与 e^2 的散点图

从图 3-16 上看，随着 DI 的增加，残差平方 e^2 先增后减，说明估计模型可能存在异方差性。但并不适用于对递增型异方差进行检验的 Goldfeld-Quanadt 检验法检验异方差。

5. （忽略）

6. 用 White 法检验异方差

在图 3-16 的受检验模型的输出窗口，用 White 法检验异方差的 EViews 操作是“View”→“Residual Diagnostics”→“Heteroskedasticity Tests”，在对话框中的“Test type”选项中选择“White”，单击“OK”按钮。EViews 输出结果如图 3-17 所示。

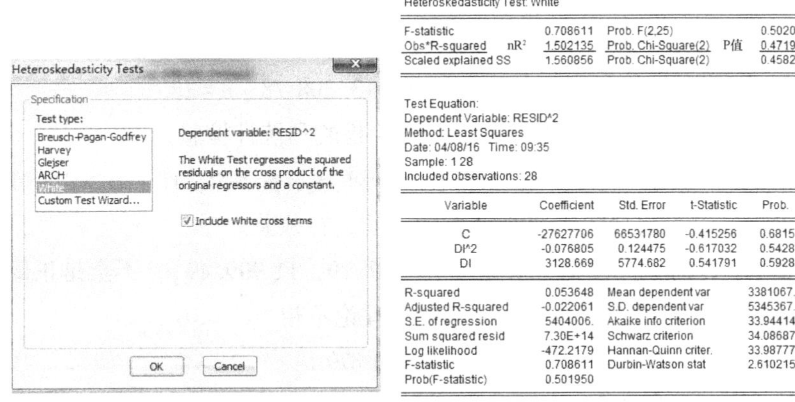

图 3-17　urban1 城市居民消费模型 OLS 估计的 White 检验

图 3-17 的检验表明，由于统计量 nR^2(obs * R-squared) 检验的 p 值 = 0.471 9>0.05，所以在 0.05 的显著性水平下，不能拒绝不存在异方差的原假设。

7. 用 Glejser 法检验异方差

在图 3-15 的受检验模型的输出窗口，用 Glejser 法检验异方差的 EViews 操作是“View”→“Residual Diagnostics”→“Heteroskedasticity Tests”，在对话框中的“Test type”选项中选择“Glejser”，选项 Regressors（解释变量）按照 EViews 默认设置（此例为 c di）不变，单击“OK”按钮。EViews 输出结果如图 3-18 所示。

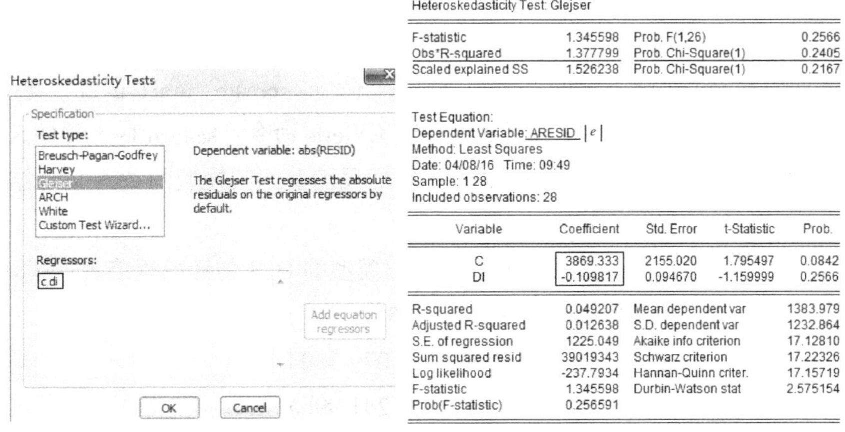

图 3-18　urban1 城市居民消费模型 OLS 估计的 Glejser 检验

图 3-18 表明，检验方程 $|e|=a+bDI+\varepsilon$ 的估计结果为 $|\hat{e}|=3\ 869.333-0.109\ 817DI$，由于统计量 nR^2 检验的 p 值=0.240 5>0.05，所以不能拒绝不存在异方差的原假设。其他检验方程的 Glejser 检验（可通过改变 regressors 的设置进行）略。

8. 不需要消除异方差

9. 城市居民线性消费模型的经济理论检验和统计检验

（1）根据图 3-15 写出城市居民消费一元线性回归模型的 OLS 估计的规范表达式：

$$\hat{CE}=4\ 001.879+0.537\ 956DI$$

$$se=(3\ 356.737)\quad(0.147\ 461)$$

$$t=(1.192\ 193)\quad(3.648\ 119)$$

$$R^2=0.338\ 57\quad F=13.308\ 78\quad n=28$$

（2）城市居民消费线性回归模型的经济理论检验和统计检验。

经济理论检验：在 0.05 的显著性水平下，对 H_0：$\beta_1\leqslant 0$，H_1：$\beta_1>0$ 和 H_0：$\beta_2\leqslant 0$，H_1：$\beta_2>0$ 的检验，可以用参数的 90%的置信区间进行检验。

图 3-19 表明，C 的 90%置信区间是［-4 227.19，11 909.49］，不全是正值，因此 $\beta_1>0$ 在 0.05 的显著性水平下统计不显著，与经济理论不相符。而 DI 回归系数的 90%置信区间是［0.198 5，0.879 1］，全是正值，因此 $\beta_2>0$ 在 0.05 的显著性水平下统计显著，而且 DI 回归系数的 95%置信区间是［0.125 663，0.952 082］，说明 β_2 在 0～1 之间，这与经济理论相一致。

Coefficient Confidence Intervals
Date: 02/02/16 Time: 11:18
Sample: 1 18
Included observations: 18

Variable	Coefficient	90% CI Low	90% CI High	95% CI Low	95% CI High
C	3841.151	-4227.192	11909.49	-5955.678	13637.98
DI	0.538872	0.198566	0.879178	0.125663	0.952082

图 3-19 urban1 城市居民消费模型回归系数的置信区间

拟合优度检验：$R^2=0.338$，说明回归模型用收入变化解释了消费变化的 33.8%，城市居民消费模型的解释力较弱。

t 检验：在 0.05 的显著性水平下，对 H_0：$\beta_1=0$，H_1：$\beta_1\neq 0$ 进行假设检验，由于图 3-15 中 t 检验的 p 值=0.244>0.05，故不能拒绝原假设，$\beta_1\neq 0$ 在统计上不显著；对 H_0：$\beta_2=0$，H_1：$\beta_2\neq 0$ 进行假设检验，由于图 3-15 中 t 检验的 p 值=0.001 2<0.05，故拒绝原假设，$\beta_2\neq 0$ 在统计上显著。

10. 农村居民消费模型

（1）建立农村居民截面数据文件用 EViews 命令：create rural1 u 28。创建变量用 EViews 命令：data ni le。录入数据。做散点图用 EViews 命令：scat ni le。用 OLS 法估计农村居民消费模型用 EViews 命令：ls le c ni。农村居民消费回归模型的 OLS 估计结果如图 3-20 所示。

根据图 3-20 写出农村居民消费一元线性回归模型的 OLS 估计的规范表达式：

$$\hat{LE}=1\ 731.862+0.495\ 487NI$$

$$se=(830.964\ 1)\quad(0.079\ 380)$$

$$t=(2.084\ 160)\quad(6.241\ 996)$$

$$R^2=0.599769\quad F=38.96252\quad n=28$$

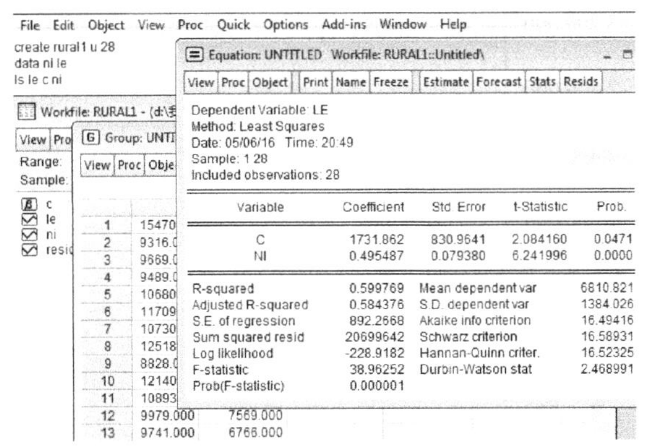

图 3-20　农村居民消费 EViews 文件建立与 OLS 回归模型估计

农村居民线性消费模型的经济理论检验和统计检验。

经济理论检验：在 0.05 的显著性水平下，对 H_0：$\beta_1\leqslant 0$，H_1：$\beta_1>0$ 和 H_0：$\beta_2\leqslant 0$，H_1：$\beta_2>0$ 的检验，可以用参数的 90%的置信区间进行检验；对 $0<\beta_2<1$，用参数的 95%的置信区间进行检验。

图 3-21 表明，β_1 的 90%置信区间（90% CI）的上限（High）是 3 149.17，下限（Low）是 314.555 1，均为正值，所以在 0.05 的显著性水平下 $\beta_1>0$ 统计显著；β_2 的 90%置信区间的上限是 0.630 879 和下限是 0.360 096，均为正值，所以在 0.05 的显著性水平下 $\beta_2>0$ 统计显著。这与经济理论相符。β_2 的 95%置信区间是［0.332 32，0.658 655］，在 0~1 之间，与经济理论相一致。

Coefficient Confidence Intervals
Date: 01/25/16 Time: 14:25
Sample: 1 28
Included observations: 28

Variable	Coefficient	90% CI		95% CI	
		Low	High	Low	High
C	1731.862	314.5551	3149.170	23.79114	3439.933
NI	0.495487	0.360096	0.630879	0.332320	0.658655

图 3-21　农村居民消费 OLS 估计模型回归系数的区间估计

拟合优度检验：$R^2=0.600$，说明回归模型用收入变化解释了消费变化的 60.0%，农村居民消费模型的解释力较强。

t 检验：在 0.05 的显著性水平下，对 H_0：$\beta_1=0$，H_1：$\beta_1\neq 0$ 进行假设检验，由于图 3-20中 t 检验的 p 值=0.047 1<0.05，故拒绝原假设，$\beta_1\neq 0$ 在统计上显著；对 H_0：$\beta_2=0$，H_1：$\beta_2\neq 0$ 进行假设检验，由于图 3-20 中 t 检验的 p 值=0.000 0<0.05，故拒绝原假设，$\beta_2\neq 0$ 在统计上显著。

（2）图 3-20 中，$DW=2.469$，$n=28$，$k'=1$。在 0.05 的显著性水平下，查 DW 临界值表得 $dL=1.328$，$du=1.476$。因为 $du<DW<4-du=2.599$，所以不存在一阶自相关。

（3）解释变量与残差平方的散点图（见图 3-22）。

图 3-22 表明，残差平方 e^2 与 NI 正相关的可能性大，递增型异方差或存在。

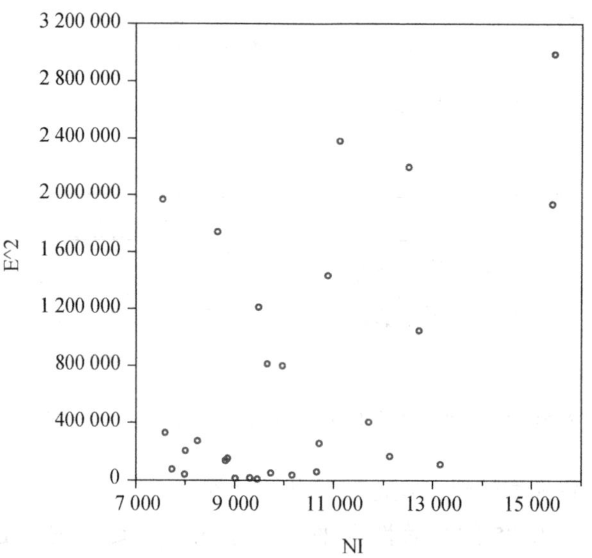

图 3-22　*NI* 与 e^2 的散点图

（4）Goldfeld-Quanadt 检验。

1）按照纯收入 *NI* 大小排序变量值。在工作文件 workfile：RURAL1 窗口，按住“Ctrl”键，选中 le 和 ni 变量图标，然后单击右键，作为一组变量打开（open as a group），在变量组“Group：UNTITLED”窗口中单击“sort”，在“sort order”对话框中的“primary key”项选择变量“ni”，单击“OK”按钮。排序结果如图 3-23 所示。

Workfile: RURAL1 - (d:\我的文档\rural1.wf1)

View | Proc

Range: 1

Sample: 1

c
e
le
ni
resid

Group: UNTITLED　Workfile: RURAL1::Untitled\

View | Proc | Object | Print | Name | Freeze | Default | Sort | Edit+/-

	LE	NI
20	6872.000	7545.000
22	6067.000	7598.000
16	5304.000	7742.000
28	5882.000	8008.000
14	5262.000	8025.000
17	6347.000	8270.000
27	4710.000	8670.000
9	5745.000	8828.000
15	5745.000	8868.000

图 3-23　按照解释变量 *NI* 排序样本数据

2）估计两个子样回归模型，求其残差平方和。

首先，在样本中去掉中间的 6 组数据，把剩余的分成两部分，较小的 *NI* 第 1 到第 11 为一子样，较大的 *NI* 第 18 到第 28 为另一子样，然后分别进行回归。

在 EViews 的主窗口，选择“Quick”→“Estimate Equation”，在“Equation Estimation”对话框中“Specification”空白处键入“le c ni”，把“Sample”框中的“1 28”，换成“1 11”，单击“确定”按钮，即可得到第一个较小子样（即子样 1）的回归结果，如图 3-24所示。

进行第二个较大子样（即子样 2）的回归，可以在第一个子样回归输出窗口中单击

"Estimation"，把对话框中"Sample"空白的"1 11"，换成"18 28"，单击"确定"按钮。EViews 回归输出如图 3-25 所示。

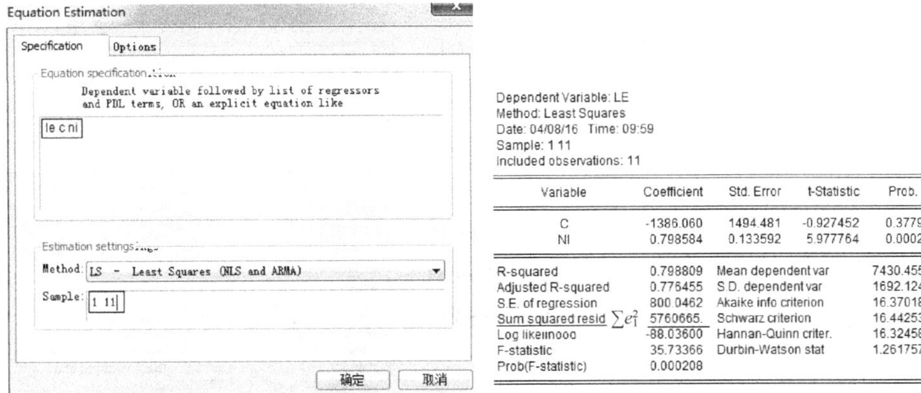

Dependent Variable: LE
Method: Least Squares
Date: 04/08/16 Time: 09:59
Sample: 1 11
Included observations: 11

Variable	Coefficient	Std. Error	t-Statistic	Prob.
C	-1386.060	1494.481	-0.927452	0.3779
NI	0.798584	0.133592	5.977764	0.0002

R-squared	0.798809	Mean dependent var	7430.455
Adjusted R-squared	0.776455	S.D. dependent var	1692.124
S.E. of regression	800.0462	Akaike info criterion	16.37018
Sum squared resid $\sum e_1^2$	5760665.	Schwarz criterion	16.44253
Log likelihood	-88.03600	Hannan-Quinn criter.	16.32458
F-statistic	35.73366	Durbin-Watson stat	1.261757
Prob(F-statistic)	0.000208		

图 3-24　Goldfeld-quanadt 检验中子样 1 的回归结果

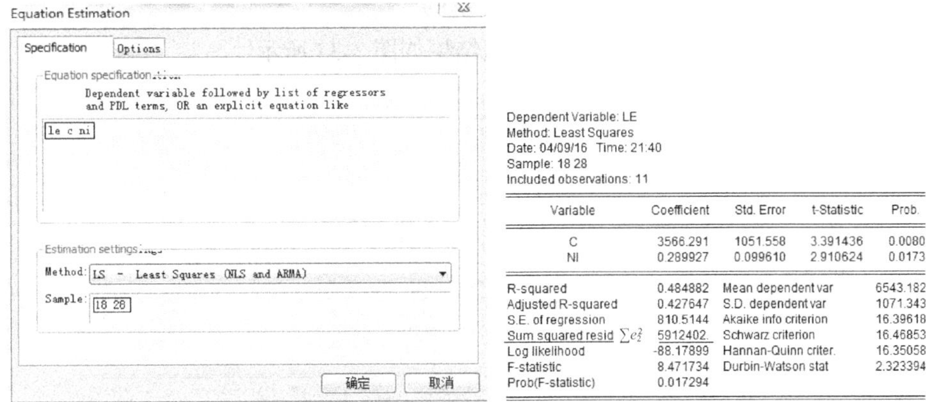

Dependent Variable: LE
Method: Least Squares
Date: 04/09/16 Time: 21:40
Sample: 18 28
Included observations: 11

Variable	Coefficient	Std. Error	t-Statistic	Prob.
C	3566.291	1051.558	3.391436	0.0080
NI	0.289927	0.099610	2.910624	0.0173

R-squared	0.484882	Mean dependent var	6543.182
Adjusted R-squared	0.427647	S.D. dependent var	1071.343
S.E. of regression	810.5144	Akaike info criterion	16.39618
Sum squared resid $\sum e_2^2$	5912402.	Schwarz criterion	16.46853
Log likelihood	-88.17899	Hannan-Quinn criter.	16.35058
F-statistic	8.471734	Durbin-Watson stat	2.323394
Prob(F-statistic)	0.017294		

图 3-25　Goldfeld-quanadt 检验中子样 2 的回归结果

在子样回归中只需要找到残差平方和 Sum squared resid 后的数值，即可进行检验。由图 3-24 得 $\sum e_1^2 = 5\ 760\ 665$，由图 3-25 得 $\sum {e_2}^2 = 5\ 912\ 402$，计算检验用统计量取值

$$F^* = \frac{\sum e_{2i}^2 / df_1}{\sum e_{1i}^2 / df_2} = \frac{5\ 912\ 402/9}{5\ 760\ 665/9} = \frac{5\ 912\ 402}{5\ 760\ 665} = 1.026$$

这里两个残差平方和 df_1 和 df_2 的自由度相等且等于 11−2=9，在 0.05 的显著性水平下，查临界值 $F_{0.05}(9,\ 9) = 3.179$[⊖]>1.026，所以不能拒绝不存在递增型异方差的原假设。

（5）White 检验结果如图 3-26 所示。图 3-26 显示，nR^2 检验的 p 值=0.010 2<0.05，表明在 0.05 的显著性水平下拒绝不存在异方差的原假设，模型存在异方差。

（6）Glejser 检验。

在 0.05 的显著性水平下，观察图 3-27～图 3-32 中的 nR^2 检验的 p 值大小表明：在检验方程为 $|e| = a + bNI + \varepsilon$ 时存在异方差；在检验方程为 $|e| = a + bNI^2 + \varepsilon$ 时存在异方差；在检

⊖ 3.179 可以在 Excel 表的单元格中键入"=finv(0.05, 9, 9)"后回车得到。

验方程为 $|e|=a+bNI^{0.5}+\varepsilon$ 时存在异方差；在检验方程为 $|e|=a+b(1/NI)+\varepsilon$ 时存在异方差；在检验方程为 $|e|=a+b(1/NI^{0.5})+\varepsilon$ 时存在异方差。这是因为，EViews 输出的 nR^2 检验的 p 值均小于 0.05。但是，在检验方程为 $|e|=a+b(1/NI^2)+\varepsilon$ 时，EViews 输出的 nR^2 检验的 p 值 = 0.068 6 大于 0.05，表明原检验模型不存在 $|e|=a+b(1/NI^2)+\varepsilon$ 形式的异方差。

Heteroskedasticity Test: White

F-statistic	6.088397	Prob. F(2,25)	0.0070
Obs*R-squared	9.171050	Prob. Chi-Square(2)	0.0102
Scaled explained SS	5.447347	Prob. Chi-Square(2)	0.0655

Test Equation:
Dependent Variable: RESID^2
Method: Least Squares
Date: 04/08/16 Time: 10:12
Sample: 1 28
Included observations: 28

Variable	Coefficient	Std. Error	t-Statistic	Prob.
C	4497347.	3299839.	1.362899	0.1851
NI^2	0.048215	0.026758	1.801927	0.0836
NI	-882.0777	604.3481	-1.459552	0.1569

R-squared	0.327537	Mean dependent var	739272.9
Adjusted R-squared	0.273740	S.D. dependent var	883658.8
S.E. of regression	753061.6	Akaike info criterion	30.00264
Sum squared resid	1.42E+13	Schwarz criterion	30.14537
Log likelihood	-417.0369	Hannan-Quinn criter.	30.04627
F-statistic	6.088397	Durbin-Watson stat	1.870755
Prob(F-statistic)	0.007012		

图 3-26 农村居民消费模型的 White 检验

（7）消除模型存在的异方差。通过 Glejser 检验，可以了解到异方差存在与什么形式的变量有关系，从而可以选择用于消除异方差的加权最小二乘估计的权数 ω 的形式。

1）对应于在检验方程为 $|e|=a+bNI$ 时存在异方差，用 $\omega=1/NI$ 作为权数，消除异方差的 EViews 命令是 ls(w=1/ni)le c ni。加权回归结果如图 3-33 所示。

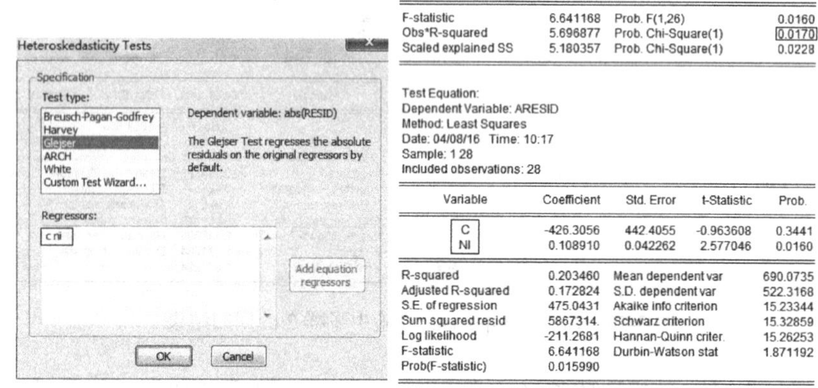

Heteroskedasticity Test: Glejser

F-statistic	6.641168	Prob. F(1,26)	0.0160
Obs*R-squared	5.696877	Prob. Chi-Square(1)	0.0170
Scaled explained SS	5.180357	Prob. Chi-Square(1)	0.0228

Test Equation:
Dependent Variable: ARESID
Method: Least Squares
Date: 04/08/16 Time: 10:17
Sample: 1 28
Included observations: 28

Variable	Coefficient	Std. Error	t-Statistic	Prob.
C	-426.3056	442.4055	-0.963608	0.3441
NI	0.108910	0.042262	2.577046	0.0160

R-squared	0.203460	Mean dependent var	690.0735
Adjusted R-squared	0.172824	S.D. dependent var	522.3168
S.E. of regression	475.0431	Akaike info criterion	15.23344
Sum squared resid	5867314.	Schwarz criterion	15.32859
Log likelihood	-211.2681	Hannan-Quinn criter.	15.26253
F-statistic	6.641168	Durbin-Watson stat	1.871192
Prob(F-statistic)	0.015990		

图 3-27 农村居民消费模型检验方程为 $|e|=a+bNI+\varepsilon$ 的 Glejser 检验

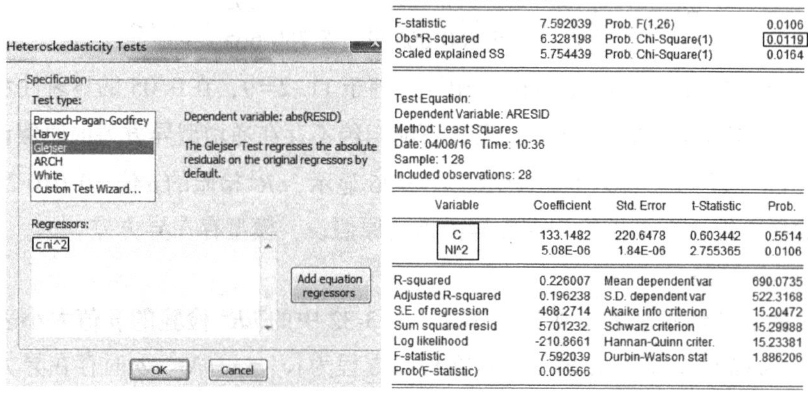

Heteroskedasticity Test: Glejser

F-statistic	7.592039	Prob. F(1,26)	0.0106
Obs*R-squared	6.328198	Prob. Chi-Square(1)	0.0119
Scaled explained SS	5.754439	Prob. Chi-Square(1)	0.0164

Test Equation:
Dependent Variable: ARESID
Method: Least Squares
Date: 04/08/16 Time: 10:36
Sample: 1 28
Included observations: 28

Variable	Coefficient	Std. Error	t-Statistic	Prob.
C	133.1482	220.6478	0.603442	0.5514
NI^2	5.08E-06	1.84E-06	2.755365	0.0106

R-squared	0.226007	Mean dependent var	690.0735
Adjusted R-squared	0.196238	S.D. dependent var	522.3168
S.E. of regression	468.2714	Akaike info criterion	15.20472
Sum squared resid	5701232.	Schwarz criterion	15.29988
Log likelihood	-210.8661	Hannan-Quinn criter.	15.23381
F-statistic	7.592039	Durbin-Watson stat	1.886206
Prob(F-statistic)	0.010566		

图 3-28 农村居民消费模型检验方程为 $|e|=a+bNI^2+\varepsilon$ 的 Glejser 检验

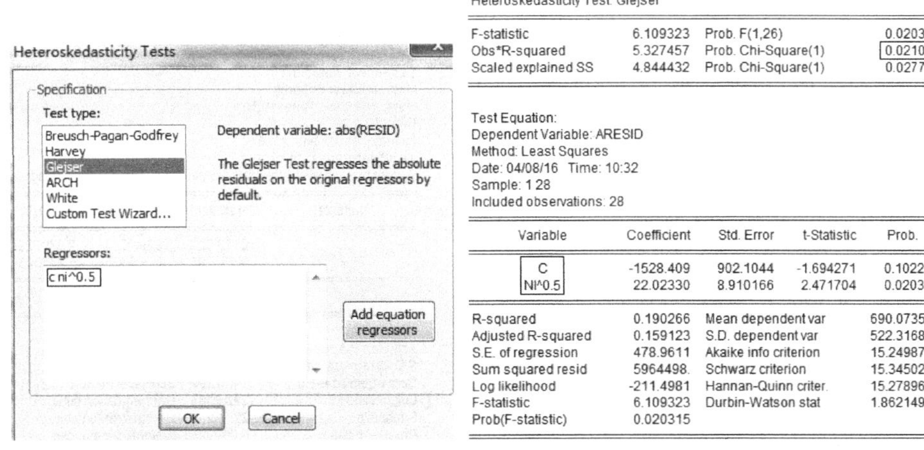

Heteroskedasticity Test: Glejser

F-statistic	6.109323	Prob. F(1,26)	0.0203
Obs*R-squared	5.327457	Prob. Chi-Square(1)	0.0210
Scaled explained SS	4.844432	Prob. Chi-Square(1)	0.0277

Test Equation:
Dependent Variable: ARESID
Method: Least Squares
Date: 04/08/16 Time: 10:32
Sample: 1 28
Included observations: 28

Variable	Coefficient	Std. Error	t-Statistic	Prob.
C	-1528.409	902.1044	-1.694271	0.1022
NI^0.5	22.02330	8.910166	2.471704	0.0203

R-squared	0.190266	Mean dependent var	690.0735
Adjusted R-squared	0.159123	S.D. dependent var	522.3168
S.E. of regression	478.9611	Akaike info criterion	15.24987
Sum squared resid	5964498.	Schwarz criterion	15.34502
Log likelihood	-211.4981	Hannan-Quinn criter.	15.27896
F-statistic	6.109323	Durbin-Watson stat	1.862149
Prob(F-statistic)	0.020315		

图 3-29 农村居民消费模型检验方程为 $|e|=a+bNI^{0.5}+\varepsilon$ 的 Glejser 检验

Heteroskedasticity Test: Glejser

F-statistic	4.478589	Prob. F(1,26)	0.0441
Obs*R-squared	4.114380	Prob. Chi-Square(1)	0.0425
Scaled explained SS	3.741341	Prob. Chi-Square(1)	0.0531

Test Equation:
Dependent Variable: ARESID
Method: Least Squares
Date: 04/08/16 Time: 10:40
Sample: 1 28
Included observations: 28

Variable	Coefficient	Std. Error	t-Statistic	Prob.
C	1741.991	505.6702	3.444915	0.0020
1/NI	-10375024	4902510.	-2.116268	0.0441

图 3-30 农村居民消费模型检验方程为 $|e|=a+b(1/NI)+\varepsilon$ 的 Glejser 检验

Heteroskedasticity Test: Glejser

F-statistic	5.012992	Prob. F(1,26)	0.0339
Obs*R-squared	4.525967	Prob. Chi-Square(1)	0.0334
Scaled explained SS	4.115611	Prob. Chi-Square(1)	0.0425

Test Equation:
Dependent Variable: ARESID
Method: Least Squares
Date: 04/08/16 Time: 10:45
Sample: 1 28
Included observations: 28

Variable	Coefficient	Std. Error	t-Statistic	Prob.
C	2843.671	966.2684	2.942941	0.0068
1/NI^0.5	-214857.3	95962.51	-2.238971	0.0339

图 3-31 农村居民消费模型检验方程为 $|e|=a+b(1/NI^{0.5})+\varepsilon$ 的 Glejser 检验

在图 3-34 中，用 White 检验结果表明 nR^2 检验的 p 值=0.394 7>0.05，所以不能拒绝图 3-33 中估计模型不存在异方差的原假设，原模型中的异方差已经消除。

2）对应于在检验方程为 $|e|=a+bNI^2+\varepsilon$ 时存在异方差，用 $\omega=1/NI^2$ 作为权数，消除异方差的 EViews 命令是 ls(w=1/ni^2) le c ni。加权回归结果如图 3-35 所示。

在图 3-36 中，用 White 检验结果表明 nR^2 检验的 p 值=0.211 6>0.05，所以不能拒绝图 3-35 中估计模型不存在异方差的原假设，原模型中的异方差已经消除。

Heteroskedasticity Test: Glejser

F-statistic	3.493522	Prob. F(1,26)	0.0729
Obs*R-squared	3.316614	Prob. Chi-Square(1)	0.0686
Scaled explained SS	3.015906	Prob. Chi-Square(1)	0.0825

Test Equation:
Dependent Variable: ARESID
Method: Least Squares
Date: 04/08/16 Time: 10:48
Sample: 1 28
Included observations: 28

Variable	Coefficient	Std. Error	t-Statistic	Prob.
C	1183.984	280.6212	4.219155	0.0003
1/NI^2	-4.64E+10	2.48E+10	-1.869097	0.0729

图 3-32 农村居民消费模型检验方程为 $|e|=a+b(1/NI^2)+\varepsilon$ 的 Glejser 检验

3）对应于在检验方程为 $|e|=a+bNI^{0.5}+\varepsilon$ 时存在异方差，用 $\omega=1/\sqrt{NI}$ 作为权数，消除异方差的 EViews 命令是 ls(w=1/ni^0.5) le c ni。加权回归结果如图 3-37 所示。

在图 3-38 中，用 White 检验结果表明 nR^2 检验的 p 值=0.154 8>0.05，所以不能拒绝图 3-37 中估计模型不存在异方差的原假设，原模型中的异方差已经被消除。

4）对应于在检验方程为 $|e|=a+b(1/NI^{0.5})+\varepsilon$ 时存在异方差，用 $\omega=\sqrt{NI}$ 作为权数，消除异方差的 EViews 命令是 ls(w=ni^0.5) le c ni。加权回归结果如图 3-39 所示。

在图 3-40 中，用 White 检验结果表明 nR^2 检验的 p 值=0.001 3<0.05，所以拒绝图 3-39 中估计模型不存在异方差的原假设，原模型中的异方差没有被消除。

5）图 3-33～图 3-40 的结果表明，选择权数为 $\omega=1/NI$、$\omega=1/NI^2$ 和 $\omega=1/\sqrt{NI}$ 时，进行加权最小二乘估计，原模型中的异方差都被消除掉了，而且模型的经济意义都符合经济理论。相比较而言，选择权数为 $\omega=1/\sqrt{NI}$ 时，估计模型的 R^2=0.565，比选择 $\omega=1/NI$ 和 $\omega=1/NI^2$ 权数时，估计模型的 R^2 大，拟合效果好，因而可作为最佳模型。根据图 3-37 写出农村居民消费一元线性回归模型加权最小二乘估计的规范估计表达式如下：

$$\hat{LE}=1\,909.149+0.478\,192NI$$

$$se=(826.320\,1)\quad(0.082\,181)$$

$$t=(2.310\,423)\quad(5.818\,738)$$

$$R^2=0.565\,637\quad F=33.857\,71\quad n=28$$

与未消除异方差时的图 3-20 估计结果相比，自发消费额由 1 731.86 元增加到1 909.15元，收入的边际消费倾向由 0.495 下降到 0.478，模型的可决系数由 0.599 8 下降到 0.565 6。说明由于异方差的影响，原模型稍微高估了收入的边际消费倾向和模型的解释能力。

Dependent Variable: LE
Method: Least Squares
Date: 04/08/16 Time: 10:50
Sample: 1 28
Included observations: 28
Weighting series: 1/NI
Weight type: Inverse standard deviation (EViews default scaling)

Variable	Coefficient	Std. Error	t-Statistic	Prob.
C	2117.322	839.9334	2.520822	0.0182
NI	0.457085	0.086635	5.275986	0.0000

Weighted Statistics

R-squared	0.517052	Mean dependent var	6625.541
Adjusted R-squared	0.498477	S.D. dependent var	909.3647
S.E. of regression	830.7156	Akaike info criterion	16.35120
Sum squared resid	17942299	Schwarz criterion	16.44636
Log likelihood	-226.9168	Hannan-Quinn criter.	16.38029
F-statistic	27.83603	Durbin-Watson stat	2.550665
Prob(F-statistic)	0.000016	Weighted mean dep.	6473.364

Unweighted Statistics

R-squared	0.596130	Mean dependent var	6810.821
Adjusted R-squared	0.580597	S.D. dependent var	1384.026
S.E. of regression	896.3139	Sum squared resid	20887843
Durbin-Watson stat	2.338325		

图 3-33 以 $1/NI$ 为权数的农村居民消费模型的加权回归估计

Heteroskedasticity Test: White

F-statistic	0.889017	Prob. F(2,25)	0.4237
Obs*R-squared	1.859171	Prob. Chi-Square(2)	0.3947
Scaled explained SS	1.141428	Prob. Chi-Square(2)	0.5651

图 3-34 以 $1/NI$ 为权数的农村居民消费模型的加权回归估计的 White 检验

Dependent Variable: LE
Method: Least Squares
Date: 04/08/16 Time: 10:55
Sample: 1 28
Included observations: 28
Weighting series: 1/NI^2
Weight type: Inverse standard deviation (EViews default scaling)

Variable	Coefficient	Std. Error	t-Statistic	Prob.
C	2629.607	910.7227	2.887385	0.0077
NI	0.402461	0.099756	4.034459	0.0004

Weighted Statistics

R-squared	0.385006	Mean dependent var	6473.364
Adjusted R-squared	0.361353	S.D. dependent var	1836.328
S.E. of regression	817.9410	Akaike info criterion	16.32021
Sum squared resid	17394716	Schwarz criterion	16.41536
Log likelihood	-226.4829	Hannan-Quinn criter.	16.34930
F-statistic	16.27686	Durbin-Watson stat	2.456771
Prob(F-statistic)	0.000427	Weighted mean dep.	6256.648

图 3-35 以 $1/NI^2$ 为权数的农村居民消费模型的加权回归估计

Heteroskedasticity Test: White

F-statistic	1.535268	Prob. F(3,24)	0.2310
Obs*R-squared	4.508264	Prob. Chi-Square(3)	0.2116
Scaled explained SS	4.085924	Prob. Chi-Square(3)	0.2523

图 3-36 以 $1/NI^2$ 为权数的农村居民消费模型的加权回归估计的 White 检验

Dependent Variable: LE
Method: Least Squares
Date: 04/08/16　Time: 10:59
Sample: 1 28
Included observations: 28
Weighting series: 1/NI^0.5
Weight type: Inverse standard deviation (EViews default scaling)

Variable	Coefficient	Std. Error	t-Statistic	Prob.
C	1909.149	826.3201	2.310423	0.0291
NI	0.478192	0.082181	5.818738	0.0000

Weighted Statistics

R-squared	0.565637	Mean dependent var	6713.976
Adjusted R-squared	0.548930	S.D. dependent var	900.4567
S.E. of regression	853.9885	Akaike info criterion	16.40646
Sum squared resid	18961705	Schwarz criterion	16.50162
Log likelihood	-227.6905	Hannan-Quinn criter.	16.43555
F-statistic	33.85771	Durbin-Watson stat	2.533930
Prob(F-statistic)	0.000004	Weighted mean dep.	6625.541

Unweighted Statistics

图 3-37　以 $1/NI^{0.5}$ 为权数的农村居民消费模型的加权回归估计

Heteroskedasticity Test: White

F-statistic	1.921787	Prob. F(2,25)	0.1674
Obs*R-squared	3.731164	Prob. Chi-Square(2)	0.1548
Scaled explained SS	2.071463	Prob. Chi-Square(2)	0.3550

图 3-38　以 $1/NI^{0.5}$ 为权数的农村居民消费模型的加权回归估计的 White 检验

Dependent Variable: LE
Method: Least Squares
Date: 04/08/16　Time: 11:05
Sample: 1 28
Included observations: 28
Weighting series: NI^0.5
Weight type: Inverse standard deviation (EViews default scaling)

Variable	Coefficient	Std. Error	t-Statistic	Prob.
C	1583.127	856.5672	1.848223	0.0760
NI	0.509400	0.078368	6.500077	0.0000

Weighted Statistics

R-squared	0.619053	Mean dependent var	6915.943
Adjusted R-squared	0.604401	S.D. dependent var	2104.235
S.E. of regression	948.1691	Akaike info criterion	16.61569
Sum squared resid	23374643	Schwarz criterion	16.71085
Log likelihood	-230.6197	Hannan-Quinn criter.	16.64478
F-statistic	42.25101	Durbin-Watson stat	2.364554
Prob(F-statistic)	0.000001	Weighted mean dep.	7028.946

图 3-39　以 $NI^{0.5}$ 为权数的农村居民消费模型的加权回归估计

Heteroskedasticity Test: White

F-statistic	10.29862	Prob. F(3,24)	0.0002
Obs*R-squared	15.75864	Prob. Chi-Square(3)	0.0013
Scaled explained SS	11.84046	Prob. Chi-Square(3)	0.0080

图 3-40　以 $NI^{0.5}$ 为权数的农村居民消费模型的加权回归估计的 White 检验

3.3.3 实验三 时间序列数据一元线性回归模型（自相关性和异方差性）

1. 数据处理

（1）求以 1978 年价格计算的城市居民家庭人均可支配收入序列 *SDI* 和 1978 年价格计算的农村居民家庭人均纯收入序列 *SNI*。表 3-10 是用 Excel 处理数据的过程和结果。

表 3-10 可比价城市居民可支配收入 *SDI* 和可比价农村居民纯收入 *SNI* 计算表

	H	I	J	K	L	M	N	O	P
4	年度	现价DI	DI环比指数	1978年价DI	计算公式	现价NI	NI环比指数	1978年价NI	计算公式
5	1978	315.00		315.00	=I5	104.71		104.71	=M5
6	1979	361.04	114.3	360.05	=K5*J6/100	133.56	127.6	133.61	=O5*N6/100
7	1980	365.00	108.1	389.21	=K6*J7/100	160.78	120.5	161.00	=O6*N7/100
8	1981	395.00	103.1	401.30	=K7*J8/100	215.57	133.4	214.77	=O7*N8/100
9	1982	429.00	103.9	417.07	=K8*J19/100	216.74	99.7	214.13	=O8*N9/100
10	1983	452.50	101.6	423.71	=K9*J10/100	272.00	124.5	266.59	=O9*N10/100
11	1984	497.49	108.8	460.98	=K10*J11/100	301.17	110.3	294.05	=O10*N11/100
12	1985	600.59	114.2	526.57	=K11*J12/100	328.78	107.0	314.63	=O11*N12/100
13	1986	724.21	113.2	595.95	=K12*J13/100	333.64	99.7	313.69	=O12*N13/100
14	1987	814.20	104.9	625.07	=K13*J14/100	377.72	110.1	345.47	=O13*N14/100
15	1988	946.10	87.2	544.88	=K14*J15/100	401.32	98.2	339.18	=O14*N15/100
16	1989	1111.46	102.2	557.10	=K15*J16/100	457.06	102.5	347.67	=O15*N16/100
17	1990	1267.73	113.5	632.27	=K16*J17/100	526.95	105.5	366.86	=O16*N17/100
18	1991	1384.81	103.9	657.15	=K17*J18/100	539.29	102.3	375.36	=O17*N18/100
19	1992	1608.03	107.8	708.52	=K18*J19/100	588.48	104.9	393.61	=O18*N19/100
20	1993	1962.75	110.4	782.21	=K19*J20/100	695.85	109.0	428.85	=O19*N20/100

（2）求以 1978 年为基期的城市居民消费价格定基指数 CPI_U 和农村居民消费价格定基指数 CPI_R，以及以 1978 年价格计算的城市居民人均消费支出序列 *SCE* 和以 1978 价格计算的农村居民人均生活费支出序列 *SLE*。表 3-11 和表 3-12 是用 Excel 处理数据的过程和结果。

表 3-11 城市居民消费价格定基指数 CPI_U 和农村居民消费价格定基指数 CPI_R 计算表

	K	L	M	N	O	P	Q
4	年度	城市CPI (上年=100)	农村CPI (上年=100)	城市CPI (1978年=100)	计算公式	农村CPI (1978年=100)	计算公式
5	1978	100.0	100.0	100.00	=L5	100.00	=M5
6	1979	100.3	100.4	100.30	=N5*L6/100	100.40	=P5*M6/100
7	1980	106.0	103.8	106.32	=N6*L7/100	104.22	=P6*M7/100
8	1981	102.4	100.8	108.87	=N7*L8/100	105.05	=P7*M8/100
9	1982	101.8	101.2	110.83	=N8*L9/100	106.31	=P8*M9/100
10	1983	102.9	100.9	114.04	=N9*L10/100	107.27	=P9*M10/100
11	1984	102.2	100.1	116.55	=N10*L11/100	107.37	=P10*M11/100
12	1985	106.5	103.6	124.13	=N11*L12/100	111.24	=P11*M12/100
13	1986	106.8	104.3	132.57	=N12*L13/100	116.02	=P12*M13/100
14	1987	107.8	105.3	142.91	=N13*L14/100	122.17	=P13*M14/100
15	1988	121.5	118.1	173.63	=N14*L15/100	144.28	=P14*M15/100
16	1989	114.9	122.0	199.51	=N15*L16/100	176.03	=P15*M16/100
17	1990	100.5	100.9	200.50	=N16*L17/100	177.61	=P16*M17/100
18	1991	105.1	100.0	210.73	=N17*L18/100	177.61	=P17*M18/100
19	1992	107.7	102.9	226.96	=N18*L19/100	182.76	=P18*M19/100
20	1993	110.6	110.3	251.01	=N19*L20/100	201.59	=P19*M20/100
21	[illegible]	[illegible]	[illegible]	[illegible]	[illegible]	[illegible]	[illegible]

表 3-12　可比价城市居民消费支出 *SCE* 和可比价农村居民消费支出 *SLE* 计算表

	R	S	T	U	V	W	X	Y	Z
4	年　份	按照当年价格计算				按照1978年价格计算		按照1978年价格计算	
5-6		消 费支 出 CE	生活消费支出　LE	城市CPI (1978年=100)	农村CPI (1978年=100)	消 费支出SCE	计算公式	生活消费支出 SLE	计算公式
7	1978	274.00	81.70	100	100.00	274	=S7	81.7	=T7
8	1979	302.98		100.3	100.40	302.07	=S8/(U8/100)		
9	1980	335.02	135.51	106.32	104.22	315.11	=S9/(U9/100)	130.03	=T9/(V9/100)
10	1981	363.23	165.57	108.87	105.05	333.64	=S10/(U10/100)	157.61	=T10/(V10/100)
11	1982	382.47	177.90	110.83	106.31	345.1	=S11/(U11/100)	167.34	=T11/(V11/100)
12	1983	405.00	196.35	114.04	107.27	355.13	=S12/(U12/100)	183.05	=T12/(V12/100)
13	1984	431.68	219.64	116.55	107.37	370.37	=S13/(U13/100)	204.56	=T13/(V13/100)
14	1985	556.72	260.19	124.13	111.24	448.5	=S14/(U14/100)	233.9	=T14/(V14/100)
15	1986	653.83	292.48	132.57	116.02	493.2	=S15/(U15/100)	252.09	=T15/(V15/100)
16	1987	711.27	309.90	142.91	122.17	497.71	=S16/(U16/100)	253.66	=T16/(V16/100)
17	1988	896.55	346.73	173.63	144.28	516.34	=S17/(U17/100)	240.31	=T17/(V17/100)
18	1989	963.97	390.05	199.51	176.03	483.18	=S18/(U18/100)	221.59	=T18/(V18/100)
19	1990	1067.67	437.73	200.5	177.61	532.49	=S19/(U19/100)	246.45	=T19/(V19/100)
20	1991	1199.95	454.68	210.73	177.61	569.43	=S20/(U20/100)	256	=T20/(V20/100)

2. 创建城市居民消费时间序列文件

创建城市居民消费时间序列文件 EViews 命令：create urban2 a 1978 2014。创建变量 EViews 命令：data sce sdi。EViews 输出结果（略）。

3. 绘制散点图

变量 *sce* 与 *sdi* 散点图的 EViews 命令：scat sce sdi，输出结果如图 3-41 所示。变量 ln(*SCE*) 与 ln(*SDI*) 散点图的 EViews 命令：scat log(sce) log(sdi)，输出结果如图 3-42 所示。

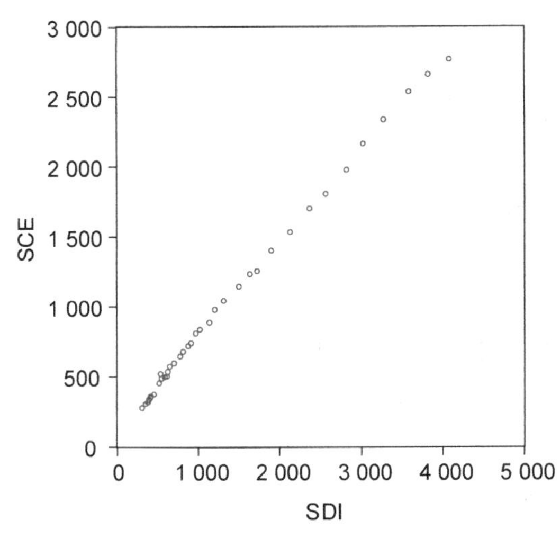

图 3-41　变量 *SCE* 与 *SDI* 的散点图

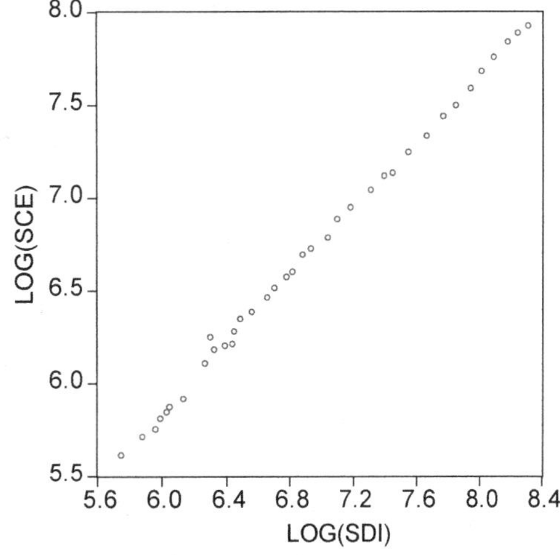

图 3-42　变量 ln(*SCE*) 与 ln(*SDI*) 的散点图

4. 根据绝对收入假说和图形分析，建立城市居民消费的理论模型

根据凯恩斯绝对收入假说，居民消费可分为自发消费和引致消费两部分。自发消费是居民维持基本生存的消费量，引致消费是由收入增加等原因引起的消费增量。仅考虑收入对消费的影响，可建立城市居民的非对数消费模型为 $SCE=\beta_1+\beta_2 SDI+u$。模型中的 β_1 是自发消费额，应当为正值，即 $\beta_1>0$；β_2 是收入的边际消费倾向，应当为正值，且在 0 和 1 之间，即 $0<\beta_2<1$。

同时，建立城市居民家庭的双对数模型 $\ln(SCE)=\beta_1+\beta_2\ln(SDI)+u$。这里模型中的 β_1 无实际意义；β_2 是收入的消费弹性，应当为正值，即 $\beta_2>0$。

5. 城市居民消费模型估计

（1）用 OLS 法估计城市居民消费非对数模型的 EViews 命令：ls sce c sdi。同时，生成新变量 $e1$ 替代 resid 的 EViews 命令：genr e1=resid。EViews 输出结果如图 3-43 所示。

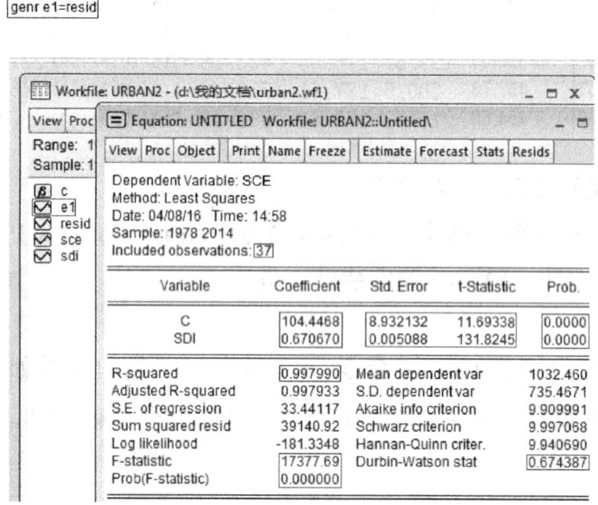

图 3-43 城市居民消费非对数一元线性回归模型估计

依据图 3-43 写出城市居民消费非对数模型的 OLS 估计的规范表达式：

$$\widehat{SCE} = 104.4468 + 0.67067SDI$$
$$se = (8.932132) \quad (0.005088)$$
$$t = (11.69338) \quad (131.8245)$$
$$R^2 = 0.99799 \quad F = 17377.69 \quad DW = 0.674387 \quad n = 37$$

（2）用 OLS 法估计城市居民消费双对数模型的 EViews 命令：ls log(sce) c log(sdi)。同时，生成新变量 $e2$ 替代 resid 的 EViews 命令：genr e2=resid。EViews 输出结果如图 3-44 所示。

依据图 3-44 写出城市居民消费双对数模型的 OLS 估计的规范表达式：

$$\ln(\widehat{SCE}) = 0.423417 + 0.904501\ln(SDI)$$
$$se = (0.054223) \quad (0.007761)$$
$$t = (7.808797) \quad (116.5376)$$
$$R^2 = 0.997429 \quad F = 13581.02 \quad DW = 1.248253 \quad n = 37$$

6. 模型统计检验和拟合效果比较

（1）对非对数回归模型进行检验。

1）经济意义检验。首先，用 EViews 输出的回归系数 90%置信区间，对回归模型中回归参数的符号进行检验；用 EViews 输出的回归系数 95%置信区间，对回归模型中回归参数的取值范围进行检验。在模型的输出窗口选择“View”→“Coeffocent Diagnotics”→“Coefficient Confidence Intervals”，在对话框中保留 0. 90 和 0. 95 后单击“OK”按钮。

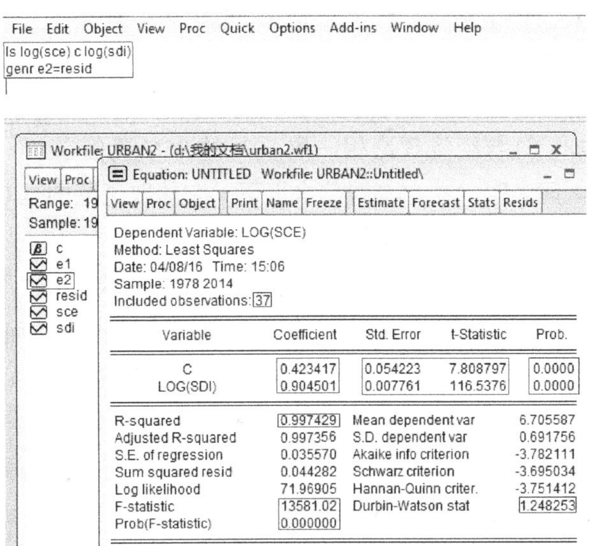

Variable	Coefficient	Std. Error	t-Statistic	Prob.
C	0.423417	0.054223	7.808797	0.0000
LOG(SDI)	0.904501	0.007761	116.5376	0.0000

R-squared	0.997429	Mean dependent var	6.705587
Adjusted R-squared	0.997356	S.D. dependent var	0.691756
S.E. of regression	0.035570	Akaike info criterion	-3.782111
Sum squared resid	0.044282	Schwarz criterion	-3.695034
Log likelihood	71.96905	Hannan-Quinn criter.	-3.751412
F-statistic	13581.02	Durbin-Watson stat	1.248253
Prob(F-statistic)	0.000000		

图 3-44　城市居民消费双对数一元线性回归模型估计

从图 3-45 输出结果看，当城市居民可支配收入为零时，其自发消费支出平均为 104. 45 元，β_1 的 90%的置信区间是 89. 36≤β_1≤119. 54，表明在 0. 05 的显著性水平下自发消费β_1 为正值统计显著，这与经济理论相一致。β_1 的 95%的置信区间表明，在 95%置信水平下，它的取值范围是 86. 31 元≤β_1≤122. 58 元。

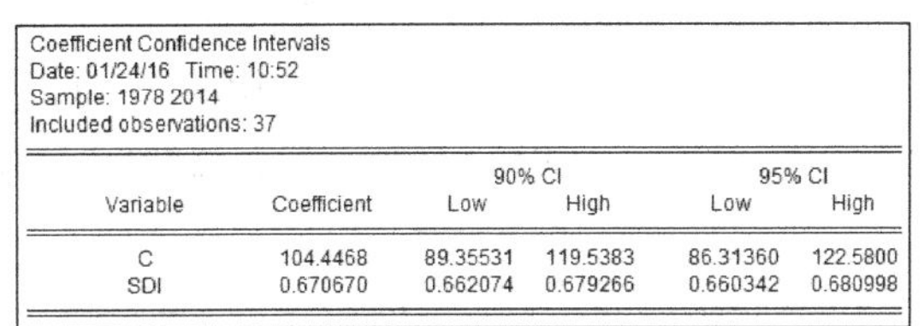
Coefficient Confidence Intervals
Date: 01/24/16 Time: 10:52
Sample: 1978 2014
Included observations: 37

Variable	Coefficient	90% CI Low	90% CI High	95% CI Low	95% CI High
C	104.4468	89.35531	119.5383	86.31360	122.5800
SDI	0.670670	0.662074	0.679266	0.660342	0.680998

图 3-45　城市非对数消费模型回归系数的区间估计

当城市居民可支配收入每增加 1 元，其消费支出平均增加 0. 67 元。β_2 的 90% 的置信区间是 0. 662 ≤ β_2 ≤ 0. 679，表明在 0. 05 的显著性水平下，β_2 取正值统计显著，表明收入增加时消费也增加，这与经济理论相一致。β_2 的 95%的置信区间表明，在 95%置信水平下，它的取值范围是 0. 660≤β_2≤0. 681，在 0~1 之间，检验结果与经济理论相一致。

2）拟合优度检验。R^2=0. 997 99，说明回归模型中有 99. 8%的城市居民消费支出变动可以由收入变动来解释，模型的拟合效果很好。

3）t 检验。在 0. 05 的显著性水平下，对 H_0：$\beta_1=0$，H_1：$\beta_1\neq0$ 进行假设检验，由于图 3-43 中 t 检验的 p 值=0. 000 0<0. 05，故拒绝原假设，$\beta_1\neq0$ 在统计上显著；对 H_0：$\beta_2=0$，H_1：$\beta_2\neq0$ 进行假设检验，由于图 3-43 中 t 检验的 p 值=0. 000 0<0. 05，故拒绝原假设，$\beta_2\neq0$ 在统计上显著。

（2）对双对数模型进行检验。

1）经济意义检验。首先，用 EViews 输出的回归系数 90%置信区间，对回归模型中回归参数的符号进行检验，用 EViews 输出的回归系数 95%置信区间，对回归模型中回归参数的取值范围进行检验。在模型的输出窗口选择“View”→“Coeffocent Diagnotics”→“Coefficient Confidence Intervals”，在对话框中保留 0.90 和 0.95 后单击“OK”按钮。

Coefficient Confidence Intervals
Date: 01/24/16 Time: 10:28
Sample: 1978 2014
Included observations: 37

Variable	Coefficient	90% CI Low	90% CI High	95% CI Low	95% CI High
C	0.423417	0.331803	0.515030	0.313338	0.533495
LOG(SDI)	0.904501	0.891388	0.917615	0.888745	0.920258

图 3-46 农村非对数消费模型回归系数的区间估计

从图 3-46 的结果看，当城市居民可支配收入每增加 1%时，其消费支出平均增加 0.905%，β_2 的 90%置信区间是 $0.891 \leqslant \beta_2 \leqslant 0.918$，表明在 0.05 的显著性水平下，$\beta_2$ 取正值统计显著，收入增加时消费也增加，这与经济理论相一致。β_2 的 95%置信区间表明，在 95%置信水平下，它的取值范围是 $0.889 \leqslant \beta_2 \leqslant 0.920$，检验结果与经济理论相一致。

注意：在双对数模型中，β_1 没有实际意义，不必检验之。

2）拟合优度检验。$R^2=0.997\,429$，说明在回归模型中有 99.7%的城市居民消费支出变动可以由收入变动来解释，模型的拟合效果很好。

3）t 检验。在 0.05 的显著性水平下，对 H_0：$\beta_2=0$，H_1：$\beta_2 \neq 0$ 进行假设检验，由于图 3-44 中 t 检验的 p 值 $=0.000\,0<0.05$，故拒绝原假设，$\beta_2 \neq 0$ 在统计上显著。

7. 估计模型的异方差检验

（1）对城市居民消费非对数模型进行异方差检验。对时间序列模型的异方差除了用 White 等方法进行检验之外，还可以进行 ARCH 检验。ARCH 检验的 EViews 操作是，在回归模型输出窗口选择“View”→“Residual Diagnostics”→“Heteroskerdasticity Tests”，在对话框中的“Test type”选项中选择“ARCH”，单击“OK”按钮。EViews 的 ARCH 检验输出结果如图 3-47 所示。EViews 的 White 检验输出结果如图 3-48 所示。

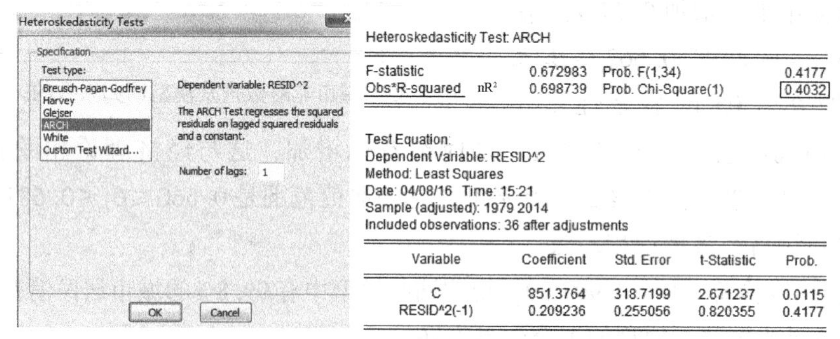

Heteroskedasticity Test: ARCH

F-statistic	0.672983	Prob. F(1,34)	0.4177
Obs*R-squared nR²	0.698739	Prob. Chi-Square(1)	0.4032

Test Equation:
Dependent Variable: RESID^2
Method: Least Squares
Date: 04/08/16 Time: 15:21
Sample (adjusted): 1979 2014
Included observations: 36 after adjustments

Variable	Coefficient	Std. Error	t-Statistic	Prob.
C	851.3764	318.7199	2.671237	0.0115
RESID^2(-1)	0.209236	0.255056	0.820355	0.4177

图 3-47 城市非对数消费回归模型的 ARCH 检验结果

图 3-47 的 ARCH 检验输出结果表明，统计量 nR^2 的 p 值 $=0.403\,2>0.05$，所以在 0.05 的显著性水平下不能拒绝不存在异方差的原假设。但是，图 3-48 的 White 检验输出结果表明，统计量 nR^2 的 p 值 $=0.014\,4<0.05$，存在与变量 SDI 有关的异方差。所以，在 0.05 的显著性水平下拒绝不存在异方差的原假设。

（2）对城市居民消费双对数模型进行异方差检验——White 检验和 ARCH 检验（见图 3-49）。

图 3-49 的 White 检验输出表明，统计量 nR^2 的 p 值 $=0.195\,4>0.05$；ARCH 检验输出

结果表明，统计量 nR^2 的 p 值=0. 755 4>0. 05。所以，在 0. 05 的显著性水平下都不能拒绝不存在异方差的原假设。

8. 自相关性检验

（1）对非对数模型进行自相关检验。

1）用图示法检验一阶自相关。绘制 $e1$ 和 $e1(-1)$ 散点图的 EViews 命令：scat e1 e1(-1)，可得到如图 3-50 所示的散点图。绘制残差序列 $e1$ 相关图 EViews 命令：ident e1，如图 3-51 所示。残差线图可在模型输出窗口单击“resid”得到，如图 3-52 所示。

判断：图 3-50 中，$e1$ 和 $e1(-1)$ 同时增减，表明非对数模型存在着一阶正自相关。图 3-51 中偏自相关（partial correlation）系数在滞后一期（$i=1$）时横条杆长度已超出虚竖线而二期以后均在虚竖线以内，表明非对数模型存在一阶正自相关。图 3-52 中在 0 附近波动的残差折线基本上是连续几个负值后再连续几个正值，表明非对数模型存在一阶正自相关。

Heteroskedasticity Test: White

F-statistic	5.056321	Prob. F(2,34)	0.0120
Obs*R-squared	8.482098	Prob. Chi-Square(2)	0.0144
Scaled explained SS	5.685535	Prob. Chi-Square(2)	0.0583

Test Equation:
Dependent Variable: RESID^2
Method: Least Squares
Date: 04/11/16 Time: 16:31
Sample: 1978 2014
Included observations: 37

Variable	Coefficient	Std. Error	t-Statistic	Prob.
C	2194.045	549.8034	3.990599	0.0003
SDI^2	0.000572	0.000188	3.042367	0.0045
SDI	-2.096111	0.765424	-2.738498	0.0098

图 3-48　城市非对数消费回归模型的 White 检验结果

Heteroskedasticity Test: White

F-statistic	1.645737	Prob. F(2,34)	0.2079
Obs*R-squared	3.265747	Prob. Chi-Square(2)	0.1954
Scaled explained SS	6.694008	Prob. Chi-Square(2)	0.0352

Heteroskedasticity Test: ARCH

F-statistic	0.091940	Prob. F(1,34)	0.7636
Obs*R-squared	0.097086	Prob. Chi-Square(1)	0.7554

图 3-49　城市双对数消费回归模型的 White 检验和 ARCH 检验

2）DW 检验。图 3-43 中，DW=0. 674 387，n=37，k'=1。注意：k' 是检验模型中解释变量的个数，它等于检验模型中不含截距项的回归参数的个数。在 0. 05 的显著性水平下，查 DW 临界值表得 dL=1. 419，du=1. 530。由于 $DW<dL$，落入正自相关区域，因此非对数模型存在一阶正自相关。

3）LM 检验。LM 检验的 EViews 操作是，在非对数回归模型输出窗口选择“View”→“Residual Diagnostics”→“Serial Correlation LM Tests”，滞后阶数（lags to）为 EViews 的默认值 2。EViews 输出结果如图 3-53 所示。

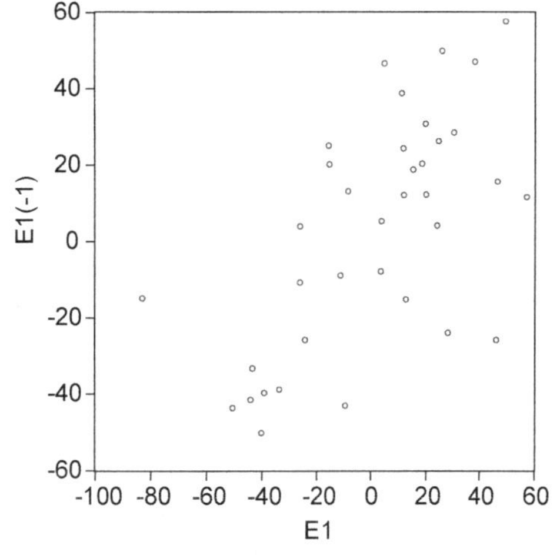

图 3-50　城市居民非对数消费模型残差 $e1_t$ 与 $e1_{t-1}$ 的散点图

图 3-53 的 LM 检验输出结果表明，统计量 nR^2 的 p 值=0. 000 6<0. 05，所以在 0. 05 的显著性水平下拒绝不存在自相关的原假设。因为检验方程中的 RESID(−1)的回归系数为正值，其后 t 检验的 p 值=0. 002 6<0. 10，所以认为存在一阶正自相关。

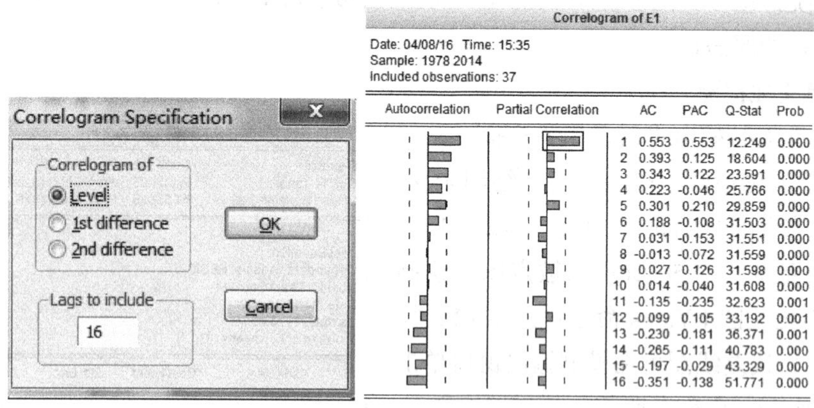

Correlogram of E1

Date: 04/08/16 Time: 15:35
Sample: 1978 2014
Included observations: 37

Autocorrelation	Partial Correlation		AC	PAC	Q-Stat	Prob
		1	0.553	0.553	12.249	0.000
		2	0.393	0.125	18.604	0.000
		3	0.343	0.122	23.591	0.000
		4	0.223	-0.046	25.766	0.000
		5	0.301	0.210	29.859	0.000
		6	0.188	-0.108	31.503	0.000
		7	0.031	-0.153	31.551	0.000
		8	-0.013	-0.072	31.559	0.000
		9	0.027	0.126	31.598	0.000
		10	0.014	-0.040	31.608	0.000
		11	-0.135	-0.235	32.623	0.001
		12	-0.099	0.105	33.192	0.001
		13	-0.230	-0.181	36.371	0.001
		14	-0.265	-0.111	40.783	0.000
		15	-0.197	-0.029	43.329	0.000
		16	-0.351	-0.138	51.771	0.000

图 3-51 城市居民非对数消费模型残差 $e1$ 的相关图

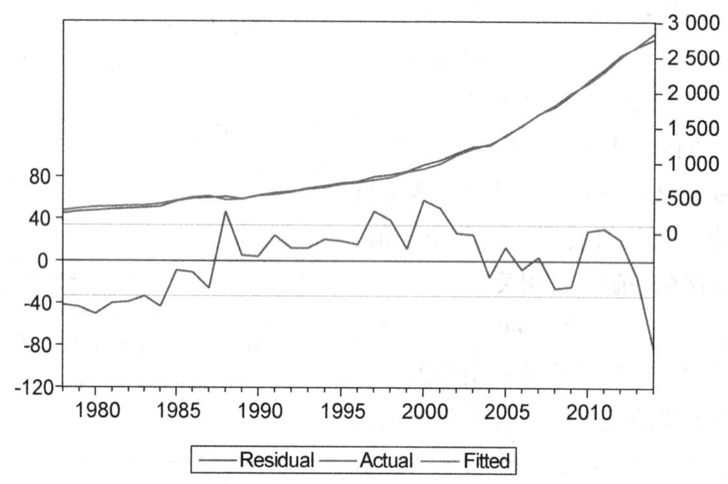

图 3-52 城市居民非对数消费模型的残差图

Breusch-Godfrey Serial Correlation LM Test:

F-statistic	11.01596	Prob. F(2,33)	0.0002
Obs*R-squared	14.81287	Prob. Chi-Square(2)	0.0006

Test Equation:
Dependent Variable: RESID
Method: Least Squares
Date: 04/08/16 Time: 16:52
Sample: 1978 2014
Included observations: 37
Presample missing value lagged residuals set to zero.

Variable	Coefficient	Std. Error	t-Statistic	Prob.
C	4.892640	7.241291	0.675658	0.5040
SDI	-0.004814	0.004245	-1.133915	0.2650
RESID(-1)	0.626525	0.192244	3.259010	0.0026
RESID(-2)	0.137558	0.196998	0.698272	0.4899

图 3-53 城市居民非对数消费模型的 *LM* 检验

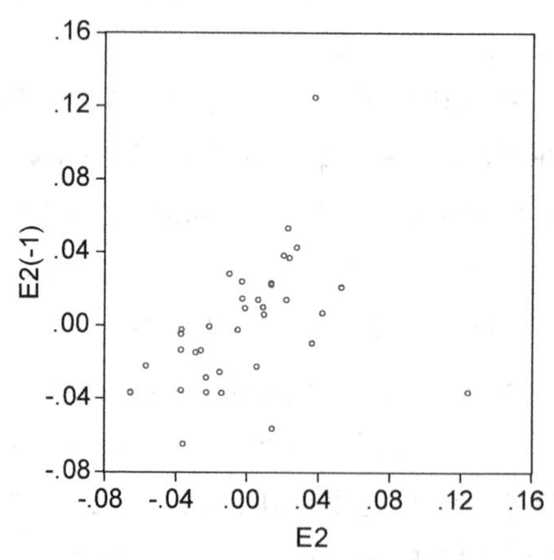

图 3-54 城市居民双对数消费模型残差 $e2_t$ 与 $e2_{t-1}$ 的散点图

（2）对双对数模型进行自相关检验。

1）用图示法检验。判断：图 3-54 表明，$e2$ 和 $e2(-1)$ 似乎同时增减，表明双对数模型可能存在着一阶正自相关。图 3-55 中偏自相关系数在一阶（$i=1$）和三阶（$i=3$）时横条杆的长度已超出虚竖线，表明双对数模型存在一阶和三阶正自相关。图 3-56 中残差折线大约连续几个负值后再连续几个正值，表明双对数模型可能存在一阶正自相关。

2）*DW* 检验。图 3-44 中，$DW=1.248\ 253$，$n=37$，$k'=1$。在 0.05 的显著性水平下，查 *DW* 临界值表得 $dL=1.419$，$du=1.530$。由于 $DW<dL$，落入正自相关区域，模型存在一阶自相关。

3）*LM* 检验。在双对数回归模型输出窗口选择 “View” → “Residual Diagnostics” → “Serial Correlation *LM* Tests”。考虑到残差相关图存在 3 阶相关，滞后阶数取 4。EViews 输出结果如图 3-57 所示。

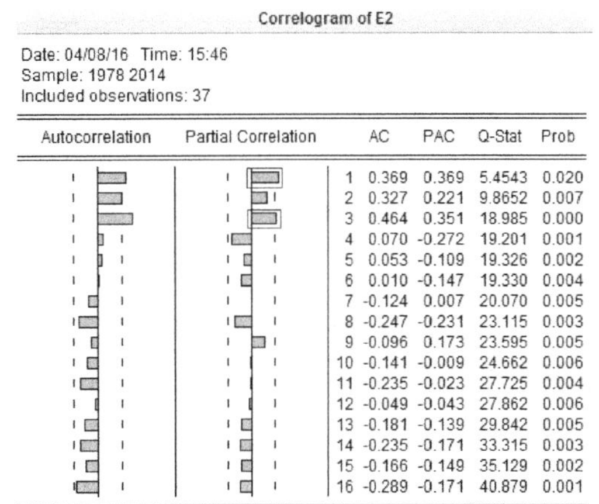
Correlogram of E2

Date: 04/08/16 Time: 15:46
Sample: 1978 2014
Included observations: 37

Autocorrelation	Partial Correlation		AC	PAC	Q-Stat	Prob
		1	0.369	0.369	5.4543	0.020
		2	0.327	0.221	9.8652	0.007
		3	0.464	0.351	18.985	0.000
		4	0.070	-0.272	19.201	0.001
		5	0.053	-0.109	19.326	0.002
		6	0.010	-0.147	19.330	0.004
		7	-0.124	0.007	20.070	0.005
		8	-0.247	-0.231	23.115	0.003
		9	-0.096	0.173	23.595	0.005
		10	-0.141	-0.009	24.662	0.006
		11	-0.235	-0.023	27.725	0.004
		12	-0.049	-0.043	27.862	0.006
		13	-0.181	-0.139	29.842	0.005
		14	-0.235	-0.171	33.315	0.003
		15	-0.166	-0.149	35.129	0.002
		16	-0.289	-0.171	40.879	0.001

图 3-55　城市居民双对数消费模型残差 e2 的相关图

图 3-57 输出结果表明，统计量 nR^2 的 p 值 $=0.014\ 2<0.05$，所以在 0.05 的显著性水平下拒绝不存在自相关的原假设。因为检验方程中的 RESID(−1) 和 RESID(−3) 的回归系数为均正值，其后 t 检验的 p 值分别是 0.084 7 和 0.019 3，均小于 0.10，所以在 0.10 的显著性水平下，可以认为模型存在一阶和三阶正自相关。

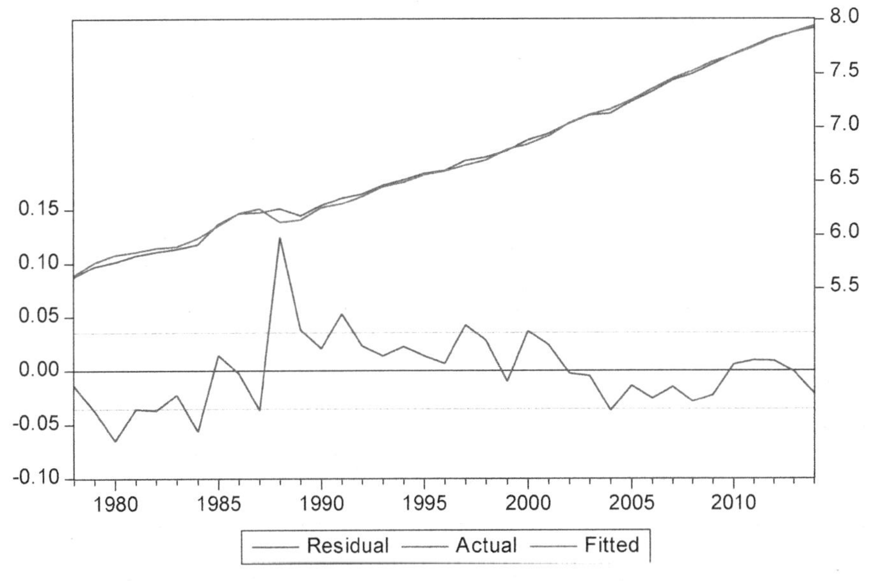

图 3-56　城市居民双对数消费模型的残差图

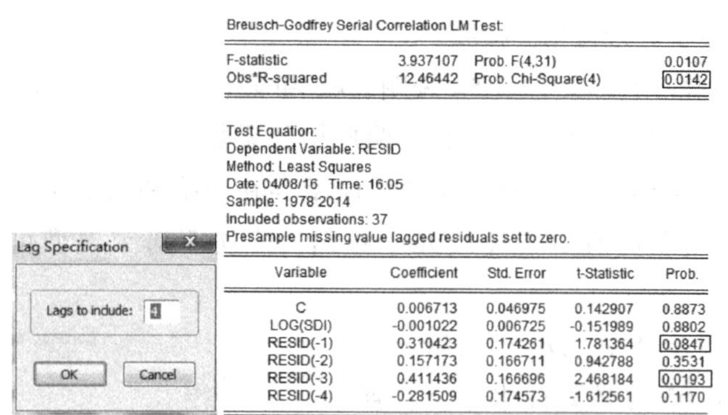

Breusch-Godfrey Serial Correlation LM Test:

F-statistic	3.937107	Prob. F(4,31)	0.0107
Obs*R-squared	12.46442	Prob. Chi-Square(4)	0.0142

Test Equation:
Dependent Variable: RESID
Method: Least Squares
Date: 04/08/16 Time: 16:05
Sample: 1978 2014
Included observations: 37
Presample missing value lagged residuals set to zero.

Variable	Coefficient	Std. Error	t-Statistic	Prob.
C	0.006713	0.046975	0.142907	0.8873
LOG(SDI)	-0.001022	0.006725	-0.151989	0.8802
RESID(-1)	0.310423	0.174261	1.781364	0.0847
RESID(-2)	0.157173	0.166711	0.942788	0.3531
RESID(-3)	0.411436	0.166696	2.468184	0.0193
RESID(-4)	-0.281509	0.174573	-1.612561	0.1170

图 3-57 城市居民消费双对数回归模型的 *LM* 检验

9. 自相关的处理

（1）对城市居民消费非对数模型的修正。

1）处理非对数模型一阶自相关的广义差分法 EViews 命令：ls sce c sdi ar(1)。EViews 输出结果如图 3-58 所示。

Dependent Variable: SCE
Method: Least Squares
Date: 04/08/16 Time: 16:12
Sample (adjusted): 1979 2014
Included observations: 36 after adjustments
Convergence achieved after 6 iterations

Variable	Coefficient	Std. Error	t-Statistic	Prob.
C	131.1194	30.54156	4.293147	0.0001
SDI	0.653777	0.015169	43.10023	0.0000
AR(1)	0.723158	0.147273	4.910316	0.0000

R-squared	0.998855	Mean dependent var	1053.529
Adjusted R-squared	0.998785	S.D. dependent var	734.4888
S.E. of regression	25.60005	Akaike info criterion	9.402721
Sum squared resid	21626.96	Schwarz criterion	9.534681
Log likelihood	-166.2490	Hannan-Quinn criter.	9.448778
F-statistic	14388.95	Durbin-Watson stat	2.095416
Prob(F-statistic)	0.000000		

Inverted AR Roots .72

图 3-58 用广义差分法修正城市非对数消费回归模型的自相关

图 3-58 表明，一阶自相关系数 ρ_1 的 t 检验 p 值 = 0.000 0，说明原模型确实存在一阶自相关。采用广义差分法修正后，$DW = 2.095$，$n = 36$，$k' = 1$。在 0.05 的显著性水平下，查 DW 临界值表得 $dL = 1.411$，$du = 1.525$。由于 $du < DW < 4 - du$，落入无自相关区域，认为一阶自相关已经消除。

2）异方差检验——White 检验和 ARCH 检验（见图 3-59）。

Heteroskedasticity Test: White

F-statistic	2.398347	Prob. F(5,30)	0.0606
Obs*R-squared	10.28065	Prob. Chi-Square(5)	0.0677
Scaled explained SS	10.22667	Prob. Chi-Square(5)	0.0691

Heteroskedasticity Test: ARCH

F-statistic	0.017046	Prob. F(1,33)	0.8969
Obs*R-squared	0.018070	Prob. Chi-Square(1)	0.8931

图 3-59 城市居民消费回归模型消除自相关后的 White 检验和 ARCH 检验

图 3-59 的 White 检验输出表明，统计量 nR^2 的 p 值 = 0.067 7 > 0.05；ARCH 检验输出表明，统计量 nR^2 的 p 值 = 0.893 1 > 0.05。所以，在 0.05 的显著性水平下都不能拒绝不存在异方差的原假设。

3）用规范形式写出图 3-58 最终模型估计结果。

$$\hat{SCE} = 131.1194 + 0.653777SDI + [AR(1) = 0.723158]$$
$$se = (30.54156) \quad (0.015169) \quad (0.147273)$$
$$t = (4.293147) \quad (43.10023) \quad (4.910316)$$
$$R^2 = 0.998855 \quad F = 14388.95 \quad DW = 2.095416 \quad n = 36$$

（2）对城市居民消费双对数模型的修正。

1）用广义差分法消除双对数模型的一阶和三阶自相关的 EViews 命令：ls log(sce) c log(sdi) ar(1) ar(3)。EViews 输出结果如图 3-60 所示。

Dependent Variable: LOG(SCE)
Method: Least Squares
Date: 04/08/16 Time: 16:31
Sample (adjusted): 1981 2014
Included observations: 34 after adjustments
Convergence achieved after 8 iterations

Variable	Coefficient	Std. Error	t-Statistic	Prob.
C	0.618582	0.150227	4.117650	0.0003
LOG(SDI)	0.878927	0.019867	44.24011	0.0000
AR(1) $\hat{\rho}_1$ →	0.177281	0.151995	1.166365	0.2527
AR(3) $\hat{\rho}_3$ →	0.451891	0.150717	2.998280	0.0054

R-squared	0.998147	Mean dependent var	6.795000
Adjusted R-squared	0.997962	S.D. dependent var	0.648174
S.E. of regression	0.029264	Akaike info criterion	-4.114781
Sum squared resid	0.025692	Schwarz criterion	-3.935209
Log likelihood	73.95128	Hannan-Quinn criter.	-4.053542
F-statistic	5386.421	Durbin-Watson stat	1.977605
Prob(F-statistic)	0.000000		

Inverted AR Roots	.83	-.33+.66i	-.33-.66i

图 3-60　用广义差分法纠正城市双对数模型的一阶和三阶自相关性

图 3-60 中，对一阶自相关系数 ρ_1 的 t 检验 p 值=0.2527，表明在 0.10 的显著性水平下 $\rho_1 \neq 0$ 统计不显著。忽略一阶自相关，在模型中仅考虑存在三阶自相关。用广义差分法消除三阶自相关的 EViews 命令：ls log(sce) c log(sdi) ar(3)，如图 3-61 所示。

图 3-61 表明，ρ_3 的 t 检验 p 值=0.0011，在 0.05 的显著性水平下 $\rho_3 \neq 0$ 统计显著，说明原模型确实存在三阶自相关。重新对纠正了三阶自相关的模型进行自相关检验。由于原模型存在高阶（三阶）自相关，不能用 DW 值进行检验。取滞后阶数（lags to）为 3，对估计模型进行 LM 检验。图 3-62 的 LM 检验输出表明，统计量 $nR^2 = LM(3) = 1.769581$，对应的 p 值=0.621577>0.05，所以在 0.05 的显著性水平下不能拒绝不存在自相关的原假设，自相关性已消除。

Dependent Variable: LOG(SCE)
Method: Least Squares
Date: 04/08/16 Time: 16:41
Sample (adjusted): 1981 2014
Included observations: 34 after adjustments
Convergence achieved after 7 iterations

Variable	Coefficient	Std. Error	t-Statistic	Prob.
C	0.569751	0.105904	5.379866	0.0000
LOG(SDI)	0.885217	0.014328	61.78301	0.0000
AR(3)	0.502911	0.140263	3.585475	0.0011

R-squared	0.998068	Mean dependent var	6.795000
Adjusted R-squared	0.997943	S.D. dependent var	0.648174
S.E. of regression	0.029397	Akaike info criterion	-4.131770
Sum squared resid	0.026789	Schwarz criterion	-3.997091
Log likelihood	73.24009	Hannan-Quinn criter.	-4.085841
F-statistic	8006.248	Durbin-Watson stat	1.563383
Prob(F-statistic)	0.000000		

Inverted AR Roots	.80	-.40+.69i	-.40-.69i

图 3-61　用广义差分法修正城市双对数模型的三阶自相关性

Breusch-Godfrey Serial Correlation LM Test:

F-statistic	0.512438	Probability	0.677016
Obs*R-squared	1.769581	Probability	0.621577

图 3-62　消除三阶自相关后的城市双对数模型的 LM 检验

2）异方差检验——White 检验和 ARCH 检验：

图 3-63 的 White 检验输出表明，统计量 nR^2 的 p 值=0.0743>0.05；ARCH 检验输出表明，统计量 nR^2 的 p 值=0.9043>0.05。所以，在 0.05 的显著性水平下都不能拒绝不存在异方差的原假设。

3）依据图 3-61 和图 3-62，用规范形式写出城市双对数消费回归最终模型估计结果。

$$\ln\widehat{SCE} = 0.569\,751 + 0.885\,217\ln SDI + [AR(3) = 0.502\,911]$$
$$se = (0.105\,904) \qquad (0.014\,328) \qquad (0.140\,263)$$
$$t = (5.379\,866) \qquad (61.783\,01) \qquad (3.585\,475)$$
$$R^2 = 0.998\,068 \quad F = 8\,006.248 \quad \text{LM}(3) = 1.769\,581 \quad n = 34$$

Heteroskedasticity Test: White			
F-statistic	2.344844	Prob. F(5,28)	0.0674
Obs*R-squared	10.03477	Prob. Chi-Square(5)	0.0743
Scaled explained SS	24.06270	Prob. Chi-Square(5)	0.0002
Heteroskedasticity Test: ARCH			
F-statistic	0.013583	Prob. F(1,31)	0.9080
Obs*R-squared	0.014453	Prob. Chi-Square(1)	0.9043

图 3-63　消除三阶自相关后的城市双对数模型的 White 检验和 ARCH 检验

10. 农村居民消费回归模型

（1）建立农村居民收支时间序列数据 EViews 工作文件 rural2 的命令：create rural2 a 1978 2014。创建变量的命令是 data sle sni。录入样本数据。EViews 输出结果如图 3-64 所示。

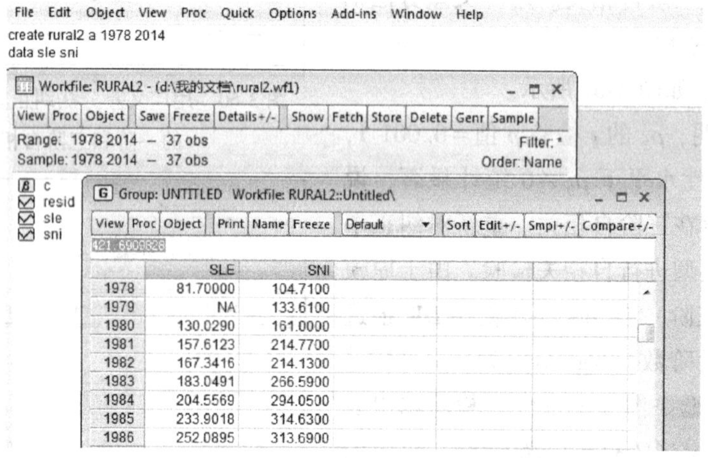

图 3-64　创建农村居民消费 EViews 工作文件及变量

（2）散点图。

1）非对数变量散点图操作命令是 scat sle sni。图 3-65 表明两变量 *SLE* 和 *SNI* 呈线性正相关关系。

2）做双对数变量散点图命令是 scat log(sle)　log(sni)。图 3-66 表明，变量 ln(*SLE*) 和 ln(*SNI*) 呈线性正相关关系。

（3）农村居民消费理论总体回归模型设定与城市居民消费理论总体回归模型相似。

（4）模型估计。

1）用普通最小二乘法估计农村居民消费非对数模型的 EViews 命令：ls sle c sni。同时，生成新变量 *e*3 替代 resid 的 EViews 命令：genr e3=resid。EViews 输出结果如图 3-67 所示。

2）用普通最小二乘法估计农村居民消费双对数模型的 EViews 命令：ls log(sle) c log(sni)。同时，生成新变量 *e*4 替代 resid 的 EViews 命令：genr e4=resid。EViews 输出结果如图 3-68 所示。

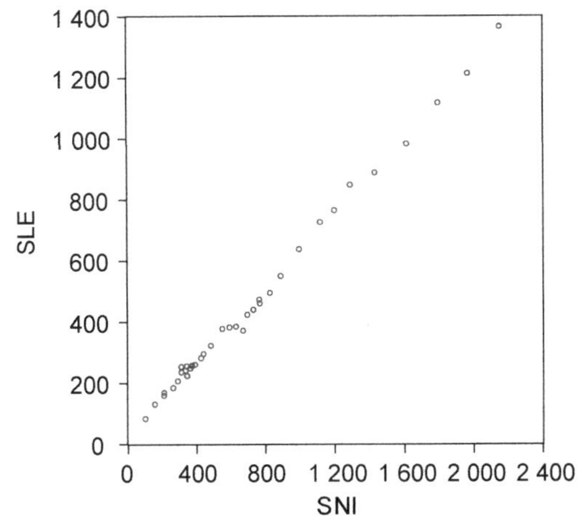

图 3-65　农村居民变量 *SNI* 和 *SLE* 的散点图

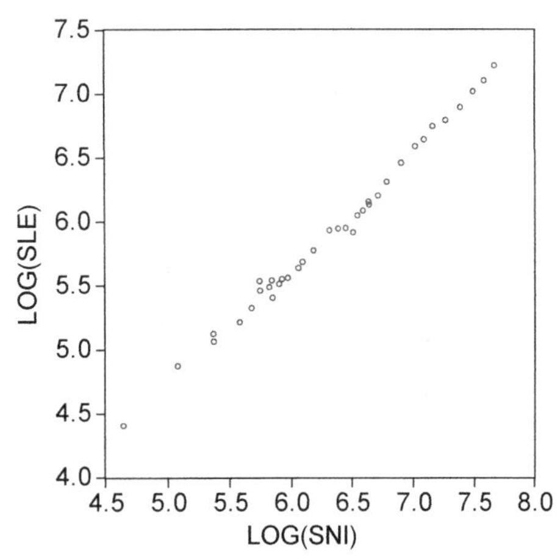

图 3-66　农村居民变量 ln(*SNI*) 和 ln(*SLE*) 的散点图

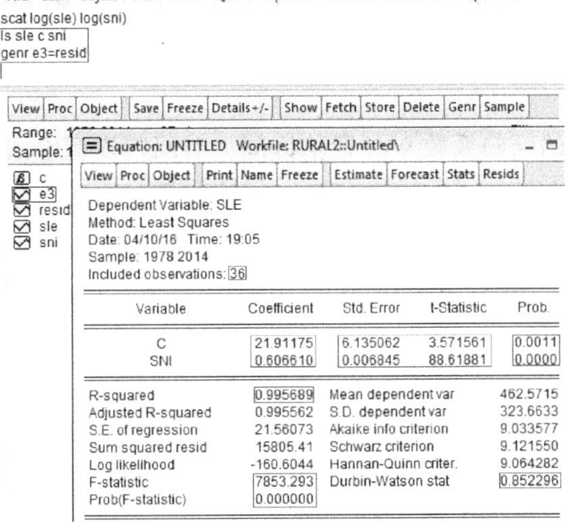

File Edit Object View Proc Quick Options Add-ins Window Help
scat log(sle) log(sni)
ls sle c sni
genr e3=resid

Equation: UNTITLED Workfile: RURAL2::Untitled\

Dependent Variable: SLE
Method: Least Squares
Date: 04/10/16 Time: 19:05
Sample: 1978 2014
Included observations: 36

Variable	Coefficient	Std. Error	t-Statistic	Prob.
C	21.91175	6.135062	3.571561	0.0011
SNI	0.606610	0.006845	88.61881	0.0000

R-squared	0.995689	Mean dependent var	462.5715
Adjusted R-squared	0.995562	S.D. dependent var	323.6633
S.E. of regression	21.56073	Akaike info criterion	9.033577
Sum squared resid	15805.41	Schwarz criterion	9.121550
Log likelihood	-160.6044	Hannan-Quinn criter.	9.064282
F-statistic	7853.293	Durbin-Watson stat	0.852296
Prob(F-statistic)	0.000000		

图 3-67　农村居民消费非对数回归模型估计

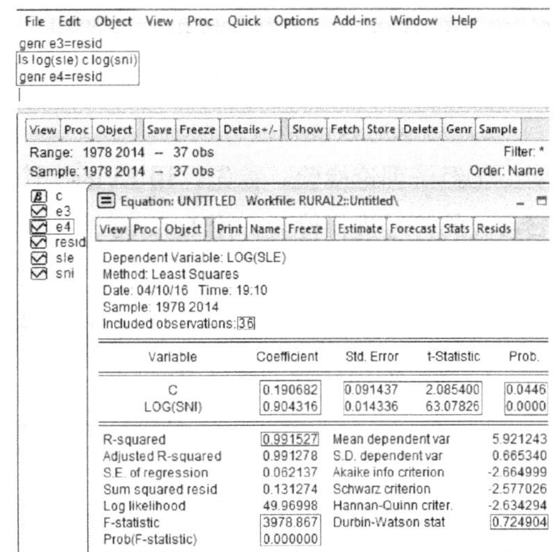

File Edit Object View Proc Quick Options Add-ins Window Help
genr e3=resid
ls log(sle) c log(sni)
genr e4=resid

Range: 1978 2014 -- 37 obs　Filter: *
Sample: 1978 2014 -- 37 obs　Order: Name

Equation: UNTITLED Workfile: RURAL2::Untitled\

Dependent Variable: LOG(SLE)
Method: Least Squares
Date: 04/10/16 Time: 19:10
Sample: 1978 2014
Included observations: 36

Variable	Coefficient	Std. Error	t-Statistic	Prob.
C	0.190682	0.091437	2.085400	0.0446
LOG(SNI)	0.904316	0.014336	63.07826	0.0000

R-squared	0.991527	Mean dependent var	5.921243
Adjusted R-squared	0.991278	S.D. dependent var	0.665340
S.E. of regression	0.062137	Akaike info criterion	-2.664999
Sum squared resid	0.131274	Schwarz criterion	-2.577026
Log likelihood	49.96998	Hannan-Quinn criter.	-2.634294
F-statistic	3978.867	Durbin-Watson stat	0.724904
Prob(F-statistic)	0.000000		

图 3-68　农村居民消费双对数回归模型估计

（5）模型经济理论检验、拟合优度检验和 t 检验。

1）对非对数回归模型进行检验。

①经济理论检验。首先，用 EViews 输出的回归系数 90%置信区间，对农村非对数回归模型中回归参数的符号进行 0.05 的显著性水平下的假设检验；用 EViews 输出的回归系数 95%置信区间，对回归模型中回归参数的取值范围进行检验。在农村非对数回归模型的输出窗口选择“View”→“Coeffocent Diagnotics”→“Coefficient Confidence Intervals”，在对话框中保留 0.90 和 0.95 后单击“OK”按钮。EViews 输出结果如图 3-69 所示。

从图 3-69 的输出结果看，当农村居民可支配收入为零时，其自发消费支出平均为 21.91 元。β_1 的 90%的置信区间是 $11.537\,82 \leqslant \beta_1 \leqslant 32.285\,67$，表明在 0.05 的显著性水平下自发消费为正值统计显著，这与经济理论相一致。

Coefficient Confidence Intervals
Date: 01/24/16 Time: 15:31
Sample: 1978 2014
Included observations: 36

Variable	Coefficient	90% CI Low	90% CI High	95% CI Low	95% CI High
C	21.91175	11.53782	32.28567	9.443802	34.37969
SNI	0.606610	0.595035	0.618185	0.592699	0.620521

图 3-69 农村居民消费非对数回归模型的回归系数的置信区间

当农村居民可支配收入每增加 1 元，其消费支出平均增加 0. 61 元。β_2 的 90%的置信区间是 $0.595\,035 \leqslant \beta_2 \leqslant 0.618\,185$，表明在 0. 05 的显著性水平下，$\beta_2$ 为正值统计显著，收入增加时消费也增加，这与经济理论相一致。β_2 的 95%的置信区间表明，在 95%置信水平下它的取值范围是 $0.59 \leqslant \beta_2 \leqslant 0.62$，这与理论取值范围 0 到 1 之间相一致。

②拟合优度检验。$R^2 = 0.995\,689$，说明回归模型中有 99. 6%的农村居民消费支出变动可由收入变动来解释，模型的拟合效果很好。

③ t 检验。在 0. 05 显著性水平下，对 H_0：$\beta_1 = 0$，H_1：$\beta_1 \neq 0$ 进行假设检验，由于 t 检验的 p 值 $=0.001\,1<0.05$，故拒绝原假设，$\beta_1 \neq 0$ 在统计上显著；对 H_0：$\beta_2 = 0$，H_1：$\beta_2 \neq 0$ 进行假设检验，由于 t 检验的 p 值 $=0.000\,0<0.05$，故拒绝原假设，$\beta_2 \neq 0$ 在统计上显著。

2）对双对数模型进行检验。

①经济理论检验。首先，用 EViews 输出的回归系数 90%置信区间，对回归模型中回归参数的符号进行检验；用 EViews 输出的回归系数 95%置信区间，对回归模型中回归参数的取值范围进行检验。在农村双对数模型的输出窗口选择“View”→“Coeffocent Diagnotics”→“Coefficient Confidence Intervals”，在对话框中保留 0. 90 和 0. 95 后单击“OK”按钮。EViews 输出结果如图 3-70 所示。

Coefficient Confidence Intervals
Date: 01/24/16 Time: 15:42
Sample: 1978 2014
Included observations: 36

Variable	Coefficient	90% CI Low	90% CI High	95% CI Low	95% CI High
C	0.190682	0.036070	0.345295	0.004860	0.376504
LOG(SNI)	0.904316	0.880074	0.928558	0.875181	0.933451

图 3-70 农村居民消费双对数回归模型的回归系数的置信区间

从图 3-70 的输出结果看，当农村居民可支配收入每增加 1%时，其消费支出平均增加 0. 904%。β_2 的 90%置信区间是 $0.880\,074 \leqslant \beta_2 \leqslant 0.928\,558$，表明在 0. 05 的显著性水平下，$\beta_2$ 取正值统计显著，收入增加时消费也增加，这与经济理论相一致。β_2 的 95%置信区间表明，在 95%置信水平下它的取值范围是 $0.875\,181 \leqslant \beta_2 \leqslant 0.933\,451$，这与理论取值范围 0 到 1 之间相一致。

双对数模型中的 β_1 无实际意义，不必检验之。

②拟合优度检验。$R^2 = 0.991\,527$，说明在双对数模型中有 99. 2%的农村居民消费支出变动可由收入变动来解释，模型的拟合效果很好。

③ t 检验。在 0. 05 显著性水平下，对 H_0：$\beta_2 = 0$，H_1：$\beta_2 \neq 0$ 进行假设检验，由于 t

检验的 p 值=0.000 0<0.05，故拒绝原假设，在 $\beta_2 \neq 0$ 统计显著。

（6）自相关性检验。

1）对非对数模型进行检验。

图示法检验：图 3-71 的残差折线中大致是连续几个负值后再连续几个正值，表明可能存在一阶正自相关。图 3-72 中，$e3$ 和 $e3(-1)$ 同时增减，表明存在着一阶正自相关。图 3-73 中偏自相关系数在滞后一期时横条杆长度超出了虚竖线，而其他各期均在虚竖线之内，表明存在一阶正自相关。

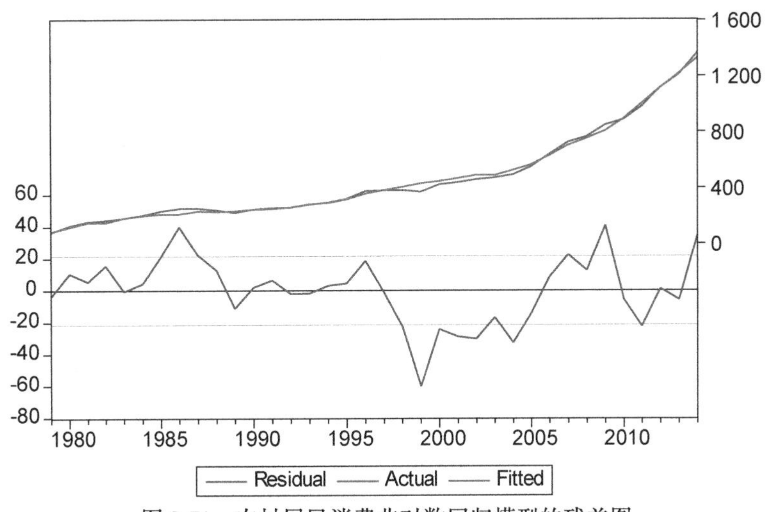

图 3-71　农村居民消费非对数回归模型的残差图

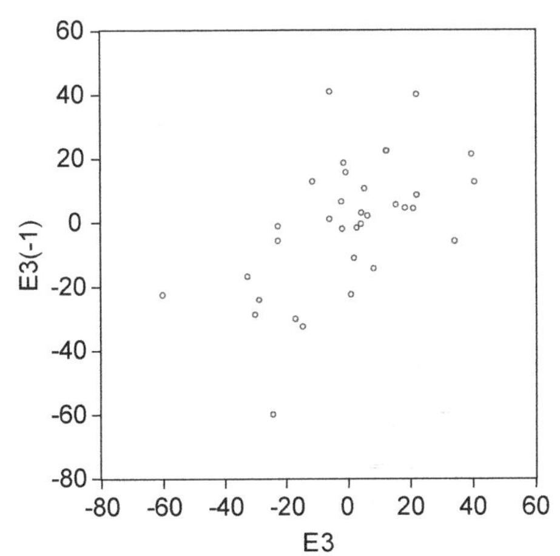

图 3-72　农村居民消费非对数回归模型的残差 $e3_t$ 与 $e3_{t-1}$ 的散点图

Correlogram of E3

Date: 04/10/16　Time: 19:16
Sample: 1978 2014
Included observations: 36

Autocorrelation	Partial Correlation		AC	PAC	Q-Stat	Prob
		1	0.544	0.544	11.568	0.001
		2	0.318	0.031	15.629	0.000
		3	0.101	-0.118	16.054	0.001
		4	0.019	-0.000	16.069	0.003
		5	0.114	0.190	16.639	0.005
		6	0.044	-0.113	16.728	0.010
		7	-0.087	-0.196	17.083	0.017
		8	-0.179	-0.059	18.640	0.017
		9	-0.099	0.169	19.133	0.024
		10	-0.125	-0.172	19.961	0.030
		11	-0.050	0.000	20.097	0.044
		12	-0.085	-0.002	20.505	0.058
		13	-0.200	-0.150	22.881	0.043
		14	-0.215	-0.132	25.753	0.028
		15	-0.290	-0.139	31.245	0.008
		16	-0.221	0.026	34.586	0.005

图 3-73　农村居民消费非对数回归模型的残差 $e3_t$ 的相关图

DW 检验：由图 3-67 知 DW=0.852 296，n=36，k'=1。在 0.05 的显著性水平下，查 *DW* 临界值表得 dL=1.411，du=1.525。由于 $DW<dL$，落入正自相关区域，认为存在一阶正自相关。

LM 法检验：图 3-74 显示，滞后阶数取 2 时，统计量 nR^2 的 p 值=0.003<0.05，所以

在 0.05 的显著性水平下拒绝不存在自相关的原假设。从检验模型的估计式看 RESID(−1)的系数为正值且 t 检验的 p 值 = 0.003 1<0.05，可以认为存在一阶正自相关。

2）对双对数模型进行检验。

图示法检验：图 3-75 中模型残差大致是连续几个负值后再连续几个正值，表明可能存在一阶正自相关。图 3-76 中，$e4$ 和 $e4(-1)$ 同时增减，表明存在着一阶正自相关。图 3-77 中偏自相关系数在滞后一期时横条杆长度已超过虚竖线，而其他各期均在虚竖线之内，表明存在一阶正自相关。

Breusch-Godfrey Serial Correlation LM Test:

F-statistic	7.648315	Prob. F(2,32)	0.0019
Obs*R-squared	11.64308	Prob. Chi-Square(2)	0.0030

Test Equation:
Dependent Variable: RESID
Method: Least Squares
Date: 04/10/16 Time: 19:19
Sample: 1978 2014
Included observations: 36
Presample and interior missing value lagged residuals set to zero.

Variable	Coefficient	Std. Error	t-Statistic	Prob.
C	-1.820017	5.223854	-0.348405	0.7298
SNI	0.003205	0.005866	0.546283	0.5887
RESID(-1)	0.608523	0.190315	3.197443	0.0031
RESID(-2)	-0.012169	0.189865	-0.064093	0.9493

图 3-74　农村居民消费非对数回归模型的 LM 检验

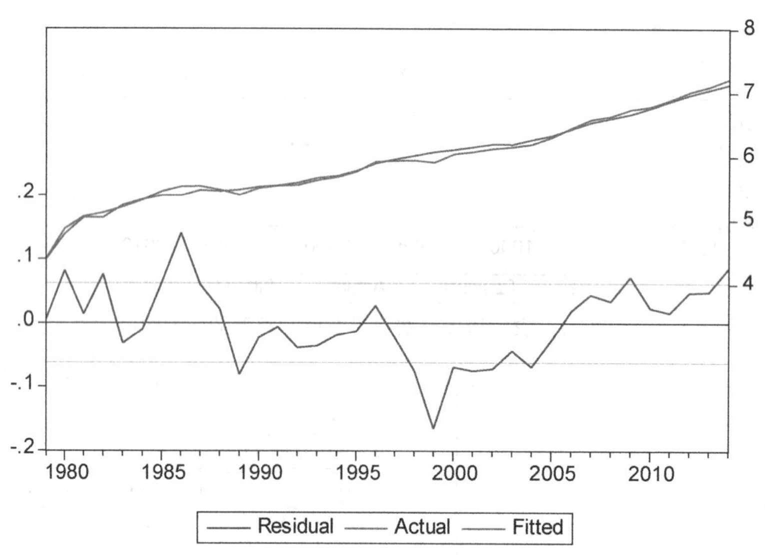

图 3-75　农村居民消费双对数回归模型的残差图

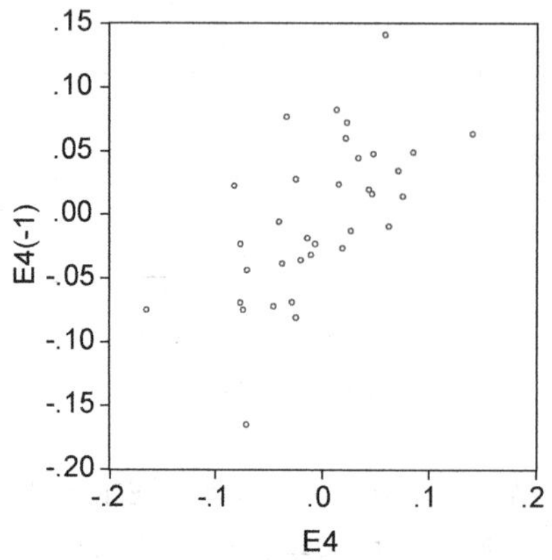

图 3-76　农村居民消费双对数回归模型的残差 $e4_t$ 与 $e4_{t-1}$ 的散点图

Correlogram of E4

Date: 04/10/16 Time: 19:28
Sample: 1978 2014
Included observations: 36

	AC	PAC	Q-Stat	Prob
1	0.594	0.594	13.771	0.000
2	0.378	0.040	19.519	0.000
3	0.149	-0.139	20.438	0.000
4	0.201	0.242	22.171	0.000
5	0.230	0.094	24.510	0.000
6	0.172	-0.117	25.854	0.000
7	-0.067	-0.272	26.068	0.000
8	-0.120	0.074	26.776	0.001
9	-0.118	0.027	27.483	0.001
10	-0.086	-0.146	27.869	0.002
11	-0.166	-0.146	29.384	0.002
12	-0.275	-0.063	33.706	0.001
13	-0.379	-0.133	42.270	0.000
14	-0.309	-0.036	48.222	0.000
15	-0.275	-0.079	53.141	0.000
16	-0.202	0.030	55.929	0.000

图 3-77　农村居民消费双对数回归模型的残差 $e4_t$ 相关图

DW 检验：图 3-68 显示，$DW=0.7249$，$n=36$，$k'=1$。在 0.05 的显著性水平下，查 *DW* 临界值表得 $dL=1.411$，$du=1.525$。由于 $DW<dL$，落入正自相关区域，认为存在一阶正自相关。

LM 法检验：图 3-78 显示，滞后阶数取 2 时，统计量 nR^2 的 p 值 $=0.0011<0.05$，所以在 0.05 的显著性水平下拒绝不存在自相关的原假设。从检验模型的估计式看 RESID(−1) 的系数为正值且 t 检验的 p 值 $=0.002<0.05$，可以认为存在一阶正自相关。

Breusch-Godfrey Serial Correlation LM Test:

F-statistic	9.830787	Prob. F(2,32)	0.0005
Obs*R-squared	13.70103	Prob. Chi-Square(2)	0.0011

Test Equation:
Dependent Variable: RESID
Method: Least Squares
Date: 04/10/16 Time: 19:23
Sample: 1978 2014
Included observations: 36
Presample and interior missing value lagged residuals set to zero.

Variable	Coefficient	Std. Error	t-Statistic	Prob.
C	-0.014686	0.074494	-0.197147	0.8450
LOG(SNI)	0.002590	0.011689	0.221546	0.8261
RESID(-1)	0.604144	0.179282	3.369797	0.0020
RESID(-2)	0.046763	0.181885	0.257101	0.7987

图 3-78　农村居民消费双对数回归模型的 *LM* 检验

（7）用广义差分法消除自相关。

1）消除非对数模型的一阶相关性

DW 检验：如图 3-79，$DW=1.8969$，$n=34$，$k'=1$。在 0.05 的显著性水平下，查 *DW* 临界值表得 $dL=1.393$，$du=1.514$。由于 $du<DW<4-du$，落入无自相关区域，认为一阶自相关已经消除。

Dependent Variable: SLE
Method: Least Squares
Date: 04/10/16 Time: 19:34
Sample (adjusted): 1981 2014
Included observations: 34 after adjustments
Convergence achieved after 5 iterations

Variable	Coefficient	Std. Error	t-Statistic	Prob.
C	15.83450	14.09368	1.123518	0.2698
SNI	0.614773	0.013820	44.48484	0.0000
AR(1)	0.600143	0.152469	3.936163	0.0004

R-squared	0.996911	Mean dependent var	483.5543
Adjusted R-squared	0.996711	S.D. dependent var	320.7902
S.E. of regression	18.39610	Akaike info criterion	8.746251
Sum squared resid	10490.91	Schwarz criterion	8.880930
Log likelihood	-145.6863	Hannan-Quinn criter.	8.792181
F-statistic	5001.855	Durbin-Watson stat	1.896903
Prob(F-statistic)	0.000000		

Inverted AR Roots　.60

图 3-79　消除自相关的农村居民消费非对数回归模型估计

检验是否存在异方差：图 3-80 的 White 检验结果表明，统计量 nR^2 的 p 值 $=0.4179>0.05$；ARCH 检验结果表明，统计量 nR^2 的 p 值 $=0.4744>0.05$，所以，在 0.05 的显著性水平下都不能拒绝不存在异方差的原假设。

依据图 3-79，用规范形式写出最终农村居民消费的非对数模型估计结果：

$$\hat{SLE} = 15.8345 + 0.614773SNI + [AR(1) = 0.600143]$$
$$se = (14.09368)\ (0.013820)\qquad (0.152469)$$
$$t = (1.123518)\ (44.48484)\qquad (3.936163)$$
$$R^2 = 0.996911\quad F = 5001.855\quad DW = 1.896903\quad n = 34$$

2）消除双对数模型的一阶相关性。

DW 检验：如图 3-81，$DW=1.9546$，$n=34$，$k'=1$。在 0.05 的显著性水平下，查 *DW* 临界值表得 $dL=1.393$，$du=1.514$。由于 $du<DW<4-du$，落入无自相关区域，认为一阶自相关已经消除。

Heteroskedasticity Test: White

F-statistic	0.961689	Prob. F(5,28)	0.4578
Obs*R-squared	4.983081	Prob. Chi-Square(5)	0.4179
Scaled explained SS	4.299956	Prob. Chi-Square(5)	0.5071

Heteroskedasticity Test: ARCH

F-statistic	0.488158	Prob. F(1,31)	0.4900
Obs*R-squared	0.511596	Prob. Chi-Square(1)	0.4744

图 3-80　消除自相关的农村居民消费非对数回归模型的 White 检验和 ARCH 检验

检验是否存在异方差：图 3-82 的 White 检验结果表明，统计量 nR^2 的 p 值 $=0.3701>$

0.05；ARCH 检验结果表明，统计量 nR^2 的 p 值=0.501 4>0.05。所以，在 0.05 的显著性水平下都不能拒绝不存在异方差的原假设。

依据图 3-81，用规范形式写出最终农村居民消费的非对数模型估计结果：

$$\ln \hat{SLE} = 0.037\,167 + 0.927\,399 \ln SNI + [AR(1) = 0.617\,880]$$

$$se = (0.227\,070) \quad (0.034\,468) \quad (0.136\,285)$$

$$t = (0.163\,679) \quad (26.905\,90) \quad (4.533\,738)$$

$$R^2 = 0.993\,744 \quad F = 2\,461.99$$

$$DW = 1.954\,6 \quad n = 34$$

Dependent Variable: LOG(SLE)
Method: Least Squares
Date: 04/10/16 Time: 19:41
Sample (adjusted): 1981 2014
Included observations: 34 after adjustments
Convergence achieved after 6 iterations

Variable	Coefficient	Std. Error	t-Statistic	Prob.
C	0.037167	0.227070	0.163679	0.8710
LOG(SNI)	0.927399	0.034468	26.90590	0.0000
AR(1)	0.617880	0.136285	4.533738	0.0001

R-squared	0.993744	Mean dependent var	5.996881
Adjusted R-squared	0.993340	S.D. dependent var	0.600112
S.E. of regression	0.048974	Akaike info criterion	-3.110944
Sum squared resid	0.074353	Schwarz criterion	-2.976265
Log likelihood	55.88605	Hannan-Quinn criter.	-3.065015
F-statistic	2461.990	Durbin-Watson stat	1.954643
Prob(F-statistic)	0.000000		

Inverted AR Roots .62

图 3-81 消除自相关的农村居民消费双对数回归模型估计

Heteroskedasticity Test: White

F-statistic	1.055193	Prob. F(5,28)	0.4057
Obs*R-squared	5.390763	Prob. Chi-Square(5)	0.3701
Scaled explained SS	5.239268	Prob. Chi-Square(5)	0.3874

Heteroskedasticity Test: ARCH

F-statistic	0.430549	Prob. F(1,31)	0.5166
Obs*R-squared	0.452048	Prob. Chi-Square(1)	0.5014

图 3-82 消除自相关的农村居民消费双对数回归模型的 White 检验和 ARCH 检验

11. 用上述估计的四个最终消费模型，进行城市居民消费行为和农村居民消费行为的比较

为了比较方便，可以用表 3-13 的形式把上述四个最终模型放在一起比较，效果比较好。在许多学术论文中大多数采用这种形式表达多个计量模型的估计结果。

表 3-13 河南省城市居民和农村居民消费模型比较表

解释变量和统计量	城市居民消费模型		农村居民消费模型	
	非对数	双对数	非对数	双对数
α	131.119 (4.29) **	0.569 75 (5.38) **	15.834 (1.12)	0.037 2 (0.16)
SDI	0.653 7 (43.10) **	—	—	—
ln *SDI*	—	0.885 2 (61.78) **	—	—
SNI	—	—	0.614 7 (44.48) **	—
ln *SNI*	—	—	—	0.927 4 (26.90) **
AR(1)	0.723 1 (4.91) **	0.502 9 (3.58) **	0.600 1 (3.93) **	0.617 9 (4.53) **
R^2	0.998 8	0.998 1	0.996 9	0.993 7
F	14 388	8 006	5 001	2 462
DW	2.095	1.563	1.897	1.954 6

注：1. 解释变量 *AR*（1）后括号内为 t 统计量值。

2. ** 表示在 1%的水平下统计显著。

相同点是，收入对消费都有正的影响，收入增加时消费也增加，收入减少时消费也减少。不同点是，首先自发消费额（非对数模型）不同。在收入为零时，城市居民的自发消费额平均为 131.12 元，远比农村居民的平均 15.83 元的自发消费额大，说明农村居民的生活水平还很低。其次，从绝对数（非对数模型）上看，城市居民可支配收入每增加 1

元，消费支出将平均增加 0.65 元，而农村居民纯收入每增加 1 元，生活费支出将平均增加 0.61 元。从相对数（双对数模型）上看，城市居民可支配收入每增加 1%，消费支出将平均增加 0.88%，而农村居民纯收入每增加 1%，生活费支出将平均增加 0.93%。说明随着收入增加，农村居民消费的绝对量不如城市居民，但是其增长速度快于城市居民。

12. 与没有进行价格调整的情况对比（以非对数模型为例）

（1）估计无价格调整的城市居民消费模型。

1）建立 EViews 工作文件 urban2.2 的 EViews 命令是 create urban2.2 a 1978 2014，创建变量的 EViews 命令是 data rce rdi，如图 3-83 所示。做散点图的 EViews 命令是 scat rdi rce，得到的散点图如图 3-84 所示。

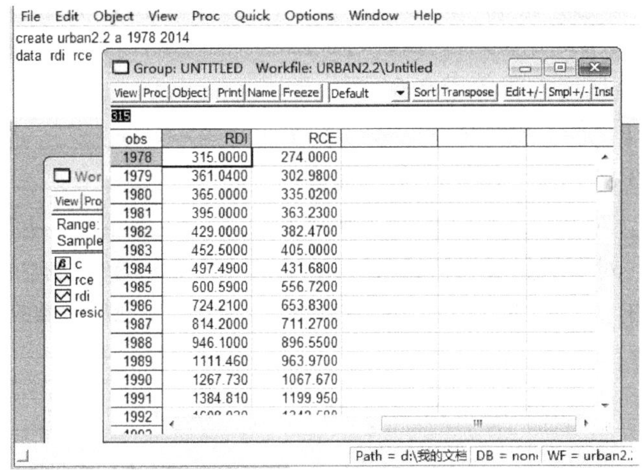

图 3-83 创建 urban2.2 文件和变量

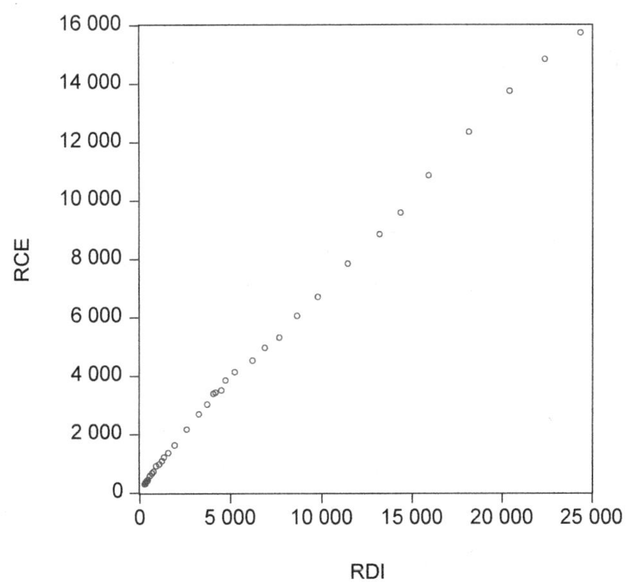

图 3-84 城市居民无价格调整的 *RDI* 和 *RCE* 的散点图

从图 3-84 上看，未经价格调整的可支配收入 *RCE* 与未经价格调整的消费支出 *RDI* 之间呈现线性正相关。根据绝对收入假说，建立城市居民消费支出计量经济模型为 $RCE=\beta_1+\beta_2 RDI+u$。模型中的 β_1 是自发消费额，应当为正值，即 $\beta_1>0$；β_2 是收入的边际消费倾向，应当为正值，且在 0 和 1 之间，即 $0<\beta_2<1$。

估计线性 OLS 回归模型的 EViews 命令是 ls rce c rdi。EViews 输出结果如图 3-85 所示。

Dependent Variable: RCE
Method: Least Squares
Date: 04/10/16 Time: 19:50
Sample: 1978 2014
Included observations: 37

Variable	Coefficient	Std. Error	t-Statistic	Prob.
C	313.3153	46.11293	6.794522	0.0000
RDI	0.652210	0.005052	129.0988	0.0000

R-squared	0.997904	Mean dependent var	4289.664
Adjusted R-squared	0.997845	S.D. dependent var	4496.210
S.E. of regression	208.7470	Akaike info criterion	13.57266
Sum squared resid	1525136.	Schwarz criterion	13.65974
Log likelihood	-249.0942	Hannan-Quinn criter.	13.60336
F-statistic	16666.49	Durbin-Watson stat	0.330640
Prob(F-statistic)	0.000000		

图 3-85　无价格调整的城市居民消费模型估计

2）模型经济理论检验、拟合优度检验、*t* 检验和 *DW* 检验。

由图 3-86 模型回归系数的区间估计结果可知，β_1 的 90%置信区间在［235.4，391.2］，为正值。β_2 的 95%置信区间大于等于 0.64 而小于等于 0.66，在 0 到 1 之间。模型估计结果与经济理论相一致。由图 3-85 可知，$R^2=0.9979$ 很高，模型的解释力很强。对 β_1、β_2 的 *t* 检验，观察 *t* 统计量（t-Statistic）对应的 *p* 值（Prob.），均为 0.0000<0.05，因此 β_1、β_2 非零在 0.05 的显著性水平下统计显著。在 $n=37$、$k'=1$ 时，在 0.05 的显著性水平下查 *DW* 临界值表得 $dL=1.419$、$du=1.530$，显然 $DW=0.3306<dL$，说明存在一阶正自相关。

Coefficient Confidence Intervals
Date: 01/27/16 Time: 08:38
Sample: 1978 2014
Included observations: 37

		90% CI		95% CI	
Variable	Coefficient	Low	High	Low	High
C	313.3153	235.4042	391.2264	219.7011	406.9295
RDI	0.652210	0.643674	0.660746	0.641954	0.662466

图 3-86　无价格调整的城市居民消费模型回归系数的置信区间

3）ARCH 检验。

Heteroskedasticity Test: ARCH

F-statistic	8.351710	Prob. F(1,34)	0.0067
Obs*R-squared	7.099160	Prob. Chi-Square(1)	0.0077

图 3-87　无价格调整的城市居民消费模型回归系数的 ARCH 检验

图 3-87 显示 ARCH 检验统计量 nR^2 的对应 *p* 值 $=0.0077<0.05$，所以在 0.05 的显著性水平下拒绝不存在异方差的原假设。

4）纠正一阶自相关的 EViews 命令是 ls rce c rdi ar(1)。EViews 输出结果如图 3-88 所示。

依据图 3-88 写出模型估计结果规范表达形式如下

$$\hat{RCE} = 647.2649 + 0.620601RDI + [AR(1) = 0.901257]$$
$$se = (460.8411) \quad (0.023676) \quad (0.101951)$$
$$t = (1.404530) \quad (26.21175) \quad (8.840105)$$
$$R^2 = 0.999403 \quad F = 27631.97 \quad DW = 1.612251 \quad n = 36$$

从估计结果看，$du<DW<4-du$，一阶自相关已消除。而且，ARCH 检验表明，nR^2 检验的 *p* 值 $=0.7339>0.05$（图略），异方差已经消除。消除了一阶自相关的修正模型 R^2 由 0.9979 提升到 0.9994，β_2 估计值由 0.6522 降到 0.6206。β_1 估计值由 313.32 升到 647.26，但 *t* 检验结果表明，$\beta_1\neq0$ 在 0.05 的显著性水平下是不显著的。

（2）农村居民消费模型。

1）建立 EViews 工作文件 rural2.2 的 EViews 命令是 create rural2.2 a 1978 2014，创建变量的 EViews 命令是 data rle rni，做散点图的 EViews 命令是 scat rni rle。散点图的输出结果如图 3-89 所示。

Dependent Variable: RCE
Method: Least Squares
Date: 04/10/16 Time: 19:55
Sample (adjusted): 1979 2014
Included observations: 36 after adjustments
Convergence achieved after 12 iterations

Variable	Coefficient	Std. Error	t-Statistic	Prob.
C	647.2649	460.8411	1.404530	0.1695
RDI	0.620601	0.023676	26.21175	0.0000
AR(1)	0.901257	0.101951	8.840105	0.0000

R-squared	0.999403	Mean dependent var	4401.210
Adjusted R-squared	0.999367	S.D. dependent var	4507.768
S.E. of regression	113.4084	Akaike info criterion	12.37952
Sum squared resid	424428.0	Schwarz criterion	12.51148
Log likelihood	-219.8314	Hannan-Quinn criter.	12.42558
F-statistic	27631.97	Durbin-Watson stat	1.612251
Prob(F-statistic)	0.000000		
Inverted AR Roots	.90		

图 3-88　消除自相关的城市居民消费回归模型估计

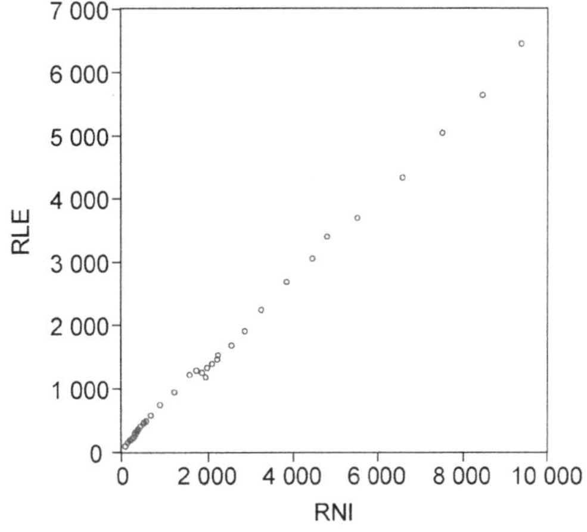

图 3-89　农村居民无价格调整的变量 *RNI* 和 *RLE* 的散点图

从图 3-89 上看，未经价格调整的纯收入 *RLE* 与未经价格调整的生活消费支出 *RNI* 之间呈现线性正相关。根据绝对收入假说，建立农村居民消费支出计量经济模型为 $RLE=\beta_1+\beta_2 RNI+u$。模型中的 β_1 是自发消费额，应当为正值，即 $\beta_1>0$；β_2 是收入的边际消费倾向，应当为正值，且在 0~1 之间，即 $0<\beta_2<1$。

估计线性 OLS 回归模型的 EViews 命令是 ls rle c rni。EViews 输出结果如图 3-90 所示。

Dependent Variable: RLE
Method: Least Squares
Date: 04/10/16 Time: 20:02
Sample: 1978 2014
Included observations: 36

Variable	Coefficient	Std. Error	t-Statistic	Prob.
C	47.98516	15.73830	3.048942	0.0044
RNI	0.664940	0.004662	142.6194	0.0000

R-squared	0.998331	Mean dependent var	1574.838
Adjusted R-squared	0.998282	S.D. dependent var	1669.995
S.E. of regression	69.21622	Akaike info criterion	11.36630
Sum squared resid	162890.1	Schwarz criterion	11.45427
Log likelihood	-202.5934	Hannan-Quinn criter.	11.39701
F-statistic	20340.30	Durbin-Watson stat	1.061536
Prob(F-statistic)	0.000000		

图 3-90　农村居民无价格调整的消费模型估计

2）模型经济理论检验、拟合优度检验、t 检验和 *DW* 检验。

由图 3-91 模型回归系数的区间估计结果可知，β_1 的 90%置信区间为［21.37，74.60］，为正值。β_2 的 95%置信区间为［0.655，0.674］，落入 0 到 1 之间。模型估计结果与经济理论相一致。由图 3-90 可知，$R^2=0.998\ 331$ 很高，模型的解释力很强。对 β_1、β_2 进行 t 检验，观察 t 统计量（t-Statistic）对应的 p 值（Prob.），为 0.004 4 和 0.000 0<0.05，因此在 0.05 的显著性水平下 $\beta_1\neq0$、$\beta_2\neq0$ 统计显著。在 $n=36$、$k'=1$ 时，在 0.05 的显著性水平下查 *DW* 临界值表得 $dL=1.411$、$du=1.525$，显然 $DW=1.061\ 536<dL$，说明存在一阶正自相关。

3）ARCH 检验。如图 3-92 显示，由于统计量 nR^2 的对应 p 值 $=0.581\ 2>0.05$，所以在 0.05 的显著性水平下不能拒绝不存在异方差的原假设。

4）纠正一阶自相关的 EViews 命令是 ls rle c rni ar(1)。EViews 输出结果如图 3-93 所示。

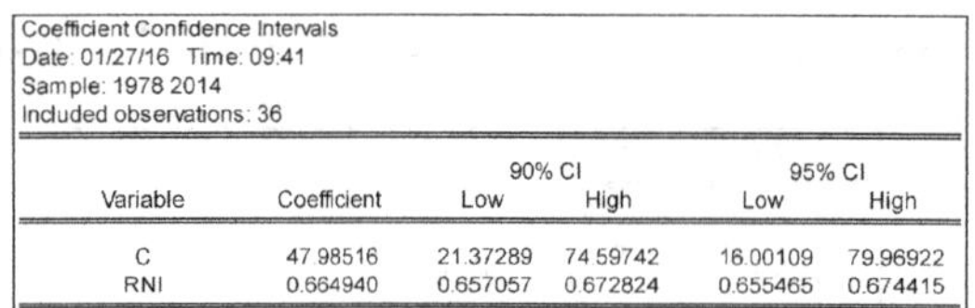

Coefficient Confidence Intervals
Date: 01/27/16 Time: 09:41
Sample: 1978 2014
Included observations: 36

Variable	Coefficient	90% CI Low	90% CI High	95% CI Low	95% CI High
C	47.98516	21.37289	74.59742	16.00109	79.96922
RNI	0.664940	0.657057	0.672824	0.655465	0.674415

图 3-91　农村居民无价格调整的消费模型回归系数的置信区间

Heteroskedasticity Test: ARCH

F-statistic	0.288955	Prob. F(1,32)	0.5946
Obs*R-squared	0.304268	Prob. Chi-Square(1)	0.5812

图 3-92　农村居民无价格调整的消费模型的 ARCH 检验

Dependent Variable: RLE
Method: Least Squares
Date: 04/10/16 Time: 20:10
Sample (adjusted): 1981 2014
Included observations: 34 after adjustments
Convergence achieved after 5 iterations

Variable	Coefficient	Std. Error	t-Statistic	Prob.
C	45.82850	30.11050	1.522011	0.1381
RNI	0.667902	0.008046	83.01360	0.0000
AR(1)	0.488242	0.170521	2.863239	0.0075

R-squared	0.998630	Mean dependent var	1661.087
Adjusted R-squared	0.998542	S.D. dependent var	1679.257
S.E. of regression	64.12398	Akaike info criterion	11.24361
Sum squared resid	127468.4	Schwarz criterion	11.37829
Log likelihood	-188.1414	Hannan-Quinn criter.	11.28954
F-statistic	11300.10	Durbin-Watson stat	1.790206
Prob(F-statistic)	0.000000		

Inverted AR Roots .49

图 3-93　消除自相关的农村居民无价格调整的消费模型估计

依据图 3-93 写出模型估计结果规范表达形式如下

$$\hat{RLE} = 45.828\ 5 + 0.667\ 902RNI + [AR(1) = 0.488\ 242]$$
$$se = (30.110\ 50) \quad (0.008\ 046) \quad (0.170\ 521)$$
$$t = (1.522\ 011) \quad (83.013\ 60) \quad (2.863\ 239)$$
$$R^2 = 0.998\ 630 \quad F = 11\ 300.10 \quad DW = 1.790\ 206 \quad n = 34$$

从估计结果看，$du<DW<4-du$，一阶自相关已消除。消除了一阶自相关的修正模型 R^2 由 0.998 331 提升到 0.998 630，β_2 估计值由 0.664 940 提升到 0.667 902。β_1 估计值由 47.985 16 降到 45.828 50，但 t 检验表明 $\beta_1 \neq 0$ 在 0.05 的显著性水平下是不显著的。

（3）使用价格调整前后的模型估计结果比较。

1）城市模型的比较。价格调整后的估计结果

$$\hat{SCE} = 131.119\ 4 + 0.653\ 777SDI + [AR(1) = 0.723\ 158]$$
$$se = (30.541\ 56) \quad (0.015\ 169) \quad (0.147\ 273)$$
$$t = (4.293\ 147) \quad (43.100\ 23) \quad (4.910\ 316)$$
$$R^2 = 0.998\ 855 \quad F = 14\ 388.95 \quad DW = 2.095\ 416 \quad n = 36$$

价格调整前的估计结果

$$\hat{RCE} = 647.264\ 9 + 0.620\ 601RDI + [AR(1) = 0.901\ 257]$$
$$se = (460.841\ 1) \quad (0.023\ 676) \quad (0.101\ 951)$$
$$t = (1.404\ 530) \quad (26.211\ 75) \quad (8.840\ 105)$$
$$R^2 = 0.999\ 403 \quad F = 27\ 631.97 \quad DW = 1.612\ 251 \quad n = 36$$

2）农村模型的比较。价格调整后的估计结果

$$\hat{SLE} = 15.8345 + 0.614773SNI + [AR(1) = 0.600]$$
$$se = (14.09368) \quad (0.013820) \quad (0.152469)$$
$$t = (1.123518) \quad (44.48484) \quad (3.936163)$$
$$R^2 = 0.996911 \quad F = 5001.855 \quad DW = 1.896903 \quad n = 34$$

价格调整前的估计结果

$$\hat{RLE} = 45.8285 + 0.667902RNI + [AR(1) = 0.488242]$$
$$se = (30.11050) \quad (0.008046) \quad (0.170521)$$
$$t = (1.522011) \quad (83.01360) \quad (2.863239)$$
$$R^2 = 0.998630 \quad F = 11300.10 \quad DW = 1.790206 \quad n = 34$$

可以用表 3-14 的形式把上述四个模型放在一起比较，效果将更好。

表 3-14　价格指数调整前后的河南省居民消费模型比较表

解释变量和统计量	城市居民消费模型		农村居民消费模型	
	有价格调整	无价格调整	有价格调整	无价格调整
α	131.119（4.29）**	647.265（1.40）	15.834（1.12）	45.828（1.52）
SDI	0.6537（43.10）**	—	—	—
RDI	—	0.6206（26.21）**	—	—
SNI	—	—	0.6147（44.48）**	—
RNI	—	—	—	0.6679（83.63）**
AR(1)	0.7231（4.91）**	0.9012（8.84）**	0.6001（3.93）**	0.4882（2.86）**
R^2	0.9988	0.9994	0.9969	0.9986
F	14 388	27 631	5 001	11 300
DW	2.095	1.612	1.897	1.790

注：1. 解释变量 *AR*（1）后括号内为 *t* 统计量值。

2. ** 表示在 1%的水平下统计显著。

3）总结：没有经过价格调整的样本数据按照当年的市场价格计算，而经过价格调整后的样本数据是按照 1978 年价格计算的，用前者估计的自发消费 β_1 不能直接与经过价格调整的估计值比较，但是边际消费倾向 β_2 是可以比较的，也可以比较 β_1 的显著性。比较结果是价格调整前的边际消费倾向农村高于城市，但价格调整后的边际消费倾向城市高于农村，而且经过价格调整后城市居民自发消费的 *t* 检验统计显著，与凯恩斯绝对收入假说相一致。这是非常重要的结论。

3.3.4　实验四　时间序列多元线性回归模型

（1）数据处理过程见表 3-15。

表 3-15　1978 年价格变量序列 *SD* 和 *GDPP* 计算表

1		当年价格				1978年价格		当年价			
2 3 4	年 份	城乡居民储蓄存款年底余额	居民消费价格总指数(上年=100	居民消费价格总指(1978年	计算公式	城乡居民储蓄存款年底余额	计算公式	人 均 生产总值(元)	人均生产总值总值指数(上年=100)	人 均 生产总值 1978年价格	计算公式
5	1978	9.81	100.1	100	–	9.81	=J5	232	109.5	232.3	=P5
6	1979	12.97	100.4	100.40	=L5*K6/100	12.91	=J6/L6*100	267	106.9	248.3	=R5*Q6/100
7	1980	19.44	104.6	105.02	=L6*K7/100	18.51	=J7/L7*100	317	113.7	282.3	=R6*Q7/100
8	1981	26.90	101.4	106.49	=L7*K8/100	25.26	=J8/L8*100	340	106.3	300.1	=R7*Q8/100
9	1982	32.83	101.4	107.98	=L8*K9/100	30.40	=J9/L9*100	353	102.7	308.2	=R8*Q9/100
10	1983	45.59	101.6	109.71	=L9*K10/100	41.56	=J10/L10*100	433	121.9	375.7	=R9*Q10/100
11	1984	64.35	100.8	110.58	=L10*K11/100	58.19	=J11/L11*100	482	108.5	407.7	=R10*Q11/100
12	1985	84.23	104.6	115.67	=L11*K12/100	72.82	=J12/L12*100	580	111.9	456.2	=R11*Q12/100
13	1986	115.03	105.5	122.03	=L12*K13/100	94.26	=J13/L13*100	635	103.0	469.9	=R12*Q13/100
14	1987	167.88	106.3	129.72	=L13*K14/100	129.41	=J14/L14*100	756	112.9	530.5	=R13*Q14/100
15	1988	209.33	119.4	154.89	=L14*K15/100	135.15	=J15/L15*100	910	107.6	570.8	=R14*Q15/100

（2）建立 EViews 工作文件 urban3 的 EViews 命令是 create urban3 a 1978 2014，创建变量的 EViews 命令是 data sce sdi gdpp sd。输入样本数据。EViews 的输出结果如图 3-94 所示。

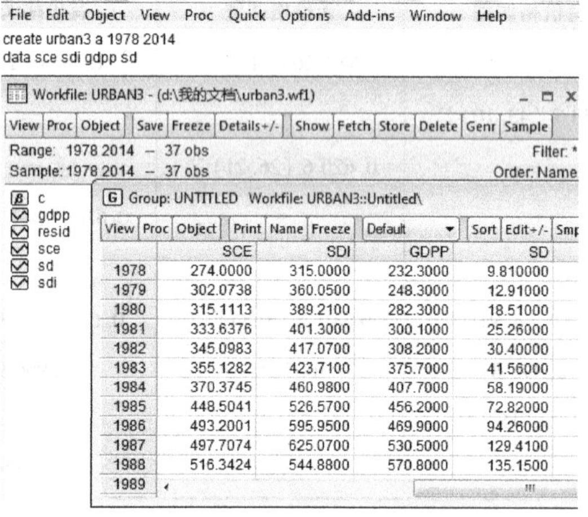

图 3-94　建立 urban4 文件和创建变量

（3）做 *SCE*、*SDI*、*GDPP* 和 *SD* 变量组线图的 EViews 命令是 line sce sdi gdpp sd，EViews 的输出结果如图 3-95 所示。做 ln *SCE*、ln *SDI*、ln *GDPP* 和 ln *SD* 变量组线图的 EViews 命令是 line log(sce) log(sdi) log(gdpp) log(sd)，EViews 的输出结果如图 3-96 所示。

从图 3-95 和图 3-96 的线图上看，对数变量 log(sce)、log(sdi)、log(gdpp) 和 log(sd) 组更像是直线关系。

（4）多元回归模型设定与受限最小二乘估计（RLS）。以消费由收入决定的基本理论为出发点，建立一元线性双对数回归模型 OLS 估计的 EViews 命令是 ls log(sce) c log(sdi)。EViews 的输出结果如图 3-97 所示。

图 3-97 结果表明，模型的经济意义与理论相符，*F* 检验和 *t* 检验都是统计显著的。

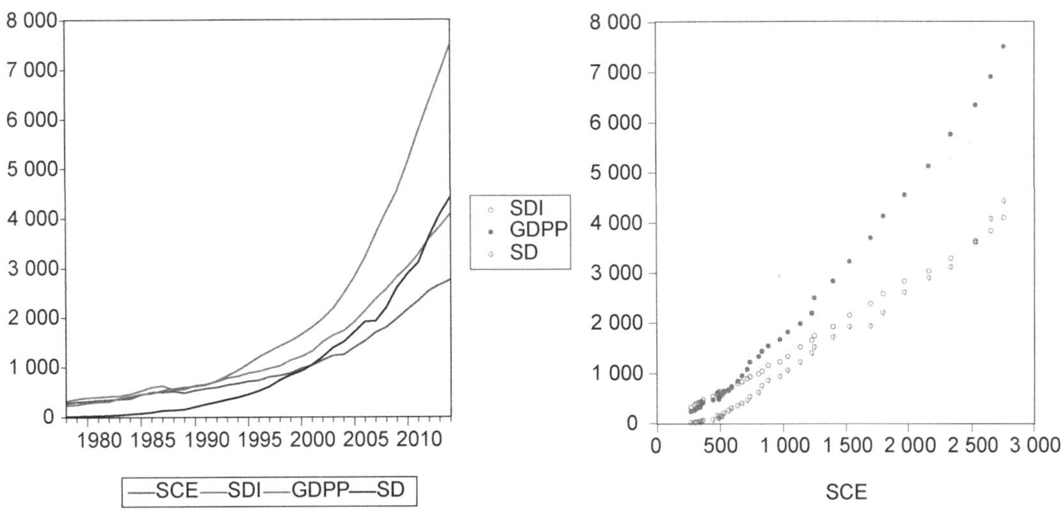

图 3-95　变量 SCE、SDI、$GDPP$、SD 的线图和散点图

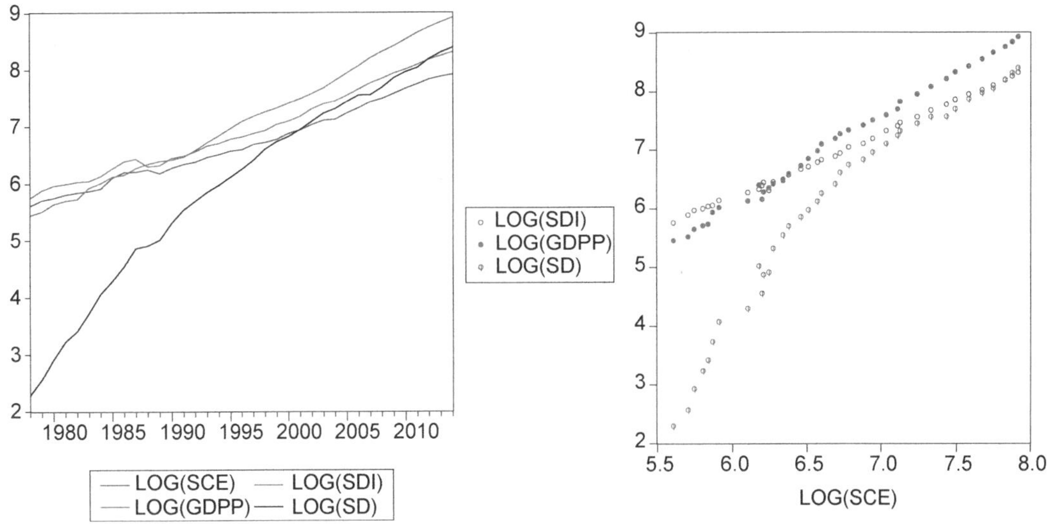

图 3-96　变量 $\ln(SCE)$、$\ln(SDI)$、$\ln(GDPP)$、$\ln(SD)$ 的线图和散点图

从图 3-96 的线图上看，$\log(SCE)$、$\log(SDI)$ 和 $\log(GDPP)$ 的线性关系更相似。是否可以在模型中加入 $\log(GDPP)$ 变量？这就需要用受限最小二乘估计或称约束性最小二乘估计（restricted least squares，RLS）。其步骤是，首先，求约束模型 $\log(SCE)=\beta_0+\beta_1\log(SDI)+u$ 的可决系数 R_r^2。然后，再求无约束模型 $\log(SCE)=\beta_0+\beta_1\log(SDI)+\beta_2\log(GDPP)+u$ 的可决系数 R_u^2。受限模型和非受

Dependent Variable: LOG(SCE)
Method: Least Squares
Date: 04/23/16　Time: 06:26
Sample (adjusted): 1978 2014
Included observations: 37 after adjustments

Variable	Coefficient	Std. Error	t-Statistic	Prob.
C	0.423417	0.054223	7.808797	0.0000
LOG(SDI)	0.904501	0.007761	116.5376	0.0000

R-squared	0.997429	Mean dependent var	6.705587
Adjusted R-squared	0.997356	S.D. dependent var	0.691756
S.E. of regression	0.035570	Akaike info criterion	-3.782111
Sum squared resid	0.044282	Schwarz criterion	-3.695034
Log likelihood	71.96905	Hannan-Quinn criter.	-3.751412
F-statistic	13581.02	Durbin-Watson stat	1.248253
Prob(F-statistic)	0.000000		

图 3-97　城市居民消费依可支配收入的一元线性双对数模型估计

限模型具有相同的被解释变量 log(SCE)。最后，求 $F=[(R_u^2-R_r^2)/m]/[R_u^2/(n-k)]$，如果 $F>F_\alpha(m, n-k)$，在 α 的显著性水平下拒绝约束无效的原假设。其中，k 是无约束模型的回归系数个数（含截距项）。临界值 $F_\alpha(m, n-k)$ 可以由 Excel 函数计算。方法是在 Excel 的单元格中输入"=FINV(α, m, n-k)"回车，即可得到要计算的临界值。

估计无约束模型 $\log(SCE)=\beta_0+\beta_1\log(SDI)+\beta_2\log(GDPP)+u$ 的 EViews 命令是 ls log(sce) c log(sdi) log(gdpp)。EViews 的输出结果如图 3-98 所示。

查看图 3-98 和图 3-97 可知，$R_u^2=0.998\,322$，$R_r^2=0.997\,429$，$k=3$，$m=1$，$n=37$，代入公式计算

$$F=\frac{(R_u^2-R_r^2)/m}{(1-R_u^2)/(n-k)}=\frac{(0.998\,322-0.997\,429)/1}{(1-0.998\,322)/(37-3)}$$
$$=18.09>F_{0.05}(1, 34)$$
$$=4.130$$

所以可以拒绝约束无效的原假设，即在模型中加入变量 log($GDPP$) 是可行的。

在模型中再加入 log(SD) 是否可行？在进行受限最小二乘估计时，约束模型是 $\log(SCE)=\beta_0+\beta_1\log(SDI)+\beta_2\log(GDPP)+u$，无约束模型是 $\log(SCE)=\beta_0+\beta_1\log(SDI)+\beta_2\log(GDPP)+\beta_3\log(SD)+u$。估计无约束模型的 EViews 命令是 ls log(sce) c log(sdi) log(gdpp) log(sd)，EViews 的输出结果如图 3-99 所示。

图 3-99 和图 3-98 显示，$R_u^2=0.998\,479$，$R_r^2=0.998\,322$，$k=4$，$m=1$，$n=37$，代入公式计算

$$F=\frac{(R_u^2-R_r^2)/m}{(1-R_u^2)/(n-k)}=\frac{(0.998\,479-0.998\,322)/1}{(1-0.998\,479)/(37-4)}$$
$$=3.406<F_{0.05}(1, 33)$$
$$=4.113$$

所以不可以拒绝约束无效的原假设，即在模型中加入变量 log(SD) 是不可行的。从图 3-99 可以看出，对 β_2 和 β_3 进行 t 检验的 p 值在 0.05 的显著性水平下已经变得不显著。

Dependent Variable: LOG(SCE)
Method: Least Squares
Date: 04/23/16 Time: 06:29
Sample (adjusted): 1978 2014
Included observations: 37 after adjustments

Variable	Coefficient	Std. Error	t-Statistic	Prob.
C	0.984132	0.139168	7.071559	0.0000
LOG(SDI)	0.587926	0.074728	7.867515	0.0000
LOG(GDPP)	0.230580	0.054231	4.251794	0.0002

R-squared	0.998322	Mean dependent var	6.705587
Adjusted R-squared	0.998223	S.D. dependent var	0.691756
S.E. of regression	0.029160	Akaike info criterion	-4.154434
Sum squared resid	0.028910	Schwarz criterion	-4.023819
Log likelihood	79.85703	Hannan-Quinn criter.	-4.108386
F-statistic	10112.88	Durbin-Watson stat	1.487346
Prob(F-statistic)	0.000000		

图 3-98 估计无约束模型

$\log(SCE)=\beta_0+\beta_1\log(SDI)+\beta_2\log(GDPP)+u$

Dependent Variable: LOG(SCE)
Method: Least Squares
Date: 04/23/16 Time: 06:33
Sample (adjusted): 1978 2014
Included observations: 37 after adjustments

Variable	Coefficient	Std. Error	t-Statistic	Prob.
C	0.973383	0.134609	7.231193	0.0000
LOG(SDI)	0.668019	0.084237	7.930241	0.0000
LOG(GDPP)	0.133673	0.074163	1.802415	0.0806
LOG(SD)	0.023944	0.012966	1.846632	0.0738

R-squared	0.998479	Mean dependent var	6.705587
Adjusted R-squared	0.998341	S.D. dependent var	0.691756
S.E. of regression	0.028178	Akaike info criterion	-4.198717
Sum squared resid	0.026203	Schwarz criterion	-4.024564
Log likelihood	81.67627	Hannan-Quinn criter.	-4.137320
F-statistic	7220.950	Durbin-Watson stat	1.708102
Prob(F-statistic)	0.000000		

图 3-99 估计无约束模型

$\log(SCE)=\beta_0+\beta_1\log(SDI)+\beta_2\log(GDPP)+\beta_3\log(SD)+u$

可见，在消费模型中不能同时增加 log(*GDPP*) 和 log(*SD*) 两个额外变量。仅增加 log(*GDPP*) 时，由图 3-98 写出模型估计的规范表达式是

$$\ln(\widehat{SCE})_t = 0.984\,132 + 0.587\,926\ln(SDI)_t + 0.230\,58\ln(GDPP)_t$$

$$t = (7.071\,559) \quad (7.867\,515) \quad\quad (4.251\,794)$$

$$R_a^2 = 0.998\,223 \quad F = 10\,112.88 \quad DW = 1.487\,346 \quad n = 37$$

模型中回归系数的符号与经济理论相符，*F* 检验、*t* 检验都是统计显著的，但是，$dL = 1.364 < DW < du = 1.594$，落入无法判断区域，是否存在自相关还需要进一步检验（略）。

此外，还可以直接用 EViews 的一般性检验（RESET）来判断模型是否遗漏了某个重要的解释变量，从而决定能否再添加新的解释变量。方法是在上述估计约束模型 $\log(SCE) = \beta_0 + \beta_1\log(SDI) + u$ 的输出窗口选择 "View"→"Stability Diagnostics"→"Ramsey RESET Test"，在 RESET 设定（specification）对话框的空格中选 1。得到的输出结果如图 3-100 所示。

Ramsey RESET Test
Equation: UNTITLED
Specification: LOG(SCE) C LOG(SDI)
Omitted Variables: Squares of fitted values

	Value	df	Probability
t-statistic	2.417504	34	0.0211
F-statistic	5.844326	(1, 34)	0.0211
Likelihood ratio	5.868921	1	0.0154

F-test summary:

	Sum of Sq.	df	Mean Squares
Test SSR	0.006495	1	0.006495
Restricted SSR	0.044282	35	0.001265
Unrestricted SSR	0.037787	34	0.001111

LR test summary:

	Value	df
Restricted LogL	71.96905	35
Unrestricted LogL	74.90351	34

Unrestricted Test Equation:
Dependent Variable: LOG(SCE)
Method: Least Squares
Date: 04/09/16 Time: 11:26
Sample: 1978 2014
Included observations: 37

图 3-100　城市居民消费模型的 RESET 检验一

图 3-100 的 RESET 检验的输出结果显示，$F = 5.844$，*F* 检验的 *p* 值 $= 0.021\,1 < 0.05$，所以在 0.05 的显著性水平上拒绝约束不成立（即无遗漏变量）的原假设。因此，在模型中可以加入 log(*GDPP*) 对模型 $\log(SCE) = \beta_0 + \beta_1\log(SDI) + \beta_2\log(GDPP) + u$ 进行重新估计。与上述受限最小二乘估计在无约束模型中加入确定的变量后进行检验不同，EViews 的 RESET 检验选用所设定模型被解释变量拟合值若干次幂的线性组合作为替代变量进行检验。图 3-100 中的替代变量是 FITTED^2(Squares of fitted values)，即 $\hat{Y}^2 = (\ln\widehat{SCE})^2$。

Ramsey RESET Test
Equation: UNTITLED
Specification: LOG(SCE) C LOG(SDI) LOG(GDPP)
Omitted Variables: Squares of fitted values

	Value	df	Probability
t-statistic	0.636715	33	0.5287
F-statistic	0.405406	(1, 33)	0.5287
Likelihood ratio	0.451777	1	0.5015

F-test summary:

	Sum of Sq.	df	Mean Squares
Test SSR	0.000351	1	0.000351
Restricted SSR	0.028910	34	0.000850
Unrestricted SSR	0.028560	33	0.000865

LR test summary:

	Value	df
Restricted LogL	79.85703	34
Unrestricted LogL	80.08292	33

图 3-101　城市居民消费模型的 RESET 检验二

在 $\log(SCE) = \beta_0 + \beta_1\log(SDI) + \beta_2\log(GDPP) + u$ 中是否还可以加入新的解释变量 log(*SD*)？可以在模型 $\log(SCE) = \beta_0 + \beta_1\log(SDI) + \beta_2\log(GDPP) + u$ 估计的输出窗口再次进行 RESET 检验（在 RESET 设定(specification)对话框的空格中选 1）。EViews 的输出结果如图 3-101 所示。

图 3-101 的 RESET 检验的输出结果显示，$F = 0.405\,406$，*F* 检验的 *p* 值 $= 0.528\,7 > 0.05$，所以在 0.05 的显著性水平上不能拒绝约束不成立（即无遗漏变量）的原假设。在模型中不能再添加其他解释变量。

（5）多重共线性的检验。

1）用相关矩阵分析时，做相关矩阵的 EViews 命令为 cor log(sce) log(sdi) log(gdpp)，输出结果如图 3-102 所示。

图 3-102 的简单相关系数矩阵表明，解释变量 log(*SDI*) 和 log(*GDPP*) 的相关系数达到 0.996 368，可能存在较严重的多重共线性。

	Correlation		
	LOG(SCE)	LOG(SDI)	LOG(GDPP)
LOG(SCE)	1.000000	0.998714	0.997630
LOG(SDI)	0.998714	1.000000	0.996368
LOG(GDPP)	0.997630	0.996368	1.000000

图 3-102 变量 log(*SCE*)、log(*SDI*) 和 log(*SD*) 的相关系数矩阵

2）用方差扩大因子（VIF）分析，用 EViews 求模型的各个方差扩大因子的方法是，在模型的输出窗口，选择“View”→“Coefficient Diagnostics”→“Variation Inflation Factors”。对图 3-98 的回归结果求方差膨胀因子的 EViews 输出结果如图 3-103 所示。

Variance Inflation Factors
Date: 04/13/16 Time: 17:38
Sample: 1978 2015
Included observations: 37

Variable	Coefficient Variance	Uncentered VIF	Centered VIF
C	0.019368	842.7600	NA
LOG(SDI)	0.005584	11859.84	137.9330
LOG(GDPP)	0.002941	6596.463	137.9330

图 3-103 城市居民生命周期消费模型方差扩大因子

此外，还可以用常规方法求方差膨胀因子。对于回归模型 $\log(SCE)=\beta_0+\beta_1\log(SDI)+\beta_2\log(GDPP)+u$，用常规法求方差膨胀因子的方法是，首先建立模型中解释变量间的回归模型。由于解释变量只有 2 个，只能建立 1 对辅助回归模型：$\log(SDI)=\beta_1+\beta_2\log(GDPP)+u$ 和 $\log(GDPP)=\beta_1+\beta_2\log(SDI)+u$。由于方差膨胀因子反映的是解释变量之间的相关程度，因此它们的方差膨胀因子是相等的。对辅助回归模型 $\log(SDI)=\beta_1+\beta_2\log(GDPP)+u$ 估计的 EViews 命令是 ls log(sdi) c log(gdpp)，估计结果如图 3-104 所示。

Dependent Variable: LOG(SDI)
Method: Least Squares
Date: 04/13/16 Time: 17:42
Sample (adjusted): 1978 2014
Included observations: 37 after adjustments

Variable	Coefficient	Std. Error	t-Statistic	Prob.
C	1.808704	0.074987	24.12008	0.0000
LOG(GDPP)	0.723076	0.010445	69.22900	0.0000

R-squared	0.992750	Mean dependent var	6.945451
Adjusted R-squared	0.992543	S.D. dependent var	0.763809
S.E. of regression	0.065958	Akaike info criterion	-2.547056
Sum squared resid	0.152266	Schwarz criterion	-2.459979
Log likelihood	49.12053	Hannan-Quinn criter.	-2.516357
F-statistic	4792.655	Durbin-Watson stat	0.686016
Prob(F-statistic)	0.000000		

图 3-104 城市居民生命周期消费模型的辅助回归方程估计

$$VIF=1/(1-R^2)=1/(1-0.992\,750)=137.93。$$

如果被检验模型中有截距项，中心化方差膨胀因子（centered VIF）高于 10，可能存在较严重的多重共线性。图 3-103 显示，估计的回归模型的解释变量的中心化方差膨胀因子大于 10，接近 138，存在严重的多重共线性。如果被检验模型中不含截距项，EViews 将不会输出中心化方差膨胀因子，只能输出非中心化方差膨胀因子（uncentered VIF）。

（6）美国经济学家莫迪利安尼提出的生命周期消费理论认为，人们会在更长的时间范围内计划他们的生活消费开支，以达到他们在整个生命周期内消费的最佳配置，实现一生消费效用最大化。各个家庭的消费取决于他们在整个生命周期内所获得的劳动收入与财产收入，家庭的消费函数就是：$C=aYL+bWR$。其中：WR 为财产收入，YL 为劳动收入，a 为劳动收入的边际消费倾向，b 为财产收入的边际消费倾向。这一消费函数转化成计量经济模型就是：$c=\beta_1 YL+\beta_2 WR+u$，式中 u 为随机扰动项。假设城市居民家庭工资收入相当于可支配收入，财产收入来源于储蓄，构造的消费计量模型为 $SCE=\beta_1 SDI+\beta_2 SD+u$。估计城市居民消费模型的 EViews 命令是 ls sce sdi sd，EViews 的输出结果如图 3-105 所示。

依据图 3-105 写出回归估计结果的规范表达式是

$$\hat{SCE} = 0.901\ 669SDI - 0.200\ 979SD$$
$$se = (0.016\ 271) \qquad (0.017\ 423)$$
$$R_a^2 = 0.997\ 887 \quad DW = 0.805\ 932 \quad n = 37$$

（7）对模型进行检验。

1）经济理论检验。消费理论认为，消费与收入、消费与财富都是正相关关系。因此，$\beta_1>0$，$\beta_2>0$。用 EViews 求模型中回归系数的 90%和 95%置信区间，结果如图 3-106 所示。

图 3-106 显示，β_1 的 90%置信区间是［0.874 177，0.929 16］，是正值区间；β_2 的 90%置信区间是［-0.230 416，-0.171 542］，是负值区间。因而，在 0.05 的显著性水平下，$\beta_1>0$ 统计显著，这与经济理论相一致；$\beta_2>0$ 统计不显著，这与经济理论相悖。

2）拟合优度检验。修正后的可决系数 $R_a^2=0.997\ 946$，接近 1，说明模型拟合很好，可支配收入和储蓄联合变化能解释 99.79%的消费变化。

Dependent Variable: SCE
Method: Least Squares
Date: 04/13/16 Time: 17:58
Sample (adjusted): 1978 2014
Included observations: 37 after adjustments

Variable	Coefficient	Std. Error	t-Statistic	Prob.
SDI	0.901669	0.016271	55.41495	0.0000
SD	-0.200979	0.017423	-11.53554	0.0000

R-squared	0.997946	Mean dependent var	1032.460
Adjusted R-squared	0.997887	S.D. dependent var	735.4671
S.E. of regression	33.80397	Akaike info criterion	9.931572
Sum squared resid	39994.79	Schwarz criterion	10.01865
Log likelihood	-181.7341	Hannan-Quinn criter.	9.962270
Durbin-Watson stat	0.805932		

图 3-105　城市居民生命周期消费模型估计

Coefficient Confidence Intervals
Date: 04/13/16 Time: 18:02
Sample: 1978 2015
Included observations: 37

		90% CI		95% CI	
Variable	Coefficient	Low	High	Low	High
SDI	0.901669	0.874177	0.929160	0.868636	0.934701
SD	-0.200979	-0.230416	-0.171542	-0.236349	-0.165609

图 3-106　城市居民生命周期消费模型回归系数的置信区间

3）F 检验。按照莫迪利安尼的消费假说建立的总体消费回归模型中没有截距项。因为 EViews 只能按照模型中存在截距项的正常模型计算 F 统计量值，因而就不再输出 F 统计量值。此时，不能用 EViews 进行 F 检验。

4）t 检验。β_1、β_2 的 t 统计量值较大，t 检验对应的 p 值（prob.）分别是 0.000 0 和 0.000 0，小于 0.05。因此，在 0.05 的显著性水平下可以拒绝 $\beta_1=0$ 或 $\beta_2=0$ 的原假设。这一点，可以从 β_1 的 95%置信区间的上限值和下限值都是正值，β_2 的 95%置信区间的上限值和下限值都是负值，就可以得出相同的结论（即 β_1、β_2 均不为零）。

5）图 3-105 显示，DW 值 = 0.805 932，$n=37$，$k'=2$，$DW<dL=1.364$。所以，在 0.05 的显著性水平下，模型存在一阶自相关问题。但是，应当注意到被检验模型没有截距项，不符合 DW 检验的前提。改用 GB 检验（LM 检验），得到滞后阶数选择 2 时，$nR^2=12.98$，检验的 p 值 = 0.001 5< 0.05，且 RESID（-1）后的 t 检验的 p 值 = 0.003 8< 0.05（EViews 输出如图 3-107 所示），表明确实存在一阶自相关。

消除自相关问题所用 Eiews 命令是：ls sce sdi sd ar(1)，估计结果如图 3-108 所示。

图 3-108 的估计结果表明，消除自相关后，模型拟合优度提高到 0.998 558，在 5%的显著性水平下，$\beta_1>0$ 统计显著（其置信区间为［0.824 671，0.937 496］，EViews 输出图

略)，$\beta_2>0$ 统计不显著且为负值（其置信区间为 [-0.239 423，-0.124 748]，EViews 输出图略)，有悖于经济理论。修正后的回归估计结果的规范表达式是

$$\hat{SCE} = 0.881\,083SDI - 0.182\,086SD + [ar(1) = 0.638\,062]$$
$$se = (0.033\,334) \qquad (0.033\,880) \qquad (0.143\,068)$$
$$R^2 = 0.998\,640 \quad R_a^2 = 0.998\,558 \quad DW = 2.016\,3 \quad n = 36$$

Breusch-Godfrey Serial Correlation LM Test:

F-statistic	9.020512	Prob. F(2,33)	0.0007
Obs*R-squared	12.98302	Prob. Chi-Square(2)	0.0015

Test Equation:
Dependent Variable: RESID
Method: Least Squares
Date: 04/23/16 Time: 16:16
Sample: 1978 2014
Included observations: 37
Presample missing value lagged residuals set to zero.

Variable	Coefficient	Std. Error	t-Statistic	Prob.
SDI	0.001904	0.013496	0.141101	0.8886
SD	-0.002952	0.014463	-0.204095	0.8395
RESID(-1)	0.567416	0.182363	3.111465	0.0038
RESID(-2)	0.058610	0.182987	0.320296	0.7508

图 3-107　城市居民生命周期消费模型估计的序列相关 *LM* 检验

Dependent Variable: SCE
Method: Least Squares
Date: 04/13/16 Time: 17:50
Sample (adjusted): 1979 2014
Included observations: 36 after adjustments
Convergence achieved after 11 iterations

Variable	Coefficient	Std. Error	t-Statistic	Prob.
SDI	0.881083	0.033334	26.43222	0.0000
SD	-0.182086	0.033880	-5.374419	0.0000
AR(1)	0.638062	0.143068	4.459842	0.0001

R-squared	0.998640	Mean dependent var	1053.529
Adjusted R-squared	0.998558	S.D. dependent var	734.4888
S.E. of regression	27.89519	Akaike info criterion	9.574441
Sum squared resid	25678.68	Schwarz criterion	9.706401
Log likelihood	-169.3399	Hannan-Quinn criter.	9.620499
Durbin-Watson stat	2.016305		

Inverted AR Roots	.64

图 3-108　城市居民生命周期消费回归模型消除自相关的估计

（8）2015 年河南省城市居民家庭人均消费支出预测。

1）1978 年价格城市居民家庭人均消费支出预测。尽管图 3-108 的估计结果不能令人满意，但由于拟合优度很高，用于经济预测还是可以的。对于图 3-108 城市居民家庭人均消费支出回归模型，计算 2015 年解释变量的值：SDI=4 088.78+4 088.78×8%=4 415.882，SD=4 424.64+4 424.64×10%=4 867.104。代入回归模型 $\hat{SCE}_{2015}=0.881\,083SDI_{2015}-0.182\,086SD_{2015}$ =3 004.527，2015 年河南省城市居民家庭人均消费平均估计值 SCE=3 004.53元。

上述计算可由 EViews 软件来完成，操作是在 urban3 文件窗口中双击 “Range：1978 2014”，在弹出的对话框中把 “2014” 改为 “2015”，单击 “OK” 按钮。单击 “SDI” 图标，在弹出的数据窗口的 2015 年后录入 4415.882；单击 “SD” 图标，在弹出的数据窗口的 2015 年后录入 4867.104。进入图 3-108 模型输出窗口，单击 “Forecast”，在出现的对话框中单击 “OK” 按钮。在 urban3 文件窗口中打开 scef 图标即可查看 2015 年 SCE 的均值预测 3 004.529 元。

2）2015 年价格城市居民家庭人均消费支出预测。2015 年价格城市居民家庭人均消费支出=1978 年价格城市居民家庭人均消费支出×2014 年定基价格指数（1978=100)×2015 年环比价格指数=3 004.529×569.01%×103%=17 608.95 元。

（9）从相关系数和方差膨胀因子上分析，模型可能存在较严重的多重共线性。t 检验发现异常，β_2 的符号与经济理论不一致，这也是多重共线性的表现。

（10）考虑到对数据做对数化处理有可能弱化多重共线性，改为估计模型 Log(SCE)=$\beta_1$log(SDI)+$\beta_2$log(SD)+u。同时考虑到消除存在的一阶和三阶自相关（*LM* 检验略)，使用

的 EViews 命令为是：ls log(sce) log(sdi) log(sd) ar(1) ar(3)。EViews 的输出结果如图 3-109 所示。

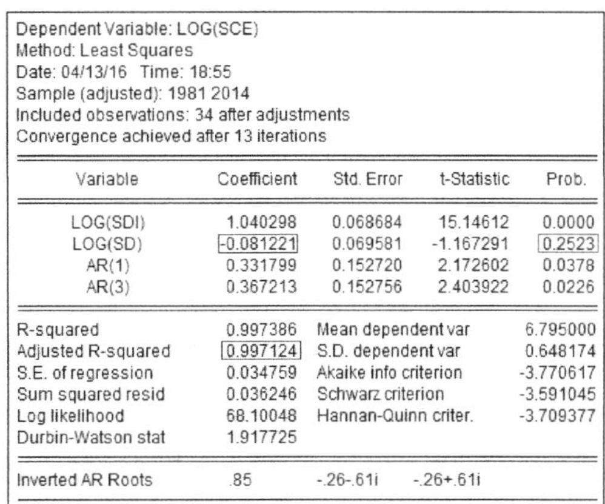

Dependent Variable: LOG(SCE)
Method: Least Squares
Date: 04/13/16 Time: 18:55
Sample (adjusted): 1981 2014
Included observations: 34 after adjustments
Convergence achieved after 13 iterations

Variable	Coefficient	Std. Error	t-Statistic	Prob.
LOG(SDI)	1.040298	0.068684	15.14612	0.0000
LOG(SD)	-0.081221	0.069581	-1.167291	0.2523
AR(1)	0.331799	0.152720	2.172602	0.0378
AR(3)	0.367213	0.152756	2.403922	0.0226

R-squared	0.997386	Mean dependent var	6.795000
Adjusted R-squared	0.997124	S.D. dependent var	0.648174
S.E. of regression	0.034759	Akaike info criterion	-3.770617
Sum squared resid	0.036246	Schwarz criterion	-3.591045
Log likelihood	68.10048	Hannan-Quinn criter.	-3.709377
Durbin-Watson stat	1.917725		

Inverted AR Roots	.85	-.26-.61i	-.26+.61i

图 3-109 对数化数据后的城市居民生命周期消费回归模型的估计

从图 3-109 可以看出，对数化数据后模型的估计结果，表现为 β_2 估计仍为负值且 t 检验统计不显著、拟合优度有所下降（必须注意，对数变换后的模型已经不是生命周期消费理论的基本计量形式了）。因为总体回归模型是根据经济理论设计的，估计时也做了对数化处理，因此多重共线性可能是因为其他原因引起的。例如，用储蓄代替财产是否恰当？工资收入能否用可支配收入替代？数据的质量如何？等等。

（11）忽略。

（12）图 3-108 的估计结果存在严重多重共线性，且与经济理论不一致。因此，就现有的样本数据估计结果来看，河南省城市居民家庭消费行为不适合用生命周期消费理论解释，不能用于经济结构分析。如果改进样本数据，将会得出什么结论？这还需要进一步研究。

3.3.5 实验五 滞后变量回归模型

（1）建立 EViews 工作文件 urban4 的 EViews 命令是 create urban4 a 1978 2014，创建变量的 EViews 命令是 data sce sdi。录入样本数据。EViews 输出结果略。

（2）做变量 SCE 和 SDI 的交叉相关图的 EViews 命令是 cross sce sdi。观察图 3-110，消费支出 SCE_t 和可支配收入的当期（$i=0$）值 SDI_t、滞后一期（$i=-1$）值 SDI_{t-1}、滞后二期（$i=-2$）值 SDI_{t-2}直到滞后七期（$i=-7$）值 SDI_{t-7}的左侧横条杆已超出虚竖线，表明显著相关。因此，可估计有限分布滞后模型 $SCE_t=\beta_0+\beta_1 SDI_t+\beta_2 SDI_{t-1}+\beta_3 SDI_{t-2}+\cdots+\beta_8 SDI_{t-7}+u_t$。

Cross Correlogram of SCE and SDI

Date: 04/08/16 Time: 17:06
Sample: 1978 2014
Included observations: 37
Correlations are asymptotically consistent approximations

i	lag	lead
0	0.9990	0.9990
1	0.8915	0.9019
2	0.7866	0.8016
3	0.6838	0.6996
4	0.5886	0.6041
5	0.4978	0.5136
6	0.4095	0.4301
7	0.3277	0.3541
8	0.2522	0.2804
9	0.1850	0.2167
10	0.1253	0.1590
11	0.0710	0.1071
12	0.0156	0.0514
13	-0.0345	0.0005
14	-0.0761	-0.0447
15	-0.1138	-0.0871
16	-0.1490	-0.1228

图 3-110 变量 SCE 与 SDI 的交叉相关图

（3）对有限分布滞后模型进行 OLS 估计的 EViews 命令是 ls sce c sdi(0 to -7)。EViews 输出结果如图 3-111 所示。

Dependent Variable: SCE
Method: Least Squares
Date: 04/08/16 Time: 17:26
Sample (adjusted): 1985 2014
Included observations: 30 after adjustments

Variable	Coefficient	Std. Error	t-Statistic	Prob.
C	133.2929	14.77147	9.023672	0.0000
SDI	0.596570	0.137750	4.330832	0.0003
SDI(-1)	0.139364	0.233624	0.596532	0.5572
SDI(-2)	-0.178713	0.249873	-0.715216	0.4824
SDI(-3)	0.135986	0.267137	0.509051	0.6160
SDI(-4)	0.088480	0.269866	0.327865	0.7463
SDI(-5)	-0.082208	0.263515	-0.311966	0.7581
SDI(-6)	-0.063133	0.253663	-0.248885	0.8059
SDI(-7)	0.015813	0.180609	0.087552	0.9311

R-squared	0.998771	Mean dependent var	1196.854
Adjusted R-squared	0.998302	S.D. dependent var	723.5162
S.E. of regression	29.81031	Akaike info criterion	9.870911
Sum squared resid	18661.75	Schwarz criterion	10.29127
Log likelihood	-139.0637	Hannan-Quinn criter.	10.00539
F-statistic	2132.737	Durbin-Watson stat	1.120305
Prob(F-statistic)	0.000000		

图 3-111 城市居民消费有限分布滞后模型

图 3-111 的 OLS 估计结果表明，统计量 $F=2\ 132$，数值很大，F 检验对应的 p 值几乎是零，说明在 0.05 的显著性水平下模型整体上统计显著。但是，*SDI* 滞后变量的 t 检验对应的 p 值均大于 0.05，说明在 0.05 的显著性水平下滞后项偏回归系数不为零都是统计不显著的。考虑到可能存在自相关，进行 *LM* 检验（见图 3-112）。

Breusch-Godfrey Serial Correlation LM Test:

F-statistic	2.068252	Prob. F(2,19)	0.1539
Obs*R-squared	5.363608	Prob. Chi-Square(2)	0.0684

Test Equation:
Dependent Variable: RESID
Method: Least Squares
Date: 04/08/16 Time: 17:55
Sample: 1985 2014
Included observations: 30
Presample missing value lagged residuals set to zero.

Variable	Coefficient	Std. Error	t-Statistic	Prob.
C	10.08691	16.69116	0.604326	0.5528
SDI	-0.077984	0.139778	-0.557913	0.5834
SDI(-1)	0.150637	0.234630	0.642019	0.5285
SDI(-2)	-0.012758	0.249803	-0.051074	0.9598
SDI(-3)	-0.032359	0.255115	-0.126841	0.9004
SDI(-4)	0.010618	0.257705	0.041204	0.9676
SDI(-5)	0.023814	0.251349	0.094746	0.9255
SDI(-6)	-0.060396	0.243694	-0.247838	0.8069
SDI(-7)	-0.030965	0.183271	-0.168959	0.8676
RESID(-1)	0.550406	0.273453	2.012802	0.0585
RESID(-2)	-0.030526	0.305420	-0.099948	0.9214

图 3-112　城市居民消费有限分布滞后模型的序列相关 *LM* 检验

图 3-112 表明，选择滞后阶数为 2 时，在 0.10 的显著性水平下，模型存在一阶正自相关。用广义差分法估计的 EViews 命令是 ls sce c sdi(0 to −7) ar(1)，EViews 输出结果如图 3-113 所示。

Dependent Variable: SCE
Method: Least Squares
Date: 04/08/16 Time: 18:03
Sample (adjusted): 1986 2014
Included observations: 29 after adjustments
Convergence achieved after 6 iterations

Variable	Coefficient	Std. Error	t-Statistic	Prob.
C	159.4376	25.97352	6.138465	0.0000
SDI	0.527221	0.128924	4.089392	0.0006
SDI(-1)	0.250404	0.164896	1.518559	0.1453
SDI(-2)	-0.150459	0.168148	-0.894806	0.3821
SDI(-3)	0.133462	0.179493	0.743549	0.4662
SDI(-4)	0.097969	0.179215	0.546653	0.5910
SDI(-5)	-0.073196	0.175863	-0.416207	0.6819
SDI(-6)	-0.046492	0.181438	-0.256242	0.8005
SDI(-7)	-0.146638	0.159630	-0.918612	0.3698
AR(1)	0.538697	0.214384	2.512764	0.0212

图 3-113　消除自相关的城市居民消费有限分布滞后模型估计

图 3-113 的估计结果表明，一阶自回归系数 t 检验的 p 值 $=0.021\ 2<0.05$，原模型确实存在一阶正自相关。但 *SDI* 的各个滞后变量偏回归系数 t 检验的 p 值都很大，均为统计不显著，可能是存在多重共线性的缘故。

用阿尔蒙法估计分布滞后模型的 EViews 命令是 ls sce c pdl(sdi, 7, 2) ar(1)，EViews 输出结果如图 3-114 所示。

图 3-114 显示，F 值很大，模型整体统计显著。在 0.05 的显著性水平下，查 t 检验的临界值是 $t_{0.025}(29-4)=2.060$（临界值可以在 Excel 表中直接计算，方法是在 Excel 表的某个单元格中输入"=tinv(0.05, 29−4)"回车即可），当期可支配收入 *SDI* 和它的滞后一期、滞后二期和滞后五期的偏回归系数的 t 统计量大于 2.060，偏回归系数不为零统计显著，但是其他各滞后期的偏回归系数 t 统计量都小于 2.060，偏回归系数不为零都是统计不显著的。而且，估计值基本上为负值。

通过观察图 3-114 可知，随着滞后阶数的增加，参数估计值接近于 0，可以考虑施加一个远端约束。用阿尔蒙法估计分布滞后模型的 EViews 命令修改成 ls sce c pdl(sdi, 7, 2, 2) ar(1)，EViews 输出结果如图 3-115 所示。

图 3-115 显示，经过施加远端约束之后，模型偏回归系数的 t 检验结果得到显著改善，除了滞后三期和滞后四期之外，其他各期的偏回归系数的 t 检验统计量值均大于 $t_{0.025}(29-3)=2.056$，它们不为零均统计显著。依据图 3-115 写出回归估计结果的规范表达式是

$$\hat{RCE}_t = 161.70 + 0.45RDI_t + 0.27RDI_{t-1} + 0.13RDI_{t-2} + \cdots - 0.06RDI_{t-7}$$

$$t = (6.87) \quad (6.41) \quad (8.88) \quad (62.83) \quad (-2.90)$$

$$R_a^2 = 0.9985 \quad F = 6564 \quad DW = 1.75 \quad n = 29$$

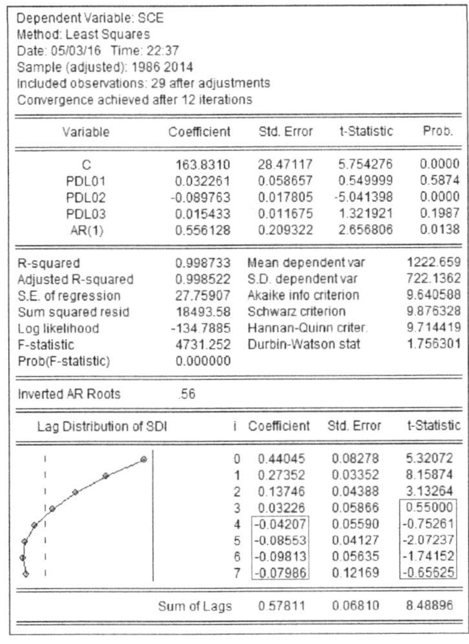

Dependent Variable: SCE
Method: Least Squares
Date: 05/03/16 Time: 22:37
Sample (adjusted): 1986 2014
Included observations: 29 after adjustments
Convergence achieved after 12 iterations

Variable	Coefficient	Std. Error	t-Statistic	Prob.
C	163.8310	28.47117	5.754276	0.0000
PDL01	0.032261	0.058657	0.549999	0.5874
PDL02	-0.089763	0.017805	-5.041398	0.0000
PDL03	0.015433	0.011675	1.321921	0.1987
AR(1)	0.556128	0.209322	2.656806	0.0138

R-squared	0.998733	Mean dependent var	1222.659
Adjusted R-squared	0.998522	S.D. dependent var	722.1362
S.E. of regression	27.75907	Akaike info criterion	9.640588
Sum squared resid	18493.58	Schwarz criterion	9.876328
Log likelihood	-134.7885	Hannan-Quinn criter.	9.714419
F-statistic	4731.252	Durbin-Watson stat	1.756301
Prob(F-statistic)	0.000000		

Inverted AR Roots .56

Lag Distribution of SDI	i	Coefficient	Std. Error	t-Statistic
	0	0.44045	0.08278	5.32072
	1	0.27352	0.03352	8.15874
	2	0.13746	0.04388	3.13264
	3	0.03226	0.05866	0.55000
	4	-0.04207	0.05590	-0.75261
	5	-0.08553	0.04127	-2.07237
	6	-0.09813	0.05635	-1.74152
	7	-0.07986	0.12169	-0.65625
Sum of Lags		0.57811	0.06810	8.48896

图 3-114 用阿尔蒙法估计城市居民消费有限分布滞后模型

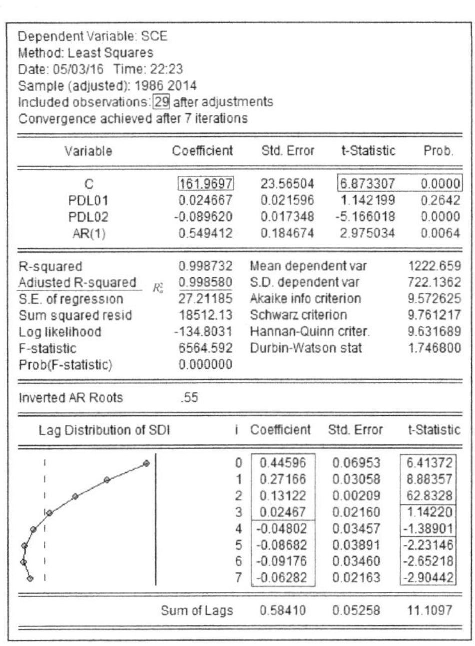

Dependent Variable: SCE
Method: Least Squares
Date: 05/03/16 Time: 22:23
Sample (adjusted): 1986 2014
Included observations: 29 after adjustments
Convergence achieved after 7 iterations

Variable	Coefficient	Std. Error	t-Statistic	Prob.
C	161.9697	23.56504	6.873307	0.0000
PDL01	0.024667	0.021596	1.142199	0.2642
PDL02	-0.089620	0.017348	-5.166018	0.0000
AR(1)	0.549412	0.184674	2.975034	0.0064

R-squared	0.998732	Mean dependent var	1222.659
Adjusted R-squared	0.998580	S.D. dependent var	722.1362
S.E. of regression	27.21185	Akaike info criterion	9.572625
Sum squared resid	18512.13	Schwarz criterion	9.761217
Log likelihood	-134.8031	Hannan-Quinn criter.	9.631689
F-statistic	6564.592	Durbin-Watson stat	1.746800
Prob(F-statistic)	0.000000		

Inverted AR Roots .55

Lag Distribution of SDI	i	Coefficient	Std. Error	t-Statistic
	0	0.44596	0.06953	6.41372
	1	0.27166	0.03058	8.88357
	2	0.13122	0.00209	62.8328
	3	0.02467	0.02160	1.14220
	4	-0.04802	0.03457	-1.38901
	5	-0.08682	0.03891	-2.23146
	6	-0.09176	0.03460	-2.65218
	7	-0.06282	0.02163	-2.90442
Sum of Lags		0.58410	0.05258	11.1097

图 3-115 用阿尔蒙法估计城市居民消费有限分布滞后模型（施加远端约束）

尽管，F 值很大，模型整体统计显著。但在 0.05 的显著性水平下，滞后三期和滞后四期偏回归系数不为零都是统计不显著的。滞后五期至滞后七期的偏回归系数的 t 检验虽然统计显著，但却为负值，这与经济理论不相符。这说明用分布滞后模型不太适合解释河南城市居民家庭的消费行为。

（4）美国经济学家米尔顿·弗里德曼的持久收入消费理论认为，消费者的现期消费不仅与现期收入有关，而且与消费者的持久收入有关。持久收入是指消费者能够预计到的、较为固定的长期收入。这样，理论上持久收入消费理论的数理模型应当是无限分布滞后模型与自适应性预期模型的有机结合，最终的结果将是一个一阶自回归模型。设城市居民消费的一阶自回归模型为 $SCE_t = \beta_1 SDI_t + \beta_2 SCE_{t-1} + u_t$。式中，偏回归系数 β_1 和 β_2 都应该是正值。

（5）估计上述一阶自回归模型的 EViews 命令是 ls sce sdi sce(-1)，EViews 输出结果如图 3-116 所示。

Dependent Variable: SCE
Method: Least Squares
Date: 04/16/16 Time: 15:44
Sample (adjusted): 1979 2014
Included observations: 36 after adjustments

Variable	Coefficient	Std. Error	t-Statistic	Prob.
SDI	0.114594	0.051483	2.225875	0.0328
SCE(-1)	0.900308	0.076747	11.73086	0.0000

R-squared	0.998009	Mean dependent var	1053.529
Adjusted R-squared	0.997950	S.D. dependent var	734.4888
S.E. of regression	33.25187	Akaike info criterion	9.900052
Sum squared resid	37593.36	Schwarz criterion	9.988025
Log likelihood	-176.2009	Hannan-Quinn criter.	9.930757
Durbin-Watson stat	1.550467		

图 3-116 城市居民消费一阶自回归模型估计

从图 3-116 的估计结果看，t 检验效果很好。但是请注意，因为模型等号右侧中有滞后被解释变量，DW 检验在一阶自回归模型自相关的检验中已经失效。同时，模型由自适应预期理论推导而来，还可能存在着自相关问题，以及滞后被解释变量与随机扰动项相关的问题。

注意：由于模型没有截距项，EViews 的输出结果没有给出 F 统计量值及 F 检验的 p 值。

（6）对模型进行德宾 h 检验。一阶自回归模型中存在滞后被解释变量，DW 检验失效，改用检验用德宾 h 检验。统计量德宾 h 在大样本下近似服从正态分布。查阅图 3-116，被解释变量滞后一期偏回归系数的标准差 $se(\beta^*)=0.076\,747$，$DW=1.550\,467$，$n=36$，代入德宾 h 检验统计量的计算公式得

$$h=\left(1-\frac{d}{2}\right)\sqrt{\frac{n}{1-n\mathrm{Var}(\hat{\beta}^*)}}=\left(1-\frac{1.550\,467}{2}\right)\sqrt{\frac{36}{1-36\times 0.076\,747^2}}$$
$$=1.519<Z_{0.05/2}=1.96$$

所以，在 0.05 的显著性水平下不能拒绝不存在一阶自相关的原假设。

（7）求工具变量序列。因为一阶自回归模型可能存在着滞后被解释变量与随机扰动项相关（滞后被解释变量为随机变量）问题，需要用工具变量法加以解决。这里选用 $S\hat{C}E_{t-1}$ 作为 SCE_{t-1} 的工具变量。

1）建立自变量是 SDI 的滞后期为一期和二期模型的 EViews 命令是 ls sce c sdi(−1 to −2)。EViews 输出结果如图 3-117 所示。

建立自变量是 SDI 的滞后期为一期、二期和三期的回归模型 EViews 命令是 ls sce c sdi(−1 to −3)。EViews 输出结果如图 3-118 所示。

比较图 3-117 和图 3-118 两个估计结果的 AIC 值、SC 值和 HQC 值：前一个模型分别是 10.439 55、10.572 87、10.485 57，后一个模型分别是 10.350 37、10.529 94、10.411 61。综合认为后一个的信息准则值较小，用该模型估计其预测序列 $SCEF$。方法是在第二个模型估计的输出窗口，单击“Forecast”，在对话框中单击“OK”按钮，即可生成预测序列 $SCEF$，如图 3-119 所示。把该序列数据作为所用工具变量的基础数据。

Dependent Variable: SCE
Method: Least Squares
Date: 04/08/16 Time: 20:56
Sample (adjusted): 1980 2014
Included observations: 35 after adjustments

Variable	Coefficient	Std. Error	t-Statistic	Prob.
C	107.3439	12.38015	8.670646	0.0000
SDI(-1)	0.892332	0.186607	4.781876	0.0000
SDI(-2)	-0.182242	0.203496	-0.895558	0.3772

R-squared	0.996775	Mean dependent var	1074.999
Adjusted R-squared	0.996574	S.D. dependent var	733.6606
S.E. of regression	42.94539	Akaike info criterion	10.43955
Sum squared resid	59017.80	Schwarz criterion	10.57287
Log likelihood	-179.6922	Hannan-Quinn criter.	10.48557
F-statistic	4945.422	Durbin-Watson stat	0.874285
Prob(F-statistic)	0.000000		

图 3-117　城市居民消费一阶自回归模型用工具变量估计一

Dependent Variable: SCE
Method: Least Squares
Date: 04/08/16 Time: 21:02
Sample (adjusted): 1981 2014
Included observations: 34 after adjustments

Variable	Coefficient	Std. Error	t-Statistic	Prob.
C	104.8707	12.56257	8.347866	0.0000
SDI(-1)	0.954830	0.177994	5.364405	0.0000
SDI(-2)	-0.627942	0.283326	-2.216320	0.0344
SDI(-3)	0.412907	0.208512	1.980254	0.0569

R-squared	0.997222	Mean dependent var	1097.349
Adjusted R-squared	0.996944	S.D. dependent var	732.4999
S.E. of regression	40.49503	Akaike info criterion	10.35037
Sum squared resid	49195.43	Schwarz criterion	10.52994
Log likelihood	-171.9562	Hannan-Quinn criter.	10.41161
F-statistic	3589.186	Durbin-Watson stat	0.979107
Prob(F-statistic)	0.000000		

图 3-118　城市居民消费一阶自回归模型用工具变量估计二

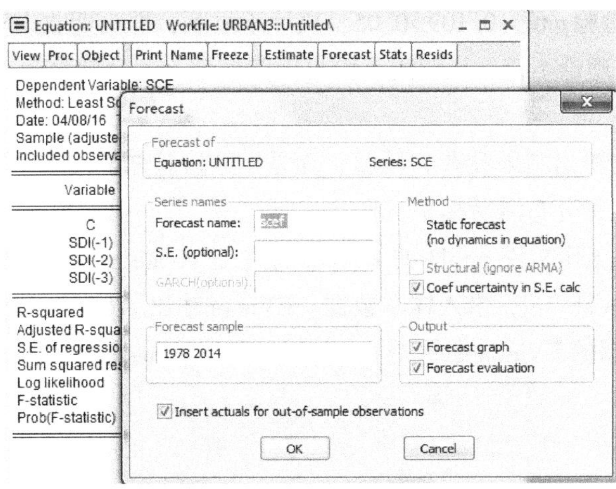

图 3-119　求城市居民消费模型用工具变量的 *SCEF*

2）解决模型存在的随机解释变量问题所用的 EViews 命令是 tsls sce sdi sce(−1) @ sdi scef(−1)，EViews 输出结果如图 3-120 所示。此处，tsls 表示采用两阶段最小二乘估计，@ 前后变化的只是把 sce(−1)变为 scef(−1)，而 *c* 和 *SDI* 都不变。这表示用 scef 的滞后一期作为 *SCE* 滞后一期的工具变量进行估计。

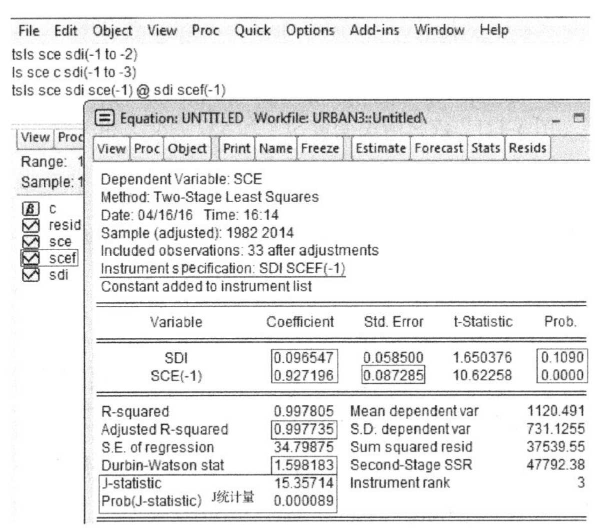

Variable	Coefficient	Std. Error	t-Statistic	Prob.
SDI	0.096547	0.058500	1.650376	0.1090
SCE(-1)	0.927196	0.087285	10.62258	0.0000

R-squared	0.997805	Mean dependent var	1120.491
Adjusted R-squared	0.997735	S.D. dependent var	731.1255
S.E. of regression	34.79875	Sum squared resid	37539.55
Durbin-Watson stat	1.598183	Second-Stage SSR	47792.38
J-statistic	15.35714	Instrument rank	3
Prob(J-statistic)　J统计量	0.000089		

图 3-120　用工具变量法估计城市居民消费一阶自回归模型

（8）查阅图 3-120，被解释变量滞后一期偏回归系数的标准差 $se(\beta^*)=0.087\,285$，$DW=1.598\,183$，$n=33$，代入德宾 h 检验统计量的计算公式得

$$h=\left(1-\frac{d}{2}\right)\sqrt{\frac{n}{1-n\mathrm{Var}(\hat{\beta}^*)}}=\left(1-\frac{1.598\,183}{2}\right)\sqrt{\frac{33}{1-33\times0.087\,285^2}}$$

$$=1.334<Z_{0.05/2}=1.96$$

所以，在 0.05 的显著性水平下不能拒绝不存在一阶自相关的原假设。但是，变量

SDI 的回归系数的 t 检验 p 值 = 0.109>0.05，统计不显著，即当期收入对当期消费没有显著影响，这显然与经济理论不符，说明用一阶自回归模型不适合解释河南城市居民家庭的消费行为。

注意：EViews 的输出结果没有 F 检验，而是用 J 检验来替代。

（9）农村居民消费分布滞后模型。

1）建立 EViews 工作文件 rural3 的 EViews 命令是 create rural3 a 1978 2014，创建变量的 EViews 命令是 data sle sni，录入样本数据。EViews 输出结果图略。

2）做交叉相关图的 EViews 命令是 cross sle sni。EViews 输出结果如图 3-121 所示。

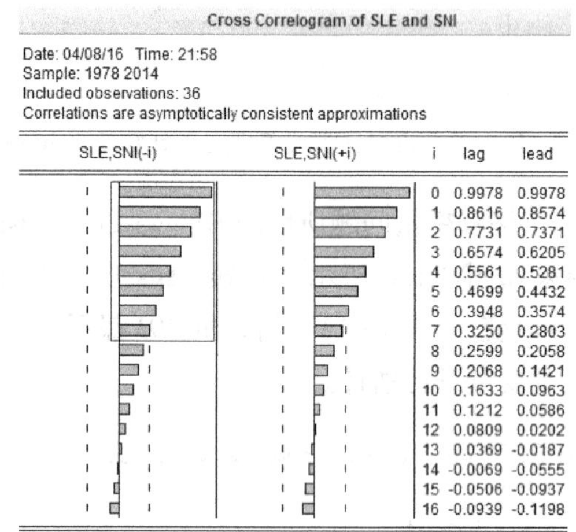

Cross Correlogram of SLE and SNI

Date: 04/08/16 Time: 21:58
Sample: 1978 2014
Included observations: 36
Correlations are asymptotically consistent approximations

i	lag	lead
0	0.9978	0.9978
1	0.8616	0.8574
2	0.7731	0.7371
3	0.6574	0.6205
4	0.5561	0.5281
5	0.4699	0.4432
6	0.3948	0.3574
7	0.3250	0.2803
8	0.2599	0.2058
9	0.2068	0.1421
10	0.1633	0.0963
11	0.1212	0.0586
12	0.0809	0.0202
13	0.0369	-0.0187
14	-0.0069	-0.0555
15	-0.0506	-0.0937
16	-0.0939	-0.1198

图 3-121 农村居民变量 *SLE* 和 *SNI* 的交叉相关图

从图 3-121 的交叉相关图上看，*SLE* 与 *SNI* 的当期（$i=0$）和滞后一期（$i=-1$）到滞后七期（$i=-7$）的左侧横杆长度已超出虚竖线，表明它们是显著相关。可以建立的有限分布滞后模型为

$$SLE_t = \beta_1 + \beta_2 SNI_t + \beta_3 SNI_{t-1} + \beta_4 SNI_{t-2} + \cdots + \beta_9 SNI_{t-7} + u_t。$$

3）考虑到消除存在一阶自相关问题，估计有限分布滞后模型的 EViews 命令是 ls sle c sni(0 to -7) ar(1)。EViews 的输出结果如图 3-122 所示。

图 3-122 的估计结果表明，F = 921.19，F 检验的 p 值几乎为零，模型整体性显著。*DW* 值接近 2，一阶自相关已经消除。但是，截距项和多数滞后项的回归系数的 t 检验统计不显著（即 p 值很大），而且有 3 个负值，说明存在较为严重的多重共线性。

4）考虑到消除一阶自相关，用阿尔蒙法估计模型的 EViews 命令是 ls sle c pdl(sni, 7, 2) ar(1)。EViews 的输出结果如图 3-123 所示。

图 3-123 的阿尔蒙估计结果表明，t 统计量显著程度得到明显改善，但回归系数的负值数量在增加，结果不满意。说明用分布滞后模型也不适合解释河南省农村居民家庭的消费行为。

5）依据持久收入假说，建立一阶自回归模型。为了消除随机解释变量问题，首先选择 sle(-1)的工具变量。估计回归模型 $SLE_t = \beta_1 + \beta_2 SNI_{t-1} + \beta_3 SNI_{t-2} + u$，EViews 命令是 ls sle c sni(-1 to -2)。图 3-124 显示，模型估计的 $AIC=9.462\ 816$，$SC=9.596\ 132$，$HQC=9.508\ 837$。

Dependent Variable: SLE
Method: Least Squares
Date: 04/08/16 Time: 22:02
Sample (adjusted): 1986 2014
Included observations: 29 after adjustments
Convergence achieved after 12 iterations

Variable	Coefficient	Std. Error	t-Statistic	Prob.
C	11.72462	35.26863	0.332438	0.7432
SNI	0.661429	0.171106	3.865615	0.0010
SNI(-1)	0.062204	0.209080	0.297512	0.7693
SNI(-2)	-0.005273	0.199871	-0.026384	0.9792
SNI(-3)	0.011897	0.194597	0.061137	0.9519
SNI(-4)	-0.260033	0.192011	-1.354257	0.1915
SNI(-5)	0.039687	0.186874	0.212373	0.8341
SNI(-6)	-0.310625	0.188749	-1.645703	0.1163
SNI(-7)	0.424779	0.182024	2.333650	0.0308
AR(1)	0.662419	0.183680	3.606376	0.0019

R-squared	0.997714	Mean dependent var	534.2891
Adjusted R-squared	0.996630	S.D. dependent var	320.9676
S.E. of regression	18.63144	Akaike info criterion	8.954376
Sum squared resid	6595.480	Schwarz criterion	9.425858
Log likelihood	-119.8385	Hannan-Quinn criter.	9.102038
F-statistic	921.1937	Durbin-Watson stat	2.098338
Prob(F-statistic)	0.000000		

Inverted AR Roots　.66

图 3-122　农村居民消费的有限分布滞后模型估计

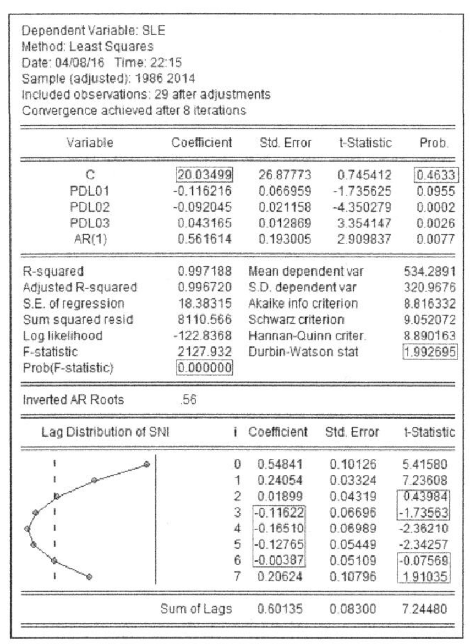

Dependent Variable: SLE
Method: Least Squares
Date: 04/08/16 Time: 22:15
Sample (adjusted): 1986 2014
Included observations: 29 after adjustments
Convergence achieved after 8 iterations

Variable	Coefficient	Std. Error	t-Statistic	Prob.
C	20.03499	26.87773	0.745412	0.4633
PDL01	-0.116216	0.066959	-1.735625	0.0955
PDL02	-0.092045	0.021158	-4.350279	0.0002
PDL03	0.043165	0.012869	3.354147	0.0026
AR(1)	0.561614	0.193005	2.909837	0.0077

R-squared	0.997188	Mean dependent var	534.2891
Adjusted R-squared	0.996720	S.D. dependent var	320.9676
S.E. of regression	18.38315	Akaike info criterion	8.816332
Sum squared resid	8110.566	Schwarz criterion	9.052072
Log likelihood	-122.8368	Hannan-Quinn criter.	8.890163
F-statistic	2127.932	Durbin-Watson stat	1.992695
Prob(F-statistic)	0.000000		

Inverted AR Roots　.56

Lag Distribution of SNI	i	Coefficient	Std. Error	t-Statistic
	0	0.54841	0.10126	5.41580
	1	0.24054	0.03324	7.23608
	2	0.01899	0.04319	0.43984
	3	-0.11622	0.06696	-1.73563
	4	-0.16510	0.06989	-2.36210
	5	-0.12765	0.05449	-2.34257
	6	-0.00387	0.05109	-0.07569
	7	0.20624	0.10796	1.91035
Sum of Lags		0.60135	0.08300	7.24480

图 3-123　用阿尔蒙法估计农村居民消费有限分布滞后模型

估计回归模型 $SLE_t=\beta_1+\beta_2SNI_{t-1}+\beta_3SNI_{t-2}+\beta_4SNI_{t-3}+u$，EViews 命令是 ls sle c sni(-1 to -3)。如图 3-125 所示，模型估计的 $AIC=9.462\ 616$，$SC=9.642\ 188$，$HQC=9.523\ 855$。

综合比较图 3-124 和图 3-125 的结果是，最大滞后阶数是 2 的模型的信息准则值较小，选择回归模型 $SLE_t=\beta_1+\beta_2SNI_{t-1}+\beta_3SNI_{t-2}+u$ 的预测值序列 slef 作为工具变量 slef(-1) 的基础数据。

在回归模型 $SLE_t=\beta_1+\beta_2SNI_{t-1}+\beta_3SNI_{t-2}+u$ 的输出窗口，单击"Forecast"生成 slef 变量。考虑到消除一阶自相关，用工具变量法估计一阶自回归模型的 EViews 命令是 ls sle sni sle(-1) ar(1) @ sni slef(-1)，EViews 的输出结果如图 3-126 所示。

Dependent Variable: SLE
Method: Least Squares
Date: 04/08/16 Time: 22:23
Sample (adjusted): 1980 2014
Included observations: 35 after adjustments

Variable	Coefficient	Std. Error	t-Statistic	Prob.
C	21.04275	8.245575	2.552006	0.0157
SNI(-1)	1.166611	0.172892	6.747645	0.0000
SNI(-2)	-0.550252	0.191083	-2.879653	0.0070

R-squared	0.993682	Mean dependent var	473.4536
Adjusted R-squared	0.993287	S.D. dependent var	321.6373
S.E. of regression	26.35245	Akaike info criterion	9.462816
Sum squared resid	22222.46	Schwarz criterion	9.596132
Log likelihood	-162.5993	Hannan-Quinn criter.	9.508837
F-statistic	2516.443	Durbin-Watson stat	1.318361
Prob(F-statistic)	0.000000		

图 3-124　农村居民消费一阶自回归模型用工具变量估计一

Dependent Variable: SLE
Method: Least Squares
Date: 04/08/16 Time: 22:27
Sample (adjusted): 1981 2014
Included observations: 34 after adjustments

Variable	Coefficient	Std. Error	t-Statistic	Prob.
C	22.83936	8.743882	2.612039	0.0139
SNI(-1)	1.045707	0.185440	5.639054	0.0000
SNI(-2)	-0.116034	0.317024	-0.366012	0.7169
SNI(-3)	-0.332022	0.200822	-1.653317	0.1087

R-squared	0.994038	Mean dependent var	483.5543
Adjusted R-squared	0.993441	S.D. dependent var	320.7902
S.E. of regression	25.97940	Akaike info criterion	9.462616
Sum squared resid	20247.88	Schwarz criterion	9.642188
Log likelihood	-156.8645	Hannan-Quinn criter.	9.523855
F-statistic	1667.169	Durbin-Watson stat	1.190974
Prob(F-statistic)	0.000000		

图 3-125　农村居民消费一阶自回归模型用工具变量估计二

图 3-126 的估计结果表明，在 0.05 的显著性水平下，一阶相关系数的 t 检验统计显著，说明如果估计模型 $SLE_t = \beta_1 SNI_t + \beta_2 SLE_{t-1} + u_t$ 确实存在一阶自相关。但是德宾 h 无法计算（因为 $1-n\mathrm{Var}(\beta_1^*)$ 为负值），序列相关 LM 检验的 nR^2 检验 p 值=0.648 7>0.05（EViews 输出图略），说明在 0.05 的显著性水平下一阶自相关已消除。但是，滞后被解释变量的回归系数 t 检验的 p 值=0.309 0 很大，统计不显著，说明用一阶自回归模型不适合解释河南农村居民家庭的消费行为。

Dependent Variable: SLE
Method: Least Squares
Date: 04/16/16 Time: 17:53
Sample (adjusted): 1982 2014
Included observations: 33 after adjustments
Convergence achieved after 5 iterations

Variable	Coefficient	Std. Error	t-Statistic	Prob.
SNI	0.497768	0.125905	3.953531	0.0004
SLE(-1)	0.226591	0.218978	1.034768	0.3090
AR(1)	0.544065	0.222930	2.440525	0.0208

R-squared	0.996847	Mean dependent var	493.4313
Adjusted R-squared	0.996637	S.D. dependent var	320.4710
S.E. of regression	18.58403	Akaike info criterion	8.768991
Sum squared resid	10360.99	Schwarz criterion	8.905037
Log likelihood	-141.6883	Hannan-Quinn criter.	8.814766
Durbin-Watson stat	2.081662		

Inverted AR Roots	.54

图 3-126 消除一阶自相关并用工具变量法估计农村居民消费一阶自回归模型

（10）从城市居民家庭消费一阶自回归模型和农村居民家庭消费一阶自回归模型的估计结果来看，城市居民家庭消费的一阶自回归模型中的可支配收入变量回归系数的 t 检验结果是统计不显著的，农村家庭消费的一阶自回归模型的滞后被解释变量 t 检验是统计不显著的。因此，用持久收入假说来解释河南省城市居民家庭消费行为和农村居民家庭消费行为都是不合适的。

3.3.6 实验六 虚拟解释变量回归模型

（1）加工整理数据（略）。

（2）因为居民消费模型中包含截距项，为了避免多重共线性，需要在模型中引入两个虚拟变量 D_1 和 D_2，分析中原核心区、黄淮 4 市和其他省辖市农民人均纯收入的差异。以黄淮 4 市为基础，定义 D_1 的含义是，$D_1=1$ 表示属于中原核心区的县（市），$D_1=0$ 表示不属于中原核心区的县（市）；D_2 的含义是，$D_2=1$ 表示属于其他省辖市的县（市），$D_2=0$ 表示不属于其他省辖市的县（市）。给各县（市）的 D_1 和 D_2 赋值（略）。

（3）建立截面数据工作文件“农民收入”的 EViews 命令是 create 农民收入 u 108。创建农民人均纯收入 NI，农牧业劳动生产率 FP，虚拟变量 D_1、D_2 的 EViews 命令是 data ni fp d1 d2。输入原始数据。EViews 结果如图 3-127 所示。

（4）以 NI 为被解释变量，D_1 和 D_2 为解释变量，建立线性回归模型的 EViews 命令是 ls ni c d1 d2。EViews 输出结果如图 3-128 所示。

根据图 3-128 可以写出 2014 年不同区域农民收入的规范形式的回归模型如下

$$\hat{NI} = 8\,110.697 + 2\,827.322D_1 + 1\,185.827D_2$$

$$t = (24.313\,13) \quad (6.677\,213) \quad (2.216\,751)$$

$$R_a^2 = 0.29175 \quad F = 23.038\,45 \quad n = 108$$

这一回归结果相当于对河南省 3 个不同区域农民收入进行方差分析。结果显示，3 个回归系数的 t 值都很大，对应的 t 检验的 p 值都小于 0.05，表明 3 个区域的农民纯收入在 0.05 的显著性水平下是显著不同的。具体的平均收入水平可以通过分析条件均值的方法计算得到。

File　Edit　Object　View　Proc　Quick　Options　Add-ins　Window　Help

create 农民收入 u 108

data ni fp d1 d2

Group: UNTITLED　Workfile: 农民收入::Untitled\

	NI	FP	D1	D2
1	13858.00	11345.90	1.000000	0.000000
2	15427.00	11041.10	1.000000	0.000000
3	14748.00	27845.20	1.000000	0.000000
4	14734.00	21925.70	1.000000	0.000000
5	15409.00	17398.20	1.000000	0.000000
6	13277.00	7063.400	1.000000	0.000000
7	9566.000	19812.80	1.000000	0.000000
8	9987.000	23684.30	1.000000	0.000000
9	9748.000	17152.40	1.000000	0.000000
10	9188.000	21547.90	1.000000	0.000000
11	7545.000	19627.20	1.000000	0.000000

Workfile: Range: 1 10 Sample: 1 10 c d1 d2 fp ni resid

图 3-127　创建“农民收入”文件和变量

Dependent Variable: NI
Method: Least Squares
Date: 04/09/16　Time: 15:05
Sample: 1 108
Included observations: 108

Variable	Coefficient	Std. Error	t-Statistic	Prob.
C	8110.697	333.5932	24.31313	0.0000
D1	2827.322	423.4284	6.677213	0.0000
D2	1185.827	534.9392	2.216751	0.0288

R-squared	0.304990	Mean dependent var	9754.935
Adjusted R-squared	0.291751	S.D. dependent var	2277.096
S.E. of regression	1916.347	Akaike info criterion	17.98161
Sum squared resid	3.86E+08	Schwarz criterion	18.05612
Log likelihood	-968.0072	Hannan-Quinn criter.	18.01182
F-statistic	23.03845	Durbin-Watson stat	1.076361
Prob(F-statistic)	0.000000		

图 3-128　仅有虚拟变量做解释变量的回归模型估计

对于黄淮 4 市农民，$D_1=0$ 且 $D_2=0$，它们的平均收入是 8 110.70 元；对于中原核心区农民，$D_1=1$ 且 $D_2=0$，它们的平均收入是 8 110.697+2 827.322=10 938.019（元）；对于其他省辖市的农民，$D_1=0$ 且 $D_2=1$，它们的平均收入是 8 110.697+1 185.827=9 296.524（元）。

（5）建立由 *NI* 和 *FP* 组成的组对象（group），在一个坐标轴上显示两变量序列的线图的 EViews 命令是 line ni fp。EViews 输出结果如图 3-129 所示。

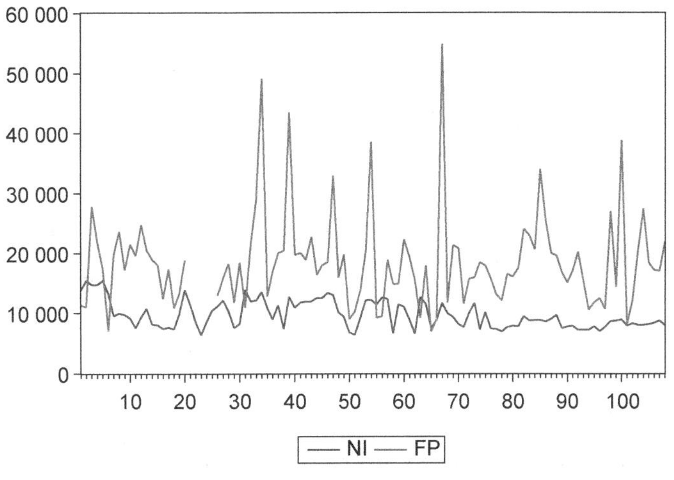

图 3-129　变量 *NI* 和 *FP* 的线图

观察图 3-129，因为平顶山市的 5 个县（市）的 *FP* 值奇高，作为异常值需要剔除。剔除异常值后得到的 *NI* 和 *FP* 的线图近似线性趋势。

（6）建立农民纯收入依农业劳动生产率的线性回归模型为 $NI=\beta_1+\beta_2 FP+u$。模型中，u 是随机扰动项。生产效率的提高，有利于农民增收。因此，$\beta_2>0$。

（7）估计回归模型 $NI=\beta_1+\beta_2 FP+u$ 的 EViews 命令是 ls ni c fp。EViews 输出结果如图 3-130 所示。

（8）对所估计模型进行异方差性检验。用 White 检验的 EViews 路径是在模型的输出窗口选择“View”→“Residual Diagnostics”→“Heteroskedasticity Tests”，在对话框的“Test type”中选择“White”。EViews 输出结果如图 3-131 所示。

Dependent Variable: NI
Method: Least Squares
Date: 04/09/16 Time: 15:18
Sample: 1 108
Included observations: 103

Variable	Coefficient	Std. Error	t-Statistic	Prob.
C	8463.520	555.6585	15.23151	0.0000
FP	0.071146	0.027404	2.596190	0.0108

R-squared	0.062560	Mean dependent var	9788.214
Adjusted R-squared	0.053278	S.D. dependent var	2294.868
S.E. of regression	2232.898	Akaike info criterion	18.27921
Sum squared resid	5.04E+08	Schwarz criterion	18.33037
Log likelihood	-939.3796	Hannan-Quinn criter.	18.29994
F-statistic	6.740201	Durbin-Watson stat	0.752070
Prob(F-statistic)	0.010831		

图 3-130　农民纯收入依农业劳动生产率的一元线性回归模型估计

Heteroskedasticity Test: White

F-statistic	1.945430	Prob. F(2,100)	0.1483
Obs*R-squared	3.857495	Prob. Chi-Square(2)	0.1453
Scaled explained SS	3.172511	Prob. Chi-Square(2)	0.2047

图 3-131　农民纯收入依农业劳动生产率的一元线性回归模型的 White 检验

图 3-131 中，由于统计量 $nR^2=3.857$，检验的对应 p 值 $=0.145\,3>0.05$，所以不能拒绝不存在异方差的原假设。

依据图 3-130 写出估计模型的规范表达式是

$$\hat{NI}_t = 8\,463.520 + 0.071\,146FP_t$$
$$t = (15.231\,51) \quad (2.596\,190)$$
$$R^2 = 0.062\,560 \quad F = 6.740\,201 \quad n = 103$$

(9) 从模型的估计结果看，t 检验统计显著，且 β_2 估计值为正值，与经济理论一致。说明农业劳动生产率每提高 100 元/人，农民纯收入将增加 7.1 元，农业生产率提高对农民纯收入的影响有限。这也证实了农民主要依靠非农生产或外出务工获得收入的事实。此外，模型的 $R^2=0.062\,560$ 过小，模型的拟合优度很低，劳动生产率的变动仅能解释农民纯收入变动的 6.1%。

(10) 以加法模型的形式在模型 $NI=\beta_1+\beta_2FP+u$ 中引入虚拟变量 D_1 和 D_2，建立计量模型 $NI=\beta_1+\beta_2FP+\beta_3D_1+\beta_4D_2+u$ 的 EViews 命令是 ls ni c fp d1 d2。EViews 输出结果如图 3-132 所示。

Dependent Variable: NI
Method: Least Squares
Date: 04/09/16 Time: 16:36
Sample: 1 108
Included observations: 103

Variable	Coefficient	Std. Error	t-Statistic	Prob.
C	6981.394	522.0191	13.37383	0.0000
FP	0.061009	0.022436	2.719204	0.0077
D1	2965.106	409.5928	7.239155	0.0000
D2	1276.588	508.2518	2.511724	0.0136

R-squared	0.391669	Mean dependent var	9788.214
Adjusted R-squared	0.373235	S.D. dependent var	2294.868
S.E. of regression	1816.813	Akaike info criterion	17.88562
Sum squared resid	3.27E+08	Schwarz criterion	17.98794
Log likelihood	-917.1092	Hannan-Quinn criter.	17.92706
F-statistic	21.24680	Durbin-Watson stat	1.102925
Prob(F-statistic)	0.000000		

图 3-132　用加法模型引入虚拟变量的农民纯收入依劳动生产率的回归模型估计

图 3-132 的估计结果表明，加入虚拟变量后，模型的拟合优度明显改善，F 检验和 t 检验都统计显著。模型估计的规范表达式是

$$\hat{NI}_t = 6\,981.394 + 0.061\,009FP_t + 2\,965.106D_{1t} + 1\,276.588D_{2t}$$
$$t = (13.373\,83) \quad (2.719\,204) \quad (7.239\,155) \quad (2.511\,724)$$
$$R^2 = 0.391\,669 \quad R_a^2 = 0.373\,235 \quad F = 21.246\,80 \quad n = 103$$

对于黄淮 4 市，$D_1=0$ 且 $D_2=0$，模型变为 $\hat{NI}_t=6\,981.394+0.061\,009FP_t$

对于中原核心区 9 市，$D_1=1$ 且 $D_2=0$，模型变为 $\hat{NI}_t=9\,946.5+0.061\,009FP_t$

对于其他省辖市，$D_1=0$ 且 $D_2=1$，模型变为 $\hat{NI}_t=8\,257.982+0.061\,009FP_t$

3 个不同区域农民纯收入模型的区别是当劳动生产率为零时，农民纯收入平均值是不同的，中原核心区农民最高，其他省辖市次之，黄淮 4 市最低。可能的原因是中原核心区是河南省经济发展水平最高的经济区域，对农产品生产和服务的需求也最大；黄淮 4 市是河南省经济发展水平最低的经济区域，对农产品和服务的需求也最小。目前河南省农业生产的专业化水平还不高，农产品和服务主要还是为了满足本地市场的需求。

需要注意的是，由截面数据估计的虚拟解释变量模型不需要检验异方差性。因为虚拟解释变量回归模型实际上是由多个简单模型复合而成的（例如，本模型由 3 个简单模型复合而成），不同模型有不同的方差，所以异方差性就成为必然。此外，如果按照虚拟变量的设置规则，定义虚拟变量的个数和各变量的数值，就不会出现多重共线性。因此，只要原模型不存在多重共线性，加入虚拟解释变量后也不会出现较为严重的多重共线性。

（11）以乘法模型的形式在模型 $NI=\beta_1+\beta_2 FP+u$ 中引入虚拟变量 D_1 和 D_2，建立计量模型 $NI=\beta_1+\beta_2 FP+\beta_3 FPD_1+\beta_4 FPD_2+u$ 的 EViews 命令是 ls ni c fp fp * d1 fp * d2。EViews 输出结果如图 3-133 所示。

Dependent Variable: NI
Method: Least Squares
Date: 04/09/16 Time: 16:39
Sample: 1 108
Included observations: 103

Variable	Coefficient	Std. Error	t-Statistic	Prob.
C	8732.289	471.3513	18.52607	0.0000
FP	-0.023152	0.028132	-0.822976	0.4125
FP*D1	0.136739	0.021162	6.461635	0.0000
FP*D2	0.065263	0.026946	2.421979	0.0173

R-squared	0.344399	Mean dependent var	9788.214
Adjusted R-squared	0.324533	S.D. dependent var	2294.868
S.E. of regression	1886.079	Akaike info criterion	17.96045
Sum squared resid	3.52E+08	Schwarz criterion	18.06277
Log likelihood	-920.9631	Hannan-Quinn criter.	18.00189
F-statistic	17.33551	Durbin-Watson stat	1.092980
Prob(F-statistic)	0.000000		

图 3-133 用乘法模型引入虚拟变量的农民纯收入依劳动生产率的回归模型估计

图 3-133 模型估计的规范表达式是

$$\hat{NI}_t = 8\,732.289 - 0.023\,152FP_t + 0.136\,739FP_tD_{1t} + 0.065\,263FP_tD_{2t}$$
$$t = (18.526\,07) \quad (-0.822\,976) \quad (6.461\,635) \quad (2.421\,979)$$
$$R^2 = 0.344\,399 \quad R_a^2 = 0.324\,533 \quad F = 17.335\,51 \quad n = 103$$

对于黄淮 4 市，$D_1=0$ 且 $D_2=0$，模型变为 $\hat{NI}_t=8\,732.289-0.023\,152FP_t$

对于中原核心区 9 市，$D_1=1$ 且 $D_2=0$，模型变为 $\hat{NI}_t=8\,732.289+0.113\,587FP_t$

对于其他省辖 4 市，$D_1=0$ 且 $D_2=1$，模型变为 $\hat{NI}_t=8\,732.289+0.042\,111FP_t$

上述 3 个不同区域农民纯收入模型的截距都是 8 732.289，所不同的是当劳动生产率每增加 1 元/(人·时)，农民纯收入增加的平均值是不同的，中原核心区农民最高，其他 5 市次之，黄淮 4 市最小且为负值。该模型用于解释以农为主的黄淮 4 市的农民收入变动的原因显然是与经济理论相悖的，原因可能是农民种粮收入增长相对于其他收入增长较少，作为我国粮食主产区，受基本农田面积红线的限制和农户承包土地数量的限制，黄淮 4 市农民农业收入渠道较少，劳动生产率增速缓慢，相对于其他经济区域农民收入的快速增长显得不进则退。此外，模型中的变量 FP 的回归系数的 t 检验统计不显著（即可能是 0），说明黄淮 4 市农业劳动生产率的变化对农民收入的影响十分有限。

（12）以乘法模型和加法模型的混合形式在模型 $NI=\beta_1+\beta_2 FP+u$ 中引入虚拟变量 D_1 和

D_2，建立计量模型 $NI=\beta_1+\beta_2 D_1+\beta_3 D_2+\beta_4 FP+\beta_5 FPD_1+\beta_6 FPD_2+u$ 的 EViews 命令是 ls ni c d1 d2 fp fp * d1 fp * d2。EViews 输出结果如图 3-134 所示。

Dependent Variable: NI
Method: Least Squares
Date: 04/10/16 Time: 20:32
Sample: 1 108
Included observations: 103

Variable	Coefficient	Std. Error	t-Statistic	Prob.
C	7000.952	956.4985	7.319355	0.0000
D1	3046.021	1173.490	2.595693	0.0109
D2	1096.589	1257.617	0.871958	0.3854
FP	0.059953	0.048708	1.230862	0.2214
FP*D1	-0.004129	0.058484	-0.070592	0.9439
FP*D2	0.010482	0.064188	0.163298	0.8706

R-squared	0.392151	Mean dependent var	9788.214
Adjusted R-squared	0.360819	S.D. dependent var	2294.868
S.E. of regression	1834.719	Akaike info criterion	17.92366
Sum squared resid	3.27E+08	Schwarz criterion	18.07714
Log likelihood	-917.0684	Hannan-Quinn criter.	17.98582
F-statistic	12.51585	Durbin-Watson stat	1.104877
Prob(F-statistic)	0.000000		

图 3-134 用加法模型和乘法模型引入虚拟变量的农民纯收入依劳动生产率的回归模型估计

图 3-134 的估计结果表明，以乘法模型和加法模型的混合形式引入虚拟变量后，模型估计的规范表达式是

$$\hat{NI}_t = 7\,000.95 + 3\,046.02D_{1t} + 1\,096.59D_{2t} + 0.060FP_t - 0.004FP_tD_{1t} + 0.010\,5FP_tD_{2t}$$

$$t = (7.319\,355)\ (2.595\,693)\ (0.871\,958)\ (1.230\,862)\ (-0.070\,592)\ (0.163\,298)$$

$$R^2 = 0.392\,151 \qquad R_a^2 = 0.360\,819 \qquad F = 12.515\,85 \qquad n = 103$$

对于黄淮 4 市，$D_1=0$ 且 $D_2=0$，模型变为 $\hat{NI}_t=7\,000.952+0.060FP_t$

对于中原核心区，$D_1=1$ 且 $D_2=0$，模型变为 $\hat{NI}_t=10\,046.97+0.056FP_t$

对于其他省辖 4 市，$D_1=0$ 且 $D_2=1$，模型变为 $\hat{NI}_t=8\,097.54+0.070\,5FP_t$

比较上述 3 个不同区域农民纯收入模型可以看出，它们的截距不同，斜率也不同。从截距上看，中原核心区最高，其他省辖市和黄淮 4 市依次降低；从斜率上看，当劳动生产率每增加 1 元/(人·时)，农民纯收入增加的平均值其他省辖市最高，黄淮 4 市和中原核心区依次降低。但值得注意的是，在估计的模型中除了 D_1 以外，其他变量回归参数的 t 检验都是统计不显著的，这使得上述结论的价值大打折扣。

3.3.7 实验七 协整分析与误差修正模型

（1）建立 EViews 工作文件 urban5 的 EViews 命令是 create urban5 a 1978 2014，创建变量的 EViews 命令是 data sce sdi 。输入样本数据，EViews 输出结果图略。

（2）绘制 *SCE* 与 *SDI* 序列线图的 EViews 命令是 line sdi sce。绘制 *SCE* 与 *SDI* 序列散点图的 EViews 命令是 scat sdi sce。图 3-135 显示，*SCE* 与 *SDI* 随时间变化都呈现明显的增长趋势，且曲线有截距。图 3-136 显示，两个变量之间线性相关关系明显。

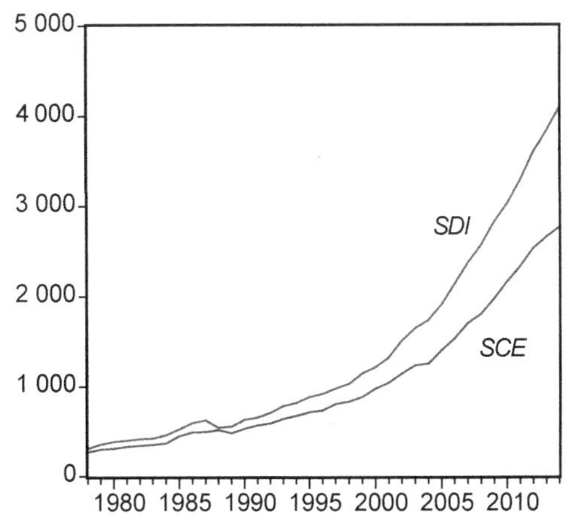

图 3-135　城市居民 *SCE* 与 *SDI* 的线图

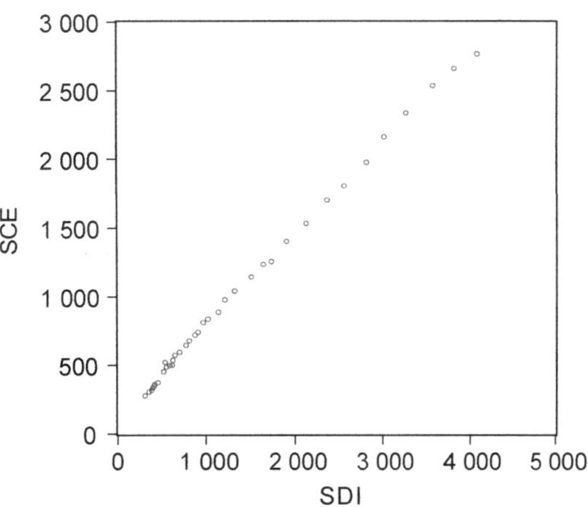

图 3-136　城市居民 *SDI* 与 *SCE* 的散点图

（3）变量的单位根检验。

1）对变量 *SCE* 进行 ADF 单位根检验的 EViews 操作是，在打开的 *SCE* 变量序列数据窗口中选择“View”→“Unit Root Test”，在“Unit root test”对话框中的“Test type”中选择“Augmented Dickey-Fuller”，在“变量类型”（Test for unit root in）项的“Level”前点黑，在“检验方程类型”（Include in test equation）项的“Trend and intercept”前点黑（与图 3-135 相对应），单击“确定”按钮。EViews 输出结果如图 3-137 所示。

图 3-137 的检验结果显示，统计量 $t=1.819$ 大于显著性水平 0.05 时的麦金农临界值 −3.54，检验对应的 p 值 $=1.000>0.05$，所以不能拒绝存在单位根的原假设，变量 *SCE* 是非平稳序列。

因此，需要继续检验变量 *SCE* 的一阶差分 $D(SCE)=SCE_t-SCE_{t-1}$ 的平稳性。EViews 操作是在刚才单位根检验的输出窗口中选择“View”→“Unit Root Test”，在“Unit root test”对话框中的“test type”中选择“Augmented Dickey-Fuller”，在“变量类型”（Test for unit root in）项的“1st different”前点黑，在“检验方程类型”（Include in test equation）项的“Trend and intercept”（趋势和截距）前点黑，单击“确定”按钮。EViews 输出结果如图 3-138 所示。

Null Hypothesis: SCE has a unit root
Exogenous: Constant, Linear Trend
Lag Length: 0 (Automatic - based on SIC, maxlag=9)

		t-Statistic	Prob.*
Augmented Dickey-Fuller test statistic		1.819156	1.0000
Test critical values:	1% level	-4.234972	
	5% level	-3.540328	
	10% level	-3.202445	

*MacKinnon (1996) one-sided p-values.

图 3-137　变量 *SCE* 的单位跟检验

Null Hypothesis: D(SCE) has a unit root
Exogenous: Constant, Linear Trend
Lag Length: 0 (Automatic - based on SIC, maxlag=9)

		t-Statistic	Prob.*
Augmented Dickey-Fuller test statistic		-4.507240	0.0052
Test critical values:	1% level	-4.243644	
	5% level	-3.544284	
	10% level	-3.204699	

*MacKinnon (1996) one-sided p-values.

图 3-138　变量 Δ*SCE* 的单位根检验

图 3-138 的检验结果显示，统计量 $t=-4.51$ 小于显著性水平 0.05 时的麦金农临界值 −3.54，检验对应的 p 值 $=0.005\ 3<0.05$，所以拒绝存在单位根的原假设，变量 D(*SCE*)

是平稳序列。

必须注意：如果检验的 p 值大于 0.05，还不能说明 D(*SCE*) 一定不平稳，还要再检验另外两种方程类型（none 和 intercept）。如果三种方程中的任何一种类型表明 D(*SCE*) 是平稳序列，就可以判断为平稳序列。如果三种方程都得出非平稳的结论，才可以判断为非平稳序列。

因为变量 *SCE* 的原（水平）序列是非平稳的，但它的一阶差分序列是平稳的，所以变量 *SCE* 是一阶单整的，记为 $SCE \sim I(1)$。

2）对变量 *SDI* 进行 *ADF* 单位根检验的 EViews 操作是，在打开的 *SDI* 变量序列数据窗口中选择"View"→"Unit Root Test"，在"Unit root test"对话框中的"Test type"中选择"Augmented Dickey-Fuller"，"变量类型"（Test for unit root in）项的"Level"前点黑，在"检验方程类型"（Include in test equation）项的"Trend and intercept"前点黑（与图 3-135 相对应），单击"确定"按钮。EViews 输出结果如图 3-139 所示。

图 3-139 的检验结果显示，统计量 $t=3.725\ 413$ 大于显著性水平 0.05 时的麦金农临界值-3.540 328，检验对应的 p 值=1.000>0.05，所以不能拒绝存在单位根的原假设，变量 *SDI* 是非平稳序列。

Null Hypothesis: SDI has a unit root
Exogenous: Constant, Linear Trend
Lag Length: 0 (Automatic - based on SIC, maxlag=9)

		t-Statistic	Prob.*
Augmented Dickey-Fuller test statistic		3.725413	1.0000
Test critical values:	1% level	-4.234972	
	5% level	-3.540328	
	10% level	-3.202445	

*MacKinnon (1996) one-sided p-values.

图 3-139　变量 SDI 的单位根检验

Null Hypothesis: D(SDI) has a unit root
Exogenous: Constant, Linear Trend
Lag Length: 0 (Automatic - based on SIC, maxlag=9)

		t-Statistic	Prob.*
Augmented Dickey-Fuller test statistic		-3.801505	0.0284
Test critical values:	1% level	-4.243644	
	5% level	-3.544284	
	10% level	-3.204699	

*MacKinnon (1996) one-sided p-values.

图 3-140　变量 ΔSDI 的单位根检验

因此，需要继续检验变量 *SDI* 的一阶差分 $D(SDI)=SDI_t-SDI_{t-1}$ 的平稳性。EViews 操作是在刚才单位根检验的输出窗口中选择"View"→"Unit Root Test"，在"Unit Root Test"对话框中的"Test type"中选择"Augmented Dickey-Fuller"，在"变量类型"（Test for unit root in）项的"1st different"前点黑，在"检验方程类型"（Include in test equation）项的"Trend and intercept"（趋势和截距）前点黑，单击"确定"按钮。EViews 输出结果如图 3-140 所示。

图 3-140 的检验结果显示，统计量 $t=-3.801\ 505$ 小于显著性水平 0.05 时的麦金农临界值-3.544 284，检验对应的 p 值=0.028 4<0.05，所以拒绝存在单位根的原假设，变量 *D*（*SDI*）是平稳序列。

因为变量 *SDI* 的原（水平）序列是非平稳的，但它的一阶差分序列是平稳的，所以变量 *SDI* 是一阶单整的，记为 $SDI \sim I(1)$。

（4）两个序列 *SCE* 与 *SDI* 都是一阶单整序列，即 $SDI \sim I(1)$、$SCE \sim I(1)$。根据协整理论，两个一阶单整序列的线性组合可能是协整的。即它们之间可能存在协整关系。

（5）根据凯恩斯绝对收入假说，居民消费可分为自发消费和引致消费两部分。自发消费是居民维持基本生存的消费量，引致消费是由收入增加等原因引起的消费增量。仅考虑收入对消费的影响，可建立城市居民的消费模型如下为 $SCE=\beta_1+\beta_2 SDI+u$。模型中的 β_1 是自发消费额，应当为正值，即 $\beta_1>0$；β_2 是收入的边际消费倾向，应当为正值，且在 0 和 1 之间，即 $0<\beta_2<1$。

（6）估计回归模型并对其进行协整性检验。

1）估计城市居民家庭消费回归模型的 EViews 命令是 ls sce c sdi。EViews 输出结果如图 3-141 所示。

Dependent Variable: SCE
Method: Least Squares
Date: 04/09/16 Time: 16:55
Sample: 1978 2014
Included observations: 37

Variable	Coefficient	Std. Error	t-Statistic	Prob.
C	104.4468	8.932132	11.69338	0.0000
SDI	0.670670	0.005088	131.8245	0.0000

R-squared	0.997990	Mean dependent var	1032.460
Adjusted R-squared	0.997933	S.D. dependent var	735.4671
S.E. of regression	33.44117	Akaike info criterion	9.909991
Sum squared resid	39140.92	Schwarz criterion	9.997068
Log likelihood	-181.3348	Hannan-Quinn criter.	9.940690
F-statistic	17377.69	Durbin-Watson stat	0.674387
Prob(F-statistic)	0.000000		

图 3-141　城市居民消费一元线性回归模型估计

2）协整检验。在图 3-141 估计出回归模型后，立即生成新变量 $e1$ 替代 resid，EViews 命令是 genr e1 = resid。对残差变量 $e1$ 进行 ADF 单位根检验的 EViews 操作是，在打开的 $e1$ 变量序列数据窗口中选择“View”→“Unit Root Test”，在“Unit Root Test”对话框中的“Test type”中选择“Augmented Dickey-Fuller”，把“变量类型”（Test for unit root in）项的“Level”前点黑，在“检验方程类型”（Include in test equation）项的“Intercept”前点黑，单击“确定”按钮。EViews 输出结果如图 3-142 所示。

Null Hypothesis: E1 has a unit root
Exogenous: Constant
Lag Length: 0 (Automatic - based on SIC, maxlag=9)

		t-Statistic	Prob.*
Augmented Dickey-Fuller test statistic		-2.267514	0.1875
Test critical values:	1% level	-3.626784	
	5% level	-2.945842	
	10% level	-2.611531	

*MacKinnon (1996) one-sided p-values.

图 3-142　城市居民消费一元线性回归模型残差的协整检验

在协整检验中，不能用 EViews 提供的 p 值和临界值进行判断决策，而必须专门计算协整方程残差检验的临界值。在 0.05 的显著性水平下，协整方程中有 2 个变量（即协整变量为 2），检验方程类型含有截距（intercept）时，协整方程残差检验用临界值的计算公式是

$$C=-3.3377-5.967T^{-1}-8.98T^{-2}$$

式中，T 是估计协整方程的样本容量，本处为 $T=37$，代入公式得 $C=-3.50553$。因为检验用统计量 $t=-2.2675>C$，所以不能拒绝存在单位根的原假设。协整方程是非平稳的，即协整关系不成立，检验模型是伪回归。

3）回归模型修正。前述用 OLS 估计回归模型可能存在违背古典假定的问题，作为时间序列数据模型，考虑存在自相关的可能性。观察 $DW=0.6743<dL=1.419$，表明模型存在一阶正自相关。消除一阶自相关的 EViews 命令是 ls sce sdi ar（1），输出结果如图 3-143 所示。

Dependent Variable: SCE
Method: Least Squares
Date: 04/09/16 Time: 17:07
Sample (adjusted): 1979 2014
Included observations: 36 after adjustments
Convergence achieved after 6 iterations

Variable	Coefficient	Std. Error	t-Statistic	Prob.
C	131.1194	30.54156	4.293147	0.0001
SDI	0.653777	0.015169	43.10023	0.0000
AR(1)	0.723158	0.147273	4.910316	0.0000

R-squared	0.998855	Mean dependent var	1053.529
Adjusted R-squared	0.998785	S.D. dependent var	734.4888
S.E. of regression	25.60005	Akaike info criterion	9.402721
Sum squared resid	21626.96	Schwarz criterion	9.534681
Log likelihood	-166.2490	Hannan-Quinn criter.	9.448778
F-statistic	14388.95	Durbin-Watson stat	2.095416
Prob(F-statistic)	0.000000		
Inverted AR Roots	.72		

图 3-143　消除自相关的城市居民消费一元线性回归模型估计

图 3-143 表明，消除一阶自相关后，模型输出结果 $DW=2.095$。查 $n=36$ 时的 DW 临界值，

$dL=1.411$，$du=1.525$。因为 $dL<DW<4-du$，所以模型已经不存在自相关。把消除了自相关的估计模型的残差定义为序列 e2 的 EViews 命令是 genr e2=resid。双击打开序列 e2，选择“View”→“Unit Root Test”，在“Unit root test”对话框中的“Test type”中选择“Augmented Dickey-Fuller”，把“变量类型”（Test for unit root in）项的“Level”前点黑，在“检验方程类型”（Include in test equation）项的 Intercept 前点黑，单击“确定”按钮，得到图 3-144 的输出结果。

Null Hypothesis: E2 has a unit root
Exogenous: Constant
Lag Length: 0 (Automatic - based on SIC, maxlag=9)

		t-Statistic	Prob.*
Augmented Dickey-Fuller test statistic		-6.228184	0.0000
Test critical values:	1% level	-3.632900	
	5% level	-2.948404	
	10% level	-2.612874	

*MacKinnon (1996) one-sided p-values.

图 3-144　消除自相关的城市居民消费一元线性回归模型残差的协整检验

在显著性水平 0.05 下，把 $T=36$ 代入公式

$$C=-3.3377-5.967T^{-1}-8.98T^{-2}$$

计算临界值，得 $C=-3.51038$。因为检验用统计量 $t=-6.2282<-3.51038$，所以拒绝模型存在单位根的原假设，表明协整关系成立，检验模型不是伪回归。

（7）对协整模型进行经济理论检验、t 检验，并进行经济结构分析。图 3-143 中的协整模型反映的是变量之间的长期均衡关系。这种均衡关系用规范的形式表示就是

$$\hat{SCE}_t = 131.1194 + 0.653777SD1_t + [AR(1) = 0.723158]$$

$$t = (4.293147) \quad (43.10023) \quad (4.910316)$$

$$R^2 = 0.9988 \quad F = 14388.95 \quad n = 36$$

1）经济理论检验。在消除了自相关后回归模型的输出窗口，选择“View”→“Coefficient Diagnostics”→“Confidence Interval”，在对话框中输入 90，95 两个置信水平，单击“确定”按钮。EViews 输出结果如图 3-145 所示。

Coefficient Confidence Intervals
Date: 04/09/16 Time: 17:21
Sample: 1978 2014
Included observations: 36

		90% CI		95% CI	
Variable	Coefficient	Low	High	Low	High
C	131.1194	79.43209	182.8067	68.98214	193.2567
SDI	0.653777	0.628106	0.679448	0.622916	0.684638
AR(1)	0.723158	0.473919	0.972397	0.423528	1.022788

图 3-145　消除自相关的城市居民消费一元线性回归模型回归系数的置信区间

图 3-145 的估计结果表明，C 和 SDI 的回归系数的 90%置信区间［79.43，182.81］和［0.628，0.679］都取正值，SDI 的回归系数 95%置信区间是［0.623，0.685］。所以有

$\beta_1>0$、$\beta_2>0$ 且 $0<\beta_2<1$，这与经济理论相一致。

2) t 检验。考察图 3-143 模型中 C 和 SDI 的回归系数 t 检验的 p 值分别是 0.000 1 和 0.000 0，均小于 0.05。所以，在 0.05 的显著性水平下，拒绝 $\beta_1=0$、$\beta_2=0$ 的原假设，回归系数 $\beta_1\neq0$、$\beta_2\neq0$ 是统计显著的。

3) 经济结构分析。模型估计结果表明，河南省城市居民家庭平均自发消费额按照 1978 年价格计算是 131.12 元。当其他条件不变时，居民家庭可支配收入每增加 1 元，消费支出平均增加 0.654 元，即可支配收入的边际消费倾向是 0.654，它的 95%置信区间是 [0.622 9，0.684 6]。

(8) 建立一般形式的误差修正模型的 EViews 命令是 ls d(sce) c d(sdi) d(sdi(-1)) d(sdi(-2)) d(sdi(-3)) e2(-1)。EViews 输出结果如图 3-146 所示。

对图 3-146 估计的模型进行 t 检验，观察检验的 p 值发现，SDI 的滞后 3 期、滞后 2 期和滞后 1 期的差分项（d(sdi(-1))、d(sdi(-2)) 和 d(sdi(-3))）都大于 0.05，所以在 0.05 的显著性水平下都是不显著的。因此，在模型中先剔除 d(sdi(-3))进行回归，观察其他项的 p 值，发现 d(sdi(-2))仍不显著，再次剔除 d(sdi(-2))。用同样的方法，剔除模型中的 t 检验不显著项 d(sdi(-1))，最终得到的回归输出结果如图 3-147 所示。

Dependent Variable: D(SCE)
Method: Least Squares
Date: 04/09/16 Time: 17:24
Sample (adjusted): 1982 2014
Included observations: 33 after adjustments

Variable	Coefficient	Std. Error	t-Statistic	Prob.
C	8.263638	7.180862	1.150786	0.2599
D(SDI)	0.470214	0.112131	4.193425	0.0003
D(SDI(-1))	0.188277	0.121669	1.547448	0.1334
D(SDI(-2))	-0.158381	0.123561	-1.281809	0.2108
D(SDI(-3))	0.107579	0.122882	0.875463	0.3890
E2(-1)	-0.312378	0.214878	-1.453743	0.1575

R-squared	0.846452	Mean dependent var	73.64042
Adjusted R-squared	0.818017	S.D. dependent var	61.24108
S.E. of regression	26.12512	Akaike info criterion	9.526637
Sum squared resid	18428.08	Schwarz criterion	9.798729
Log likelihood	-151.1895	Hannan-Quinn criter.	9.618188
F-statistic	29.76813	Durbin-Watson stat	1.872308
Prob(F-statistic)	0.000000		

图 3-146 城市居民消费一元线性回归模型的误差修正模型一般形式估计

Dependent Variable: D(SCE)
Method: Least Squares
Date: 04/09/16 Time: 17:27
Sample (adjusted): 1980 2014
Included observations: 35 after adjustments

Variable	Coefficient	Std. Error	t-Statistic	Prob.
C	7.418756	6.553742	1.131988	0.2661
D(SDI)	0.596721	0.046857	12.73490	0.0000
E2(-1)	-0.402557	0.192530	-2.090886	0.0446

R-squared	0.835408	Mean dependent var	70.33422
Adjusted R-squared	0.825121	S.D. dependent var	60.95870
S.E. of regression	25.49201	Akaike info criterion	9.396423
Sum squared resid	20794.96	Schwarz criterion	9.529739
Log likelihood	-161.4374	Hannan-Quinn criter.	9.442444
F-statistic	81.21029	Durbin-Watson stat	1.821777
Prob(F-statistic)	0.000000		

图 3-147 城市居民消费一元线性回归模型的误差修正模型估计

观察图 3-147 估计结果，F 检验对应 p 值=0.000 000<0.05，对 D(SDI)和 E2(-1)的 t 检验 p 值分别是 0.000 0 和 0.044 6，都小于 0.05。因此，在 0.05 的显著性水平下，模型是统计显著的。而且，模型的修正拟合优度 $R_a^2=0.825$，说明模型拟合效果很好。$DW=1.822$，当 $n=35$、$k'=2$ 时，$du=1.584$，$du<DW<4-du=2.416$，说明误差修正模型无自相关。图 3-147 输出的误差修正模型的规范表达式是

$$\Delta \hat{SCE} = 7.418\,756 + 0.596\,721\Delta SDI - 0.402\,557ECM$$

$$se = (6.553\,742) \quad (0.046\,857) \quad (0.192\,530)$$

$$t = (1.131\,988) \quad (12.734\,90) \quad (-2.090\,88)$$

$$R^2 = 0.835\,4 \quad R_a^2 = 0.825\,1 \quad F = 81.21 \quad DW = 1.821\,8 \quad n = 35$$

误差修正模型估计结果表明，误差修正项 ECM 的系数-0.403 表示，在短期内如果受

到外部冲击，使得变量之间的关系偏离了长期轨迹，将会有以每年 0.403 比例的力度使之被拉回，从而使长期均衡关系得以维持，这就是误差修正机制。

（9）过程（略）。农村居民的消费支出 *SLE* 和纯收入 *SNI* 都是二阶单整序列，即 $SLE \sim I(2)$、$SNI \sim (2)$。*EG* 两步法检验表明 *SLE* 和纯收入 *SNI* 之间的协整关系成立，协整模型的规范表达式为

$$\hat{SLE} = 15.8345 + 0.614773SNI + [AR(1) = 0.600143]$$

$$se = (14.09368) \quad (0.013820) \quad (0.1152469)$$

$$t = (1.123518) \quad (44.48484) \quad (3.936163)$$

$$R^2 = 0.996911 \quad R_a^2 = 0.996711 \quad F = 5001.855 \quad DW = 1.8969 \quad n = 34$$

F 检验和 *t* 检验都显著，拟合优度很高。但是截距项是统计不显著的。在 0.10 的显著性水平下检验，误差修正机制存在。误差修正模型的规范表达式是

$$\Delta \hat{SLE} = -0.561813 + 0.624243\Delta SNI - 0.408626ECM$$

$$se = (4.884345) \quad (10.42502) \quad (0.201660)$$

$$t = (-0.115023) \quad (10.42502) \quad (-2.026314)$$

$$R^2 = 0.7960 \quad R_a^2 = 0.7823 \quad F = 58.52 \quad DW = 1.756 \quad n = 33$$

附录　德宾-沃森 DW 统计量 5%显著性水平下 dL 和 du 的显著点

n	K' = 1		K' = 2		K' = 3		K' = 4		K' = 5		K' = 6		K' = 7		K' = 8		K' = 9		K' = 10	
	dL	du	dL	du	dL	du	dL	du	dL	du	dL	du	dL	du	dL	du	dL	du	dL	du
6	0. 610	1. 400	—	—	—	—	—	—	—	—	—	—	—	—	—	—	—	—	—	—
7	0. 700	1. 356	0. 467	1. 896	—	—	—	—	—	—	—	—	—	—	—	—	—	—	—	—
8	0. 763	1. 332	0. 559	1. 777	0. 368	2. 287	—	—	—	—	—	—	—	—	—	—	—	—	—	—
9	0. 824	1. 320	0. 629	1. 699	0. 455	2. 128	0. 296	2. 588	—	—	—	—	—	—	—	—	—	—	—	—
10	0. 879	1. 320	0. 697	1. 641	0. 525	2. 016	0. 376	2. 414	0. 243	2. 822	—	—	—	—	—	—	—	—	—	—
11	0. 927	1. 324	0. 658	1. 604	0. 595	1. 928	0. 444	2. 283	0. 316	2. 645	0. 203	3. 005	—	—	—	—	—	—	—	—
12	0. 971	1. 331	0. 812	1. 579	0. 658	1. 864	0. 512	2. 177	0. 379	2. 506	0. 268	2. 832	0. 171	3. 149	—	—	—	—	—	—
13	1. 010	1. 340	0. 861	1. 562	0. 715	1. 816	0. 574	2. 094	0. 445	2. 390	0. 328	2. 692	0. 230	2. 985	0. 147	3. 266	—	—	—	—
14	1. 045	1. 350	0. 905	1. 551	0. 767	1. 779	0. 632	2. 030	0. 505	2. 296	0. 389	2. 572	0. 286	2. 848	0. 200	3. 111	0. 127	3. 360	—	—
15	1. 077	1. 361	0. 946	1. 543	0. 814	1. 750	0. 685	1. 977	0. 562	2. 220	0. 447	2. 472	0. 343	2. 727	0. 251	2. 979	0. 175	3. 216	0. 111	3. 438
16	1. 106	1. 371	0. 982	1. 539	0. 857	1. 728	0. 734	1. 935	0. 615	2. 157	0. 502	2. 388	0. 398	2. 624	0. 304	2. 860	0. 222	3. 090	0. 155	3. 304
17	1. 133	1. 381	1. 015	1. 536	0. 897	1. 710	0. 779	1. 900	0. 664	2. 104	0. 554	2. 318	0. 451	2. 537	0. 356	2. 757	0. 272	2. 975	0. 198	3. 184
18	1. 158	1. 391	1. 046	1. 535	0. 933	1. 696	0. 820	1. 872	0. 710	2. 060	0. 603	2. 257	0. 502	2. 461	0. 407	2. 667	0. 321	2. 873	0. 244	3. 073
19	1. 180	1. 401	1. 074	1. 536	0. 967	1. 685	0. 859	1. 848	0. 752	2. 023	0. 649	2. 206	0. 549	2. 396	0. 456	2. 589	0. 369	2. 783	0. 244	2. 974
20	1. 201	1. 411	1. 100	1. 537	0. 998	1. 676	0. 894	1. 828	0. 792	1. 991	0. 692	2. 162	0. 595	2. 339	0. 502	2. 521	0. 416	2. 704	0. 336	2. 885
21	1. 221	1. 420	1. 125	1. 538	1. 026	1. 669	0. 927	1. 812	0. 829	1. 964	0. 732	2. 124	0. 637	2. 290	0. 547	2. 460	0. 461	2. 633	0. 380	2. 806
22	1. 239	1. 429	1. 147	1. 541	1. 053	1. 664	0. 958	1. 797	0. 863	1. 940	0. 769	2. 090	0. 677	2. 246	0. 588	2. 407	0. 504	2. 571	0. 424	2. 734
23	1. 257	1. 437	1. 168	1. 543	1. 078	1. 660	0. 986	1. 785	0. 895	1. 920	0. 804	2. 061	0. 715	2. 208	0. 628	2. 360	0. 545	2. 514	0. 465	2. 670
24	1. 273	1. 446	1. 188	1. 546	1. 101	1. 656	1. 103	1. 775	0. 925	1. 902	0. 837	2. 035	0. 751	2. 174	0. 666	2. 318	0. 584	2. 464	0. 506	2. 613
25	1. 288	1. 454	1. 206	1. 550	1. 123	1. 654	1. 038	1. 767	0. 953	1. 886	0. 868	2. 012	0. 751	2. 144	0. 702	2. 280	0. 621	2. 419	0. 544	2. 560
26	1. 302	1. 461	1. 224	1. 553	1. 143	1. 652	1. 062	1. 759	0. 979	1. 873	0. 897	1. 992	0. 816	2. 117	0. 735	2. 246	0. 657	2. 379	0. 581	2. 513
27	1. 316	1. 469	1. 240	1. 556	1. 162	1. 651	1. 084	1. 753	1. 004	1. 861	0. 925	1. 974	0. 845	2. 093	0. 767	2. 216	0. 691	2. 342	0. 616	2. 470
28	1. 328	1. 476	1. 255	1. 560	1. 181	1. 650	1. 104	1. 747	1. 028	1. 850	0. 951	1. 958	0. 874	2. 071	0. 798	2. 188	0. 723	2. 309	0. 650	2. 431

（续）

n	K'=1		K'=2		K'=3		K'=4		K'=5		K'=6		K'=7		K'=8		K'=9		K'=10	
	dL	du	dL	du	dL	du	dL	du	dL	du	dL	du	dL	du	dL	du	dL	du	dL	du
29	1.341	1.483	1.270	1.563	1.198	1.650	1.124	1.743	1.050	1.841	0.975	1.944	0.900	2.052	0.826	2.164	0.753	2.278	0.682	2.396
30	1.352	1.489	1.284	1.567	1.214	1.650	1.143	1.739	1.071	1.833	0.998	1.931	0.900	2.034	0.854	2.141	0.782	2.251	0.712	2.363
31	1.363	1.496	1.297	1.570	1.229	1.650	1.160	1.735	1.090	1.825	1.020	1.920	0.950	2.018	0.879	2.120	0.810	2.226	0.741	2.333
32	1.373	1.502	1.309	1.574	1.244	1.650	1.177	1.732	1.109	1.819	1.041	1.909	0.972	2.004	0.904	2.102	0.836	2.203	0.769	2.306
33	1.383	1.508	1.321	1.577	1.258	1.651	1.193	1.730	1.127	1.813	1.061	1.900	0.994	1.991	0.927	2.085	0.861	2.181	0.795	2.281
34	1.393	1.514	1.333	1.580	1.271	1.652	1.208	1.728	1.144	1.808	1.080	1.891	1.015	1.979	0.950	2.069	0.885	2.162	0.821	2.257
35	1.402	1.519	1.343	1.584	1.283	1.653	1.222	1.726	1.160	1.803	1.097	1.884	1.034	1.967	0.971	2.054	0.908	2.144	0.845	2.236
36	1.411	1.525	1.354	1.587	1.295	1.654	1.236	1.724	1.175	1.799	1.114	1.877	1.053	1.957	0.991	2.041	0.930	2.127	0.868	2.216
37	1.419	1.530	1.364	1.590	1.307	1.655	1.249	1.723	1.190	1.795	1.313	1.870	1.071	1.948	1.011	2.029	0.951	2.112	0.891	2.198
38	1.427	1.535	1.373	1.594	1.318	1.656	1.261	1.722	1.204	1.792	1.146	1.864	1.088	1.939	1.029	2.017	0.970	2.098	0.912	2.180
39	1.435	1.540	1.382	1.597	1.328	1.658	1.273	1.722	1.218	1.789	1.161	1.859	1.104	1.932	1.047	2.007	0.990	2.085	0.932	2.164
40	1.442	1.544	1.391	1.600	1.338	1.659	1.285	1.721	1.230	1.786	1.175	1.854	1.120	1.924	1.064	1.997	1.008	2.072	0.952	2.149
45	1.475	1.566	1.430	1.615	1.383	1.666	1.336	1.720	1.287	1.776	1.238	1.835	1.120	1.895	1.139	1.985	1.089	2.022	1.038	2.088
50	1.503	1.585	1.462	1.628	1.421	1.674	1.378	1.721	1.335	1.771	1.291	1.822	1.246	1.875	1.201	1.930	1.156	1.986	1.110	2.044
55	1.528	1.601	1.490	1.641	1.452	1.681	1.414	1.724	1.374	1.768	1.334	1.814	1.294	1.861	1.253	1.909	1.212	1.959	1.170	2.010
60	1.549	1.616	1.514	1.652	1.480	1.689	1.444	1.727	1.408	1.767	1.372	1.808	1.335	1.850	1.298	1.894	1.260	1.939	1.222	1.984
65	1.567	1.629	1.536	1.662	1.503	1.696	1.471	1.731	1.438	1.767	1.404	1.805	1.370	1.843	1.336	1.882	1.301	1.923	1.266	1.964
70	1.583	1.641	1.554	1.672	1.525	1.703	1.494	1.735	1.464	1.768	1.443	1.805	1.401	1.837	1.369	1.873	1.337	1.910	1.305	1.948
75	1.598	1.652	1.571	1.680	1.543	1.709	1.515	1.739	1.487	1.770	1.458	1.801	1.401	1.834	1.399	1.867	1.369	1.901	1.339	1.935
80	1.611	1.662	1.586	1.688	1.560	1.715	1.534	1.743	1.507	1.772	1.480	1.801	1.453	1.831	1.425	1.861	1.397	1.893	1.369	1.925
85	1.624	1.671	1.600	1.696	1.575	1.721	1.550	1.747	1.525	1.774	1.500	1.801	1.474	1.829	1.448	1.857	1.422	1.886	1.396	1.916
90	1.635	1.679	1.612	1.703	1.589	1.726	1.566	1.751	1.542	1.776	1.518	1.801	1.494	1.827	1.469	1.854	1.445	1.881	1.420	1.909
95	1.645	1.689	1.623	1.709	1.602	1.732	1.579	1.755	1.577	1.778	1.535	1.802	1.512	1.827	1.489	1.852	1.465	1.877	1.442	1.903
100	1.654	1.694	1.634	1.715	1.613	1.736	1.592	1.758	1.571	1.780	1.550	1.803	1.528	1.826	1.506	1.850	1.484	1.874	1.462	1.898
150	1.720	1.746	1.706	1.760	1.693	1.774	1.679	1.788	1.665	1.802	1.651	1.817	1.637	1.832	1.622	1.847	1.658	1.862	1.594	1.877
200	1.758	1.778	1.748	1.789	1.738	1.799	1.728	1.810	1.718	1.820	1.707	1.831	1.697	1.841	1.686	1.852	1.675	1.863	1.665	1.874

注：n=观察值个数，K'=不包含常数项的变量个数。例如，$n=40$和$k'=4$，则$dL=1.285$和$du=1.721$。若计算的d值小于1.285，则表明存在正的一阶序列相关；若计算的d值大于1.285，则没有证据表明存在正的一阶序列相关；若d值位于1.285~1.721之间，则证明无法判断是否存在正的一阶序列相关。

参 考 文 献

[1] 庞浩. 计量经济学 [M]. 3 版. 北京：科学出版社，2015.

[2] 孙敬水. 计量经济学 [M]. 2 版. 北京：清华大学出版社，2009.

[3] 张晓峒. 应用计量经济学 [M]. 北京：机械工业出版社，2009.

[4] 达莫达尔 N 古扎拉蒂. 计量经济学精要 [M]. 4 版. 张涛，译. 北京：机械工业出版社，2013.

[5] 易丹辉. 数据分析与 EViews 应用 [M]. 北京：中国统计出版社，2002.

[6] 庞浩. 计量经济学学习辅导 [M]. 北京：科学出版社，2011.

[7] 孙敬水. 计量经济学学习指导与 EViews 应用指南 [M]. 2 版. 北京：清华大学出版社，2010.

[8] 王国维. 计量经济学实验 [M]. 大连：东北财经大学出版社，2008.

[9] 胡荣才，邓淇中，陈旭辉. 计量经济学实验 [M]. 北京：中国统计出版社，2011.

普通高等院校
经济管理类应用型规划教材

课程名称	书号	书名、作者及出版时间	定价
商务策划管理	978-7-111-34375-2	商务策划原理与实践（强海涛）（2011年）	34
管理学	978-7-111-35694-3	现代管理学（蒋国平）（2011年）	34
管理沟通	978-7-111-35242-6	管理沟通（刘晖）（2011年）	27
管理沟通	978-7-111-47354-1	管理沟通（王凌峰）（2014年）	30
职业规划	978-7-111-42813-8	大学生体验式生涯管理（陆丹）（2013年）	35
职业规划	978-7-111-40191-9	大学生职业生涯规划与学业指导（王哲）（2012年）	35
心理健康教育	978-7-111-39606-2	现代大学生心理健康教育（王哲）（2012年）	29
概率论和数理统计	978-7-111-26974-8	应用概率统计（彭美云）（2009年）	27
概率论和数理统计	978-7-111-28975-3	应用概率统计学习指导与习题选解（彭美云）（2009年）	18
大学生礼仪	即将出版	商务礼仪实务教程（刘砺）（2015年）	30
国际贸易英文函电	978-7-111-35441-3	国际商务函电双语教程（董金铃）（2011年）	28
国际贸易实习	978-7-111-36269-2	国际贸易实习教程（宋新刚）（2011年）	28
国际贸易实务	978-7-111-37322-3	国际贸易实务（陈启虎）（2012年）	32
国际贸易实务	978-7-111-42495-6	国际贸易实务（孟海樱）（2013年）	35
国际贸易理论与实务	978-7-111-49351-8	国际贸易理论与实务（第2版）（孙勤）（2015年）	35
国际贸易理论与实务	978-7-111-33778-2	国际贸易理论与实务（吕靖烨）（2011年）	29
国际金融理论与实务	978-7-111-39168-5	国际金融理论与实务（缪玉林 朱旭强）（2012年）	32
会计学	978-7-111-31728-9	会计学（李立新）（2010年）	36
会计学	978-7-111-42996-8	基础会计学（张献英）（2013年）	35
金融学（货币银行学）	978-7-111-38159-4	金融学（陈伟鸿）（2012年）	35
金融学（货币银行学）	978-7-111-49566-6	金融学（第2版）（董金玲）（2015年）	35
金融学（货币银行学）	978-7-111-30153-0	金融学（精品课）（董金玲）（2010年）	30
个人理财	978-7-111-47911-6	个人理财（李燕）（2014年）	39
西方经济学学习指导	978-7-111-41637-1	西方经济学概论学习指南与习题册（刘平）（2013年）	22
西方经济学（微观）	978-7-111-48165-2	微观经济学（刘平）（2014年）	25
西方经济学（微观）	978-7-111-39441-9	微观经济学（王文寅）（2012年）	32
西方经济学（宏观）	978-7-111-43987-5	宏观经济学（葛敏）（2013年）	29
西方经济学（宏观）	978-7-111-43294-4	宏观经济学（刘平）（2013年）	25
西方经济学（宏观）	978-7-111-42949-4	宏观经济学（王文寅）（2013年）	35
西方经济学	978-7-111-40480-4	西方经济学概论（刘平）（2012年）	35
统计学	978-7-111-48630-5	统计学（第2版）（张兆丰）（2014年）	35
统计学	978-7-111-45966-8	统计学原理（宫春子）（2014年）	35
经济法	978-7-111-47546-0	经济法（第2版）（葛恒云）（2014年）	35
计量经济学	978-7-111-42076-7	计量经济学基础（ 张兆丰 ）（2013年）	35
财经应用文写作	978-7-111-42715-5	财经应用文写作（刘常宝）（2013年）	30
市场营销学（营销管理）	978-7-111-46806-6	市场营销学（李海廷）（2014年）	35
市场营销学（营销管理）	978-7-111-48755-5	市场营销学（肖志雄）（2015年）	35
公共关系学	978-7-111-39032-9	公共关系理论与实务（刘晖）（2012年）	25
公共关系学	978-7-111-47017-5	公共关系学（管玉梅）（2014年）	30
管理信息系统	978-7-111-42974-6	管理信息系统（李少颖）（2013年）	30
管理信息系统	978-7-111-38400-7	管理信息系统：理论与实训（袁红清）（2012年）	35

普通高等院校
经济管理类应用型规划教材

课程名称	书号	书名、作者及出版时间	定价
财务会计	978-7-111-31107-2	财务会计实务（陈澎）（2010年）	32
财务管理（公司理财）	978-7-111-48770-8	财务管理学（雷声）（2015年）	30
建筑工程造价	即将出版	工程造价与控制（高群）（2015年）	40
战略管理	978-7-111-46855-4	企业战略管理（肖智润）（2014年）	35
企业文化	978-7-111-36805-2	现代企业文化理论与实务（李建华）（2012年）	32
门店管理	978-7-111-36910-3	门店管理实务（陈方丽）（2012年）	32
创业管理	978-7-111-40537-5	创业学：创业思维·过程·实践（魏拴成）（2012	35
创业管理	978-7-111-43454-2	大学生创业基础（刘平）（2013年）	35
职业规划	978-7-111-47021-2	职业生涯导入与大学学习生活（刘平）（2014年）	25
项目管理	978-7-111-39419-8	项目管理理论与实务（刘常宝）（2012年）	32
创意思维	978-7-111-43794-9	创新创意基础教程（谭贞）（2013年）	30
国际物流学	978-7-111-48452-3	国际物流管理（许良）（2014年）	35
税务会计与税收筹划	978-7-111-45487-8	纳税会计与税收筹划（王树锋）（2014年）	35
审计学	978-7-111-35528-1	审计学（高强）（2011年）	33
会计综合实验	978-7-111-49158-3	企业会计综合实训（胡世强）（2015年）	35
会计学	978-7-111-46705-2	会计学基础（杨艳秋）（2014年）	35
会计学	978-7-111-47650-4	基础会计（奚正艳）（2014年）	30
会计信息系统	978-7-111-44539-5	会计电算化（陈曙光）（2013年）	35
会计信息系统	978-7-111-38800-5	会计信息系统理论与实验教程（管彦庆）（2012年）	32
管理会计	978-7-111-42521-2	管理会计（王永刚）（2013年）	35
成本会计	978-7-111-31688-6	成本会计（束必琪）（2010年）	32
组织行为学	即将出版	组织行为学（张静）（2015年）	35
人力资源管理	978-7-111-43455-9	人力资源管理（第2版）（张小兵）（2013年）	30
总部运营管理	978-7-111-33247-3	总部运营管理（刘常宝）（2011年）	33
营销渠道	978-7-111-36412-2	营销渠道管理（郑锐洪）（2012年）	32
营销策划	978-7-111-40631-0	营销策划理论与实务（赵静）（2012年）	35
市场营销学（营销管理）	978-7-111-29816-8	市场营销实训教程（郝黎明）（2010年）	32
市场营销学（营销管理）	978-7-111-42825-1	市场营销学（曹垣）（2013年）	39
市场分析与软件应用	978-7-111-35559-5	市场分析与软件应用（蔡继荣）（2011年）	36
商务谈判	即将出版	商务谈判与沟通（张国良）（2015年）	30
品牌管理	978-7-111-48211-6	品牌管理（第2版）（刘常宝）（2014年）	35
客户关系管理	978-7-111-47474-6	客户关系管理：销售的视角（姚飞）（2014年）	35
服务营销学	978-7-111-48247-5	服务营销：理论、方法与案例（郑锐洪）（2014年）	35
物流管理	978-7-111-32831-5	物流学（王斌义）（2011年）	32
供应链（物流）管理	978-7-111-32774-5	供应链管理（王凤山）（2011年）	30
港口物流	978-7-111-32818-6	港口物流（王斌义）（2011年）	32